海南热带海洋学院社会体育指导与管理专业应用型转型系列教材

社会体育赛事运作及其全面管理

张丰豪　周玉达　主编

上海交通大学出版社
SHANGHAI JIAO TONG UNIVERSITY PRESS

内容提要

本书分为九章，分别为体育赛事与社会体育赛事概述、社会体育赛事的综合影响、社会体育赛事的利益相关者、社会体育赛事的组织运营管理、社会体育赛事的人力资源管理、社会体育赛事的市场营销管理、社会体育赛事的竞赛管理、社会体育赛事的财务管理、社会体育赛事的风险管理。

本书可作为各高校体育专业及相关课程的教材，也可以作为对社会体育赛事的运作与管理相关知识感兴趣的读者自学参考。

图书在版编目 (CIP) 数据

社会体育赛事运作及其全面管理 / 张丰豪，周玉达
主编 . —— 上海：上海交通大学出版社，2019
ISBN 978-7-313-21299-3

Ⅰ . ①社… Ⅱ . ①张… ②周… Ⅲ . ①运动竞赛 – 组
织管理 – 教材 Ⅳ . ① G808.22

中国版本图书馆 CIP 数据核字 (2019) 第 094924 号

社会体育赛事运作及其全面管理

主　　编：张丰豪　周玉达	
出版发行：上海交通大学出版社	地　　址：上海市番禺路 951 号
邮政编码：200030	电　　话：021-64071208
印　　制：定州启航印刷有限公司	经　　销：全国新华书店
开　　本：710mm×1000mm　　1/16	印　　张：14.25
字　　数：252 千字	
版　　次：2019 年 6 月第 1 版	印　　次：2019 年 6 月第 1 次印刷
书　　号：ISBN 978-7-313-21299-3/G	
定　　价：49.00 元	

前　言

随着社会的进步与经济的发展，关爱体育、参与体育、享受体育以及消费体育成为一种新的时尚理念，使体育产业逐渐发展为具有广阔前景的朝阳产业。为了顺应产业的发展，体育赛事的组织与管理也应运而生，成为一门融合政治（公共事务）、商务以及企业等多个管理领域相关知识与技能的跨行业和部门的高度综合性管理活动。实际上，如今的体育赛事早已超出传统的体育竞技范畴，正在成为具有重要的社会、经济与文化意义的事件。虽然体育赛事的产生与发展的历史十分久远，但是在当下这种综合发展语境下的体育赛事组织与管理仍然还处在初级阶段。

社会体育赛事作为体育产业的重要产品，也是体育产业领域中颇为活跃并具有相当影响力的组成部分，各种大众体育赛事、社会体育活动越来越受到体育管理部门的重视，特别是国务院发布《关于加快发展体育产业促进体育消费的若干意见》，并取消了商业性与群众性体育赛事审批之后，对大众体育赛事、社会体育活动运作管理人员的组织管理、策划、营销能力提出了更高的要求。

目前，我国的体育赛事管理水平相对落后，人才匮乏，尤其是在体育赛事的产业化与市场化运作方面。因此，培养具有跨行业综合管理知识与技能的人才成为当务之急。本书从体育赛事与社会体育赛事的基本理论出发，分析并阐述了社会体育赛事组织与管理方面的内容，包括社会体育赛事的组织运营管理、人力资源管理、市场营销管理、竞赛管理、财务管理、风险管理等部分，以期帮助学生提高对社会体育赛事组织、运作与管理的能力，从而独立地开展赛事活动。

由于时间及作者水平所限，本书存在疏漏与不妥之处，真诚地欢迎各位读者对本书提出宝贵的意见和建议。

目录

第一章 体育赛事与社会体育赛事概述

第一节 体育赛事的起源与发展

体育赛事是伴随着人类社会的发展而形成和演进的。在人类历史长河中，体育赛事的内容、形式、功能以及组织运营方式等都经历了持续不断的演化，大致可划分为以下四个阶段。

一、体育赛事的起源

人类的体育活动起源很早，最早的形式应该是自发的、出于生存本能需要的一种身体行为（如狩猎）。历史记录与考古发现的材料表明，早在公元前 2700 年，中国就有了徒手武术，埃及、亚述与克里特岛等地也出现了弓箭、跳远与球类运动。

早期的人类体育运动往往缺乏独立意义，通常是作为宗教仪式的一部分，具有浓重的神秘色彩。其意义经常被提升到"符号"和"精神"层面。当代规模与影响力最大的人类体育盛会——现代奥林匹克运动会便是在古希腊人宗教祭祀活动的基础上演变而来的。信奉多神教的古希腊人，每逢重大祭祀日就会以唱歌、跳舞和体育竞技等方式作为祭祀活动来表达对诸神的敬意。其中，最为隆重的就是对众神之首——宙斯的祭祀。古代奥运会就源于这一重大宗教活动。渴望和平的古希腊各城邦之间约定，在奥运会举办期间能够以神的名义进行休战以达到短暂的和平。从此，对和平的追求就成为奥运会的一个永恒主题和精神内核。在奥运会发源地古希腊，人们的体育运动观与实践对人类的体育活动与赛事的发展有着极为重要的影响。体育运动在这里不仅普遍受到重视，甚至被视为一种崇高的活动。古希腊诗人荷马的《伊利亚特》（创作于公元前 8 世纪—公元前 6 世纪）中就曾记述阿喀琉斯为了纪念在战争中死去的朋友帕特洛克罗斯特别举行了一场体育竞赛，这是目前为止最早的有关运动比赛的记载。

二、体育赛事的萌芽——体育游戏

体育运动竞赛项目最早是以"游戏"的形式出现的，具有从宗教意义上的"神圣"活动向世俗意义上的娱乐活动过渡的性质。如现代足球最早起源于我国春秋战国时期的"蹴鞠"游戏。现代篮球运动则是由美国体育教师詹姆士·奈史密斯于 1891 年发明的。当时正值冬季且人们缺乏室内球类运动，奈史密斯便从工人和儿童用足球向桃子框中投球的游戏中得到启发，将两只桃篮分别钉在健身房内两端看台的栏杆上，篮口水平向上，距地面约 10 英尺（1 英尺 ≈ 0.3048 米），以足球为比赛工具向篮内投掷足球，入篮即得 1 分，按得分多少来定胜负。因为这项游戏最初使用的是桃篮和球，故名"篮球"。

三、体育比赛的传统形式——体育竞赛

以"游戏"形式出现的体育竞赛活动为体育赛事的进一步演进和发展打下了坚实基础。体育竞技性质的运动相比游戏形式的运动的一个最大的不同点就在于，运动内容更完整、规范和系统，并有了相应的严格评判规则。从概念上来看，体育竞赛是在统一的规则下，采用公平合理的竞赛方法，运用人体的体能、智慧及所掌握的技战术能力，按特定的形式进行的竞技活动过程。

在体育竞赛活动发展的早期，赛事组织举办方与参与者只关注活动内容本身及其结果。传统的体育赛事由"参赛活动人群（包括运动员、裁判人员与组织管理人员）""竞赛的空间（比赛场地）与物质条件"以及"组织管理"三个子系统构成。赛事组织者对体育竞技活动范围以外的经济、社会、文化乃至科技等环境并不关注。这既是因为受到传统社会生产力发展低下以及物质与精神生活贫乏的社会环境制约，也与体育赛事本身的影响力难以"溢出"竞赛范围有直接关系。

四、现代体育赛事及其发展特征

无论是由世俗意义上的娱乐活动发展演变而来的体育赛事，还是在宗教意义上的敬神与祭祀活动基础上形成的体育赛事，传统体育赛事一个最为显著的特点就是它的"非功利性"或"公共性"。这可以是在一个社区尺度，也可以是在地区、全国甚至全球（如 1984 年以前的国际奥林匹克运动会）的尺度。公共部门主导成为赛事举办与组织管理的唯一形式。但是，随着时代的发展，经济、社会文化、政治和科技等元素均已介入体育赛事的发展演变，体育竞赛活动过程变得复

杂起来，其内涵和外延发生了很大的变化，不仅表现出"竞技体育"和"大众体育"两个发展维度，社会活动中的休闲娱乐类赛事也被纳入体育赛事发展的内容。

（一）体育赛事的"节庆化"

在市场经济形式日益成熟的条件上，各企业（或利润中心）与普通民众的"成本意识"也日益增强，"投资收益率"成为各类活动需要考虑的重要因素之一，其中包括体育赛事。

这种特征随着 20 世纪 80 年代现代奥运会的转型而发生了根本性的变化。1984 年在美国洛杉矶举办的第 23 届奥运会开创了通过市场运作体育赛事的先例，并取得可观的效益。自此以后，商业营销成为体育赛事运作管理极其重要的内容，赛事的电视转播费与广告赞助费等也逐年大幅攀升。在这种环境下，体育赛事已不仅仅局限于体育竞技活动本身。举办地政府或承办机构在利益驱动和社会公众的压力之下，一方面需要有意识地利用当地的经济与社会文化资源扩展赛事的经营管理业务范围，提供以体育竞赛产品和服务为中心的"事件组合"产品与服务。从体育赛事旅游目的地发展的角度看也需要围绕体育赛事补充活动节事，从而使中心节事的效益最大化。另一方面也在不断地改进体育竞赛的规程以适应大众的消费需求。这个过程即国外诸多学者所说的"节事或节庆化"（festivalization）。从 1988 年汉城（首尔）奥运会开始，以美国职业篮球协会（National Basketball Association，NBA）为代表的职业选手开始参加奥运会的比赛（而在此之前，职业运动员是不允许参加此项赛事活动的）。这一参赛人员管理规则的转变也是为了适应市场化的要求：职业运动员的竞技水平无疑比业余选手高，并因此可以提供更为精彩的比赛或表演。以此标志性事件为起点，传统的体育赛事在不到半个世纪的时间里已经快速发展为超出纯粹意义上的体育范畴的集社会、政治、经济、文化等多因素为一体的、与外在的环境（尤其是与举办地的经济环境）产生了不可分割的相互联系的综合特殊活动。媒体、赞助商、社区公众、志愿者等众多的人群或组织机构也成为体育赛事的重要利益相关者。

（二）"企业网络"背景下的现代体育赛事

具体地说，"网络"是由经济与商务活动的行为主体通过资源的交换和传递活动发生联系的各种关系的总和。简单地讲，网络即关系。企业网络理论作为一种新兴的企业管理理念产生于 20 世纪 70 年代。在全球经济一体化和市场供需结构快速多变的背景下，现代企业为了提高资源的外部整合能力减少交易成本，经营理念开始从单纯追求内部业务的一体化向"网络化"（也即逐渐加大与其他相关企业的外部合作并与之建立组织联系纽带）转型。企业网络理论先后经历了基于交易成本的网络理论、基于资源依赖的网络理论和基于经济社会学的网络理论三个阶段❶。

依据这一理论，体育赛事也是现代这种庞大而复杂的网络的一个"节点"，是以其为中心的产业链上下游环节中具有参与活动能力的赛事行为主体（包括投入品提供者、生产者和消费主体）在各类资源交换、传递过程中发生联系时所建立的各种经济关系的总和。体育赛事（特别是大型体育赛事）的运作需要不同企业、行业部门之间形成稳定的合作"网络"进行合作和协作，以降低体育赛事运作的交易成本并提高交易效率，如图1-1所示。

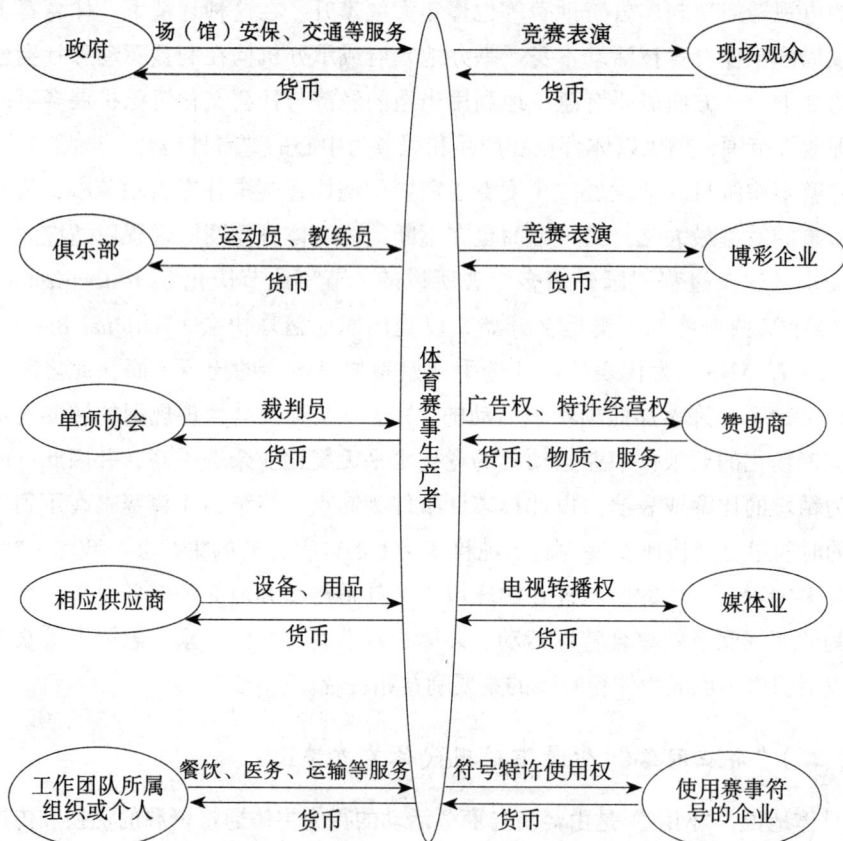

图1-1 网络经济下的体育赛事结构示意

---

❶ 李颖川. 体育赛事经营管理 [M]. 北京：人民体育出版社，2008：121.

第二节 体育赛事与社会体育赛事

一、体育赛事的概念与特性

（一）体育赛事的"概念性"定义

所谓定义，就是用简短和明确的词语揭示概念的内涵与外延以反映对象的本质与特点的过程与方法。"属＋种差"是一种常用的基本定义方法。这种定义方法的过程是，先找出被定义项的"邻近属概念"，然后找出被定义项与其他同级概念之间的差别——"种差"，最后将二者相加形成定义。

从词源上讲"体育赛事"这一概念来源于欧美国家，对应的英语词汇即"sports event"。西方一些较早从事节事研究的学者普遍认为，"体育赛事"是"特殊事件"（special event）的一个亚类。因此，本书认为"特殊事件"是最合适的"体育赛事"的邻近属概念。

唐纳德·盖茨（Donald Getz）认为特殊事件可以从两个角度来加以定义：从组织者角度看，特殊事件是在赞助人或组织人的例行事务（routine）、日常工作或活动以外的一种一次性或不经常发生（one-time/infrequently）的活动；从参与者角度看，特殊事件则是在消费者或顾客正常的选择范围以外或日常俗事（mundane affair）以外的一个休闲、社交或文化体验的机会。依据这个定义框架，属于特殊事件中的一个亚类的体育赛事可以这样定义：各类运动会或比赛，其中有体育活动。乔·戈德布拉特（Joe Goldblatt）也持类似的观点，他认为特殊事件是一次特殊的赛事，是为满足某些具体需要而确立的与众不同的瞬间，它通常与典礼和仪式一起进行。还有一些学者在此基础上将那些非庆祝型（或仪式型和典礼型）的事件也加入特殊节事范畴之内，认为特殊节事是从那些非日常事件中崛起的现象，它具有休闲、文化、个人或组织的目标，该目标脱离日常生活活动，目的是启迪、庆祝、娱乐或挑战一群人的体验。

所谓体育赛事概念的种差，就是体育赛事区别于其他同属于这类特殊事件范畴事件（如文化庆典、艺术活动、商业庆典、展览会、学术会议、传统仪式等）的特征。这个区别的本质在于："体育竞技活动"是体育赛事的核心与主题。因此，对"体育赛事"可以做如下概念性定义：以体育竞技活动为主题，一次性或经常发生的短期的集众性活动。对于这一概念的内涵，我们需要做如下理解：①

体育赛事的本质是以人体运动为载体的竞争性活动（用比赛决定胜负），有别于其他活动（如工作、学习和休闲等）。活动的构成要素包括"比赛项目""竞技者""裁判""承办（或举办）方""观众""赛场""技战术""资本""时间"和"地点"10个方面。②这种活动目的在于显示人体运动竞争性活动能力的大小，并予以公开昭示。人体运动和公开竞赛是体育赛事的本质属性。③赛事活动性已超出传统的体育竞技范畴，而且有一定的经济、社会、文化甚至政治属性。

（二）体育赛事的"技术性"定义

很显然，这一定义只是停留在赛场意义上的比赛这个层面，并没有把体育运动竞赛所涉及的赛场之外的因素包括进去，因此不能反映现代体育运动竞赛的特点。

1. "项目管理"角度的定义

这种定义方法的逻辑前提是将体育赛事看成一种可以运用项目管理的相关技术与方法进行管理的特殊事件，强调了组织运作是体育赛事成功的关键因素。具体来讲，体育赛事是指具有市场营销、项目管理和组织文化背景特征，受运动项目、竞赛规则以及社会经济等多种因素制约的，能提供体育竞赛产品和相关服务产品以满足体育消费多种需求的特殊活动。根据这一定义，体育赛事除了基本的"项目性"和"竞赛性"属性以外，还具有文化性、复杂性、目标或目的多样性以及市场产品性等属性。

2. "产业经济学"角度的定义

从产业经济学角度分析，体育赛事是赛事参与人员（含运动员、教练员、裁判员、竞技科技人员等）以各类运动设备和劳务为投入品，生产可供人们观赏和消费的各类人体运动的动作组合产品，以及在此基础上可用于再生产的衍生产品（如转播权、广告权、标记特许使用权等）的生产经营活动。这个生产经营活动以体育比赛为核心，涉及门票促销、运动员包装、媒体推广、赞助和广告策划、标志品开发等众多活动。

从产业经济学角度对体育赛事进行定义，主要基于三点重要考虑：①体育赛事是体育产业的重要组成部分。在体育产业化与市场化日趋成熟的背景下，无论公益性还是商业性体育赛事均采用市场化运作方式。②体育赛事已成为一项具有典型"投入—产出"性的生产活动。该概念以体育赛事生产活动为线索，以特定投入和产出品为主要特征，揭示了体育赛事区别于其他活动的本质属性。③体育赛事已经成为社会生活中的重要"消费品"，因此体育赛事的生产经营活动是一个"投入—生产—消费"不断循环的过程。

依照一般经济学理论，企业或产业生产的投入品大体可划分成土地（自然资源）、劳动和资本三大基本范畴，体育赛事的投入品也不例外。在体育赛事产业中，"土地"资源意味着有一定范围的地理空间，可以是固定的（或永久性）场馆，也可以是临时划定或规定的某一空间。这类资源的投入主体通常是政府，投入方式可以是无偿提供或赛事举办组织有偿征用。劳动的投入主体包括运动员、裁判员、教练员与官员、赛场工作人员等。任何赛事的举办都需要有资本的投入，这种资源的投入主体可以是赛事举办机构、政府部门或企业。其中，资本的形式包括物质资本和货币资本。前者主要是指体育设施设备、场地与场馆等。两种形式资本的投入主体既可以是政府部门，也可以是供应商（赞助商）。

市场化是体育赛事产业化的一个重要前提。这主要表现在举办体育赛事是一项综合性很强的产品，其生产过程需要相关行业的市场协作与合作。在市场经济环境下，这些合作在合同、契约的基础上通过市场交易的方式达成。与体育赛事组织举办方发生这种关系的利益主体，主要包括体育设施／设备生产商、赞助商与相关服务提供商以及中间商（代理商）等。

体育赛事的生产即体育赛事组织运营与管理者依据一定的程序与规则对投入的资源进行组合与配置利用的过程。体育赛事生产部门一般有两种类型：集出资和运作于一体的独家生产部门和由出资方和运作方多家经营主体组合而成的生产部门。体育赛事作为产品，同样是生产者所拥有的、可用于市场交易的资源，包括生产过程中创造的人体运动组合的观赏性服务以及可用于再生产的衍生资源。

体育赛事的主要消费主体包括体育竞赛表演（基础产品）的观赏者和将体育赛事各类衍生资源作为其再生产投入品的生产部门，包括现场观众、博彩企业、媒体、各类使用赛事符号的企业以及赞助商等。体育赛事产业的要素构成如图1-2所示。

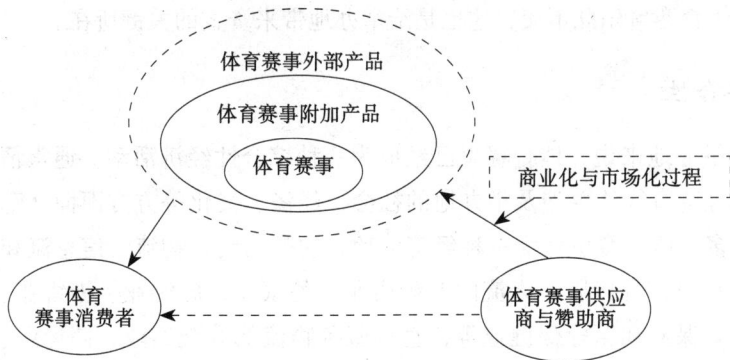

图1-2 体育赛事产业的要素构成

（三）体育赛事的特性

体育赛事具有很多特性，如集聚性、体验性、综合性、正外部性等。体育赛事能够对举办地产生重大的影响，因此越来越受众多城市的青睐，这些现象都与体育赛事的特征直接相关。

1. 集聚性

体育赛事具有高度的集聚性，在体育赛事举办期间，大量的人流、物流、信息流和资金流会在一个固定的时间和空间里集聚，形成特有的集合效应。体育赛事举办期间不仅会带来参赛的运动员、教练员、裁判员、相关专业人员、媒体和观众等大量人流的空间集聚，还会带来大量信息流的集聚，观众和媒体的关注点将迅速聚焦在赛事举办地举办方通过与各方的接触以及不同思想和价值观的交流与辐射，将产生巨大的积极影响，为举办地带来巨大的无形价值。赛事举办期间，大量人流的集聚会带来大量物流的集聚，仅各个地区的参赛运动员、官员和记者所使用的器材就将产生巨大的物流经济总量。体育赛事的这种集聚效应是体育赛事对举办地产生综合影响的根源。

2. 体验性

体育赛事是一种"体验经济"已经成为各界的共识。在体育赛事现场，观众不是为赛事纪念品付账，而是为自己的愉快埋单，为自己的体验而付出。对于体育赛事的消费者来说，体育赛事是一种娱乐消费，是一种诉诸服务业的体验经济方式。它决定着体育赛事在总体上的服务产业性质和体验、感受等精神性、文化性乃至心理愉悦的服务方式，同时还使体育赛事有着极强的相互感染、相互交流、相互激发和情感疏导的功效。体育赛事的这一特征，使得很多体育运动迷对观看高水平的体育赛事乐此不疲，这也是给举办地带来资金的关键所在。

3. 综合性

对于举办地来说，体育赛事已经成为一种综合性经济活动。通常情况下，举办一项体育赛事往往要涉及举办地的社会、经济、文化等方方面面，牵涉的关联主体非常多。体育赛事作为一种经济活动，它是人流、物流、信息流和资金流的大汇集。其中，直接服务人流的有酒店业、餐饮业、旅游业、零售业、娱乐业、交通业、安保业和医疗保健业等；直接服务物流的有交通业、储运业、邮电业、保险业、海关、商检和外运等；直接服务信息流的有咨询业、通信业、广告业、传媒业等；直接服务资金流的有银行业、保险业、信托业，以及会计、律师、咨询等机构。举办体育赛事能调动如此多的行业和产业协同运作，说明体育赛事的综合性非常强。

4. 正外部性

所谓外部性，是指一定的经济行为对外部的影响，从而造成私人（企业或个人）成本与社会成本、私人利益与社会利益之间相偏离的现象，包括正外部性和负外部性。体育赛事的外部性特征主要表现为正外部性，指的是赛事项目运营主体利益和社会利益之间相偏离的现象。这种正外部性体现在以下几个方面：

（1）对其他相关产业的拉动效应。体育赛事作为一种经济现象，不仅能为主办者以及体育产业带来直接的经济效益，还可以以产业链的形式影响到其他相关产业，产生巨大的经济收益，如旅游业、餐饮业、酒店业、房地产业、新闻业和广告业等都是受益者。

（2）对举办国家或城市知名度的影响。体育赛事是一种无国界限制、无种族歧视的活动，成功举办体育赛事能在很大程度上提高城市知名度。

（3）对举办地居民的积极影响。体育赛事作为一种文化活动，可极大地丰富举办地居民的业余生活，还能提升举办地居民运动健身的热情。

上述几方面都是体育赛事对举办地居民正外部性的表现。当然，体育赛事所产生的负外部性也是不可忽视的，如赛事举办期间，举办地的犯罪率提高，发生交通堵塞和环境污染等。

二、体育赛事的几种分类

分类对于与某一概念有关的理论和实践研究均具有重要的意义。分类通常具有主观性和功利性（即根据研究者的需要进行分类），并无一成不变的标准。

（一）根据举办日程或时间特点分类

根据举办日程或时间特点，可划分为定期/传统赛事与一次性（利基）赛事。

传统赛事有两个最基本的特征：①有一个主管团体（组织、协会或联合会等）来负责制定和实施一套规则或章程，并以此为基础批准和监督赛事举办方对赛事的运营。现代奥林匹克运动会的主管组织就是国际奥林匹克委员会（International Olympic Committee，IOC），相关章程即《奥林匹克章程》。另外，世界杯足球赛等单项体育赛事和亚洲运动会等洲际性综合运动会均属于这类赛事。②正如其名称所示，这类赛事要求定期举行，举办地点可以固定在一个地方，也可以在不同地方巡回举办，但是比赛内容与规程通常要求有相对严格的标准。需要注意的是，由于受举办地地域文化、新技术或参与人口特征等因素的影响，传统赛事通常要求进行调整和转型。但是，这种改变不能形成一个全新的赛事。

从其产生途径来看，"利基"赛事可以在一个传统赛事的基础上经过改革或更新形成，也可以将传统赛事"地方化"（localization）而形成。其中，后者主要是指那些在不同地方巡回举办的赛事经过举办地政府与举办机构结合地域文化而精心打造的赛事。例如，2010年广州亚运会相比其他任何一届亚运会都可称得上是一次"利基"赛事。2008年北京奥运会当然也是这样。真正意义上的"利基"赛事是指全新创造的赛事。这类赛事有三个主要特点：①目标针对性很强，通常主要面向一些特殊的体育、休闲或旅游市场。②赛事可能呈现传统赛事的内容或特征，形式上也可以是非常规的。③赛事是一次性的。

从概念上讲，任何传统赛事都是在"利基"赛事的基础上经过演化而形成的。一个体育赛事可以既是"传统"的又是"利基"的，如北京奥运会、广州亚运会与深圳（2010）世界大学生运动会等，从赛会本身来看是"传统"的，但相对于举办地来讲又明显是"利基"的。

（二）根据举办目的分类

根据举办目的与参与主体，可将体育赛事分为观众导向型和运动参与型两类。前者如世界杯足球赛、奥运会（夏季与冬季）、上海网球大师赛、F1大奖赛等。这类赛事通常级别和水平较高，运动项目也较为普及，观赏性强，赛事的历史也相对较长。因此，这类赛事可以吸引举办地民众和外来旅游者观赛。后者如安利纽崔莱健康跑赛、广州国际马拉松赛等。这类比赛通常项目的普及率不高，观众较少。举办的目的主要是鼓励大众参与体育运动，增强体质，具有明显的"公共性"或"公益性"。

（三）根据规模分类

根据规模，可将体育赛事分为超（特）大型、大型和小型。而规模的大小也有不同的衡量标准。在体育赛事领域，这些标准主要包括以下七条。

1. 体验水平

大规模的赛事通常能激起一定范围内的公众兴趣（public sphere of interest），通过居民的态度分享或媒体报道等途径影响整个社区。而小规模的赛事则只能引起私人性的兴趣，或在小范围内有亲近关系的群体（affinity group）内进行体验分享。

2. 影响程度

对举办地所产生影响的大小是评价赛事规模的一个重要参考指标。随着体育赛事逐渐成为促进地方经济与社会发展的一个重要的助推器，各举办城市（地区与国家）和赛事及相关领域的研究人员非常重视对其影响的评估。

大规模的体育赛事会在经济、社会、文化等方面产生较大的、实质性（substantial）和长久（lasting）的影响。在这些影响中提及较多的是对旅游者的吸引力（或吸引观赛者特别是旅游观赛与参赛者的数量），直接关系到赛事的旅游效益。另外，赛事给举办地社区留下的遗产数量与质量也是一个重要的影响评价指标。

3. 媒体报道

大规模的赛事通常能吸引媒体的关注，并能形成"媒体事件"（media event）。随着赛事的商业化日益明显，其媒体关注度直接关系媒体转让费的高低（或其广告价值），并进一步影响赞助商的数量与质量（品牌价值、影响力、美誉度等）。

4. 政策意义

规模较大的赛事通常对举办地有较大的政策影响，也就是说，举办地必须专门为赛事的举办制定特定的政策（即使有时是一次性赛事）。相应地，这类赛事的举办成本较高。相比之下，小规模的赛事则可以在现有政策环境下举办，而不需要专门和特殊的政策（包括财政）支持。

5. 事件的多样性

这主要是指围绕中心体育赛事活动，举办方是否会举办系列的辅助或补充性（ancillary）活动或节事，并因此形成一个大的"节事组合"（festival portfolio），从而体现现代体育赛事的多样性或多面性。

6. 身份

这通常是针对传统体育赛事本身在公众眼里是否有一定的声望（prestige）或显著的身份（status）。这是衡量体育赛事规模的一个重要的隐形指标，具有间接但又十分重要的意义。

7. 传统与标志

传统的力量是巨大的。传统可以影响人们的消费行为，促进体育亚文化的形成，培养体育赛事消费者的忠诚度等。与上文所说的身份与声望一样，这个隐形指标也具有间接但又十分重要的意义。

"标志"即区别某一事物与其他事物的标记（符号）、真实性（本真性，authenticity）或独特性（uniqueness）。目前，对于标志体育赛事尚未有一个定型的定义。总的来说，一项体育赛事要成为标志性体育赛事，它至少应具有以下主要内涵或特点：

（1）赛事已经真正地嵌入某一特殊的地方、空间或文化中。

（2）体育赛事与举办地社区或目的地有非常紧密的联系，以至于它已经成为地方形象与品牌的一部分。

（3）赛事已经成为举办地社区永久性的惯例，富有传统并因此产生竞争优势（尤其是从旅游发展角度）。

（4）赛事是地方标志性符号（而不仅仅代表声望或名声）。这应对举办地具有象征意义（就像埃菲尔铁塔之于巴黎或自由女神像之于纽约一样）。

（5）标志性体育赛事也可以是在不同地方巡回举办的赛事。但是，它本身应具有足够的吸引力并有可能在各地都能成功举办。它也应该有象征性意义并使参与赛事的人员不是因为举办地而是因为赛事本身而实施行为。

需要注意的是，评价一项赛事是否属于"大型"是一个相当主观性的过程。它实质上是一个赛事对于举办地所产生的影响的相对重要性问题，而不是绝对的量化评价指标体系。具体地说，一个以一些量化指标衡量的体育赛事可能是小型的，但它完全有可能对一个小型社区或地区（城市）有重要和显著的影响。那么，它又完全可以称为一个大型体育赛事。比较研究的结果也表明，并不是所有的体育层面较重大的赛事都可以产生重大的经济影响。赛事的经济影响还与举办地的体育消费特点有直接关系。

（四）根据体育赛事的性质分类

根据体育赛事的性质，可将体育赛事划分为竞技体育赛事、职业体育赛事和社会体育赛事，如表1-1所示。

表1-1　体育赛事分类

分类	案　例	特征
竞技体育赛事	综合性运动会、单项锦标赛、等级赛、邀请赛、通讯赛、选拔赛、表演赛等	以体育竞技为主要目的

分　类	案　例	特征
职业体育赛事	NBA、世界杯足球赛、大师杯网球赛等	职业化、商业化运作
社会体育赛事	以健身为目的的群众性体育赛事、北京国际马拉松赛、彩色跑（The Color Run）等	贴近百姓生活，娱乐性、普及性、参与性强

三、社会体育赛事认知

社会体育是在原始社会条件下萌芽和产生的，它与原始人类的其他社会活动如劳动、教育、军事、娱乐、医疗卫生和宗教祭祀等有着密切的关系。原始的社会体育在生活和劳动过程中萌生，是原始社会教育活动的主要手段和内容。原始人的生活条件非常严酷，自然灾害和各个部落间的相互骚扰，使人们的健康和生命都没有保障。由此，人类在生活中就创造了很多原始的体育活动，如原始社会中部落群族为了庆祝狩猎到大量食物而举行的活动，或者通过某种体力比赛的方式来分配食物等。又如在祭祀活动中人们通过舞蹈等方式祭祀神灵或祖先，在战争中为了提高战斗技能而使体育成为人们进行军事训练和身体训练的手段等。

（一）社会体育赛事的定义

社会体育赛事又称群众体育赛事，是以社会全体成员为对象、利用业余时间进行的以健身娱乐为主要目的、以体育为主题内容、以竞赛为方式、以技能展示和交流为目的的集众性活动。

（二）社会体育赛事的分类

根据以上对社会体育赛事的界定，在综合前人研究成果的基础上，按照不同的标准，对社会体育赛事进行分类归纳，如表1-2所示。

表1-2　社会体育赛事分类

分类标准	类　型
按区域特征分	城市体育赛事、乡镇体育赛事、农村体育赛事等
按年龄分	儿童少年体育赛事、青年体育赛事、中年体育赛事和老年体育赛事等
按职业分	职工体育赛事、农民体育赛事、军人体育赛事等

（续 表）

分类标准	类 型
按健康状况分	正常人体育赛事、亚健康人体育赛事、残障人体育赛事等
按组织形式分	家庭体育赛事、社区体育赛事、企业体育赛事、俱乐部体育赛事等

（三）社会体育赛事的特征

社会体育赛事具有一般体育赛事的共同特点，但又有自身的鲜明特征，如群众性、小型性、普及性和参与性等。社会体育赛事对举办地的经济、文化等方面也同样产生积极的影响。随着全民健身运动的开展和 2008 年北京奥运会的成功举办，我国社会体育事业将迎来光明与美好的未来。

1. 社会体育赛事的群众性

随着社会的发展，人们对体育赛事的需求日益增长，体育赛事已经不仅仅是以体育竞技为核心的活动，也不仅仅是少数人的专利。近年来，我国政府相继颁布了一系列促进体育产业发展的政策措施。2014 年政府取消了商业性赛事和群众性赛事的审批，此举必将带来社会体育赛事的蓬勃发展。社会体育赛事以全体社会成员为对象，对各个年龄阶段，各行各业人员都普遍适用，满足了社会各年龄阶段、各职业系统人员参与体育赛事的要求。社会体育赛事在运作过程中主要考虑到普通群众和普通消费者的需求，能够迎合市场和百姓对体育赛事的需求。此外，2014 年 10 月 20 日国务院发布的《关于加快发展体育产业促进体育消费的若干意见》，把全民健身提升为国家战略，把增强人民体质、提高健康水平作为根本目标，这将更加有利于群众性体育赛事的发展。

2. 社会体育赛事的小型性

相对于竞技体育赛事和职业体育赛事，社会体育赛事的规模通常较小，其影响力也局限在一定的范围内。国务院发布的《关于加快发展体育产业促进体育消费的若干意见》要求各级政府要结合城镇化发展统筹规划体育设施建设，合理布点布局，重点建设一批便民利民的中小型体育场馆、公众健身活动中心、户外多功能球场、健身步道等场地设施，鼓励社会力量建设小型化、多样化的活动场馆和健身设施，政府以购买服务等方式支持体育赛事。大力支持发展健身跑、健步走、自行车、水上运动、登山攀岩、射击射箭、马术、航空、极限运动等群众喜闻乐见和有发展空间的项目。大众体育的发展，必然催生一些小型社会体育赛事的发展，在政府政策的推动之下，中小型社会体育赛事将得到空前发展。

3. 社会体育赛事的普及性和参与性

社会体育赛事不像竞技体育赛事和职业体育赛事那样必须有职业的或专业的运动员参与，社会体育赛事面向全体社会成员，赛事所设置的项目也都是面向普通大众，广大人民群众能够轻松参与，并不需要具有专门的运动技能。近几年风靡全国的徒步、登山和健身跑等，正是由于这类社会体育赛事是以健身为目的，不需经过专业的运动训练，也不需要专业的场馆或比赛场地，人民群众可以直接参与，所以普及性较强。社会体育赛事的普及性和参与性也促进了社会体育赛事在人民群众中的大力发展，如社区体育赛事和企业体育赛事等就是一个简单的小型单项体育赛事，竞赛的规则和章程也不像竞技体育赛事那样严格，其主要目的就是吸引广大人民群众都能参与。

第三节 社会体育赛事的需求与价值

一、社会体育赛事的开展状况

随着社会经济文化的发展，体育赛事已经成为人类文化活动的重要组成部分，也成为国家和城市发展的一种重要营销手段。在国外，随着营销思想被引入城市经济理论，越来越多的城市运用城市营销的理论来指导自身的城市建设。体育赛事以其所具有的吸引外地游客、增加城市曝光度、提升城市品牌、促进城市产业结构转型等独特功能，越来越受到西方发达国家的重视。美国、加拿大、澳大利亚和英国等国家已经将举办体育赛事纳入城市营销和发展战略中，中国、南非等发展中国家也开始积极申办各类国际性体育赛事，全球体育赛事发展进入了快速增长期。例如，美国是世界上体育赛事最为发达的国家之一，尤其是职业体育，最著名的是美国四大职业体育联赛。当然，美国还有很多其他职业体育赛事，这些赛事都有着大量的现场观众和电视观众。

随着社会主义市场经济制度的建立和完善，政府在体育赛事运作过程中所扮演的角色也产生了明显的变化，即从完全包办体育赛事向有选择性地参与举办体育赛事转变。市场取向在体育赛事运作决策中发挥的作用越来越大，市场机制已逐渐成为运作主体对赛事资源进行有效配置的重要手段。特别是近年来政府的政策性引导，大力推广体育赛事，逐渐取消群众性赛事和商业性赛事审批，必将带来体育赛事的蓬勃发展。

二、社会对体育赛事的需求

社会对体育赛事的需求首先表现在城市建设方面，在城市为体育赛事提供社会和经济条件时，体育赛事也给予了城市丰厚的回报。体育本身是一个巨大的产业，可以促进城市经济的增长。体育赛事也是一个很好的传播媒介，通过举办大型体育赛事、建设体育场馆、创建俱乐部和培养优秀运动员，可以吸引全世界的目光，塑造城市品牌。体育赛事的举办同时也能改善城市环境，加强城市基础建设，有利于举办地的地理生态和人文环境的发展。城市现代化的竞争，既是城市建设的竞争，更是城市品牌和文化的竞争。当今世界许多城市都把体育文化建设作为城市文化建设的一个重要组成部分，世界各国的城市都逐渐认识到，举办体育赛事对于提升城市形象是难得的机会，各种体育赛事，无论是奥运会还是马拉松等都有利于提升城市形象。城市管理者也认识到，通过举办体育赛事能，改造城市面貌，改变城市的视觉形象。通过体育赛事对城市的广告作用，能吸引媒体对城市的关注。如广西柳州，一个过去以工业为主的城市，利用水上资源，先后举办了"F1摩托艇世界锦标赛""世界水上极速运动大赛""柳州名人帆船邀请赛""柳州国际高空跳水邀请赛"等多项国内、国际体育赛事，充分带动了旅游业的发展，并促进了城市品牌的建设及产业的转型升级。

其次，随着经济的发展，人民生活水平逐步提高，参加体育锻炼和观看体育赛事已经成为群众日常生活不可或缺的组成部分，人民群众对体育赛事的需求也在日益上升。同时，人们已经不再仅仅满足于观看各类通过电视转播的体育赛事，越来越多的人开始参与体育赛事，近年来中国各大城市出现的跑步热就是典型的例子，如北京马拉松、上海马拉松、厦门马拉松等赛事。2012年，美国全国举办了50场彩色跑（The Color Run）比赛，吸引了超过60万人参加。2013年，彩色跑把最欢乐的5公里跑派对带到中国。2014年先后在深圳、重庆、成都、北京、沈阳、上海、广州等城市举办，吸引了大批中青年人参加。再如，由社会体育组织运作的小型体育赛事，如上海易跑、新江湾8公里跑等也都吸引了大量的群众参加。

2014年国家出台了一些促进体育产业发展的文件，10月份，国务院发布了《关于加快发展体育产业促进体育消费的若干意见》，对于积极扩大体育产品和服务供给，推动经济转型升级，促进群众体育与竞技体育全面发展，加快体育强国建设，不断满足人民群众日益增长的体育需求具有积极的作用。由此可见，人民群众对体育赛事的需求日益增长。

三、社会体育赛事的价值

社会体育赛事的价值主要体现在以下几个方面。

（一）推动体育文化发展

文化是一个国家经济和社会发展的重要战略资源和潜在的财富，文化的发展是国家可持续发展的重要内容。而体育文化作为社会文化的一个重要组成部分，已经成为社会文化建设不能缺少的元素。社会体育赛事是体育文化的重要组成部分，社会体育赛事是一种典型的能带动并促进城市物质文明和精神文明建设的体育文化，对整个城市体育水平的提升、体育制度的完善及体育运动的普及均有积极的意义。体育赛事对承办地所在地区的体育文化发展有直接的促进作用，能促进当地体育场馆设施等物质文化的建设，能促进体育意识、体育道德等精神文化的丰富，促进体育法规、体育规则等制度文化的完善。特别是在知名度一般的小城市、小城镇举行体育赛事，有利于推广体育文化的影响力和自信力。

（二）推动体育赛事产业发展

社会体育赛事终究还是以体育竞赛活动为主题的特殊事件，运动员的日常训练最终是为了参加比赛，体育赛事是检验运动员训练成果的一种方式，因此，体育赛事也在运动员储备方面起着很大的作用。同时，举办大型体育赛事，观众人数众多，社会影响力大，会引起人们对体育运动的关注，从而带动全民健身运动的发展，并激发更多的人经常参加体育健身活动。经常参加体育活动的人数增加，使体育市场需求扩大，从而促进体育竞赛表演市场、体育用品市场的发展。例如，威海市以丰富的山海资源，全力引进重大国际国内赛事，成功打造了"蓝色休闲之都，世界宜居城市"的城市品牌，带动了体育产业又好又快发展。近几年，在市直及各市区连年举办的国际铁人三项赛、亚洲 HOBIE 级帆船锦标赛、全国群众登山健身大会、国际青少年（U18）网球巡回赛、全国青年帆船锦标赛、横渡刘公岛海域邀请赛等赛事，形成了相互支持、共同参与、科学发展、效益显著的良好格局。

（三）刺激民众消费

社会体育赛事能培养民众对体育运动的兴趣，养成体育消费的习惯，尤其是在竞赛表演、健身休闲等方面对大众起着引导和拉动作用，进而培育持续发展的体育赛事市场，促进大众对体育服务的消费。目前我国大众对体育的消费还处于起步阶段，随着体育赛事的举办，不仅能激发大众对体育产品和服务的需求，还能吸引举办地以外的资金到赛事举办地购买赛事产品和服务，并刺激消费者对其他行业的产品和服务的消费，尤其是对旅游、食宿、交通、通信等行业的消费。

（四）带动相关产业发展

社会体育赛事是综合性的事件，已经不再是原来的以教练和运动员为参与主体的体育竞技活动，一场社会体育赛事往往要涉及政府、企业和各种社会团体，并吸引大量的媒体和观众，刺激与之相关的各类产品和服务的需求，从而推动旅游、餐饮、酒店、新闻、广告和房地产等产业的发展。有关资料表明，2004年F1大奖赛（中国站）对上海赛事相关产业的拉动有20亿元人民币左右。锦江集团在上海的30家星级酒店，比赛期间（9月19—26日）的收入较前一年同期增加了3800万元。此外，2004年前11个月到上海的游客就超过了400万人次，而2002年、2003年每年只有270万人次左右。

第四节　社会体育赛事运作的理念及其基本理论

一、社会体育赛事运作的理念

在人类社会活动中，无论是什么样的生产活动，经过长时间的运作实践，人们都会对某项社会生产活动的运行规律、特点或法则进行归纳总结，提出一些更有利于该项活动运行的思想和观念。体育赛事运作是指体育赛事举办主体通过行使管理职能对赛事投入的人力、物力、财力和信息技术等进行规划、组织、实施与控制并合理分配和使用，更好地提供竞赛产品和相关服务，从而达到赛事目的的过程。赛事运作的结果受多方面主观条件的限制，如赛事运作者的个人素质、运作主体的目标战略、组织文化以及认识水平。因此，赛事运作人所掌握的技能和其思想观念决定了赛事运作的效益和效果。为了提高体育赛事运作的效益和效果，在赛事运作的过程中要遵循以下赛事运作理念。

（一）创新彰显特色

创新是以现有的思维模式提出有别于常规或常人思路的见解为导向，利用现有的知识和物质，在特定的环境中，本着理想化需要或为满足社会需求，而改进或创造新的事物、方法、元素、路径、环境，并能获得一定效果的行为。创新是以新思维、新发明和新描述为特征的一种概念化过程。时代在不断发展，而社会体育赛事也应当体现时代发展的特色，与时俱进才能促进城市的发展，反映人民群众的愿望，故而调动大众的积极性。基于此，社会体育赛事的运作也必须不断创新，方能显现特色。如每一次运动会的效应和吸引资金的能力以及组织方的管理能力不同，使得每一次体育赛事的运作方式都不能全盘挪用，而应该与具体情况相结合，在了解市场能力和需求的基础上做出正确的选择，做出有创新意义的运作方式，才能确保体育赛事的出色和成功。

（二）特色提升品质

特色是一种事物显著区别于其他事物的风格和形式，是由事物赖以产生和发展的、特定的、具体的环境因素所决定的，是其所属事物独有的。只有具备特色的事物，才能成为关注的焦点，才能在一定程度上提升活动的品质。

社会体育赛事的特色就是一个赛事区别于其他赛事或以往赛事的主题、特点和差异点，这个特色点还必须具有鲜明的、可识别的文化内涵。社会体育赛事更要根据不同的环境结合不同的文化内涵来运作，同一个赛事在不同地区举办或在同一个地区不同时间举办，都要有不同的特色，这些特色就是本次赛事与其他赛事或以往赛事的不同点和"新闻点"。而且社会体育赛事类型各异，举办地实际情况各不相同，因此，每一次的体育赛事运作方法、特点和模式都不相同，不能以统一的、固定的模式去套用，而要与举办方的实际情况结合，本着务实的态度积极开拓与创新，去寻求新的运作模式和范式。如 2014 年，仁川亚运会以"45 亿人的梦想，同一个亚洲"为主题，以穿越的方式展现了亚洲主要国家的文化内涵，表达了韩国人民和亚洲各国人民共有美好家园、携手共创未来的美好梦想，极富特色的形式与阵容，让世人为之赞叹不已。

（三）细节决定成败

细节是平凡的、具体的、零散的，细节很小，容易被人们所忽视，但它的作用是不可估量的。对个人来说，细节体现着素质；对部门来说，细节代表着形象；对事业来说，细节决定着成败。

随着体育赛事的发展，运作一场体育赛事已经不像以前单纯的体育竞赛。当今的社会体育赛事运作工作是由若干个专项工作构成的工作系统，主要的专项工作包括贯穿全过程的城市运行与服务、办公室工作、宣传工作、财务管理工作，还有筹备阶段和举办阶段要做好的场馆安排、竞赛组织、开闭幕式、接待工作、安全保卫工作、志愿者工作、医疗卫生工作、综合保障工作、主要活动与会议工作等。在赛事收尾阶段还包括器材设备回收、财务决算与审计工作、表彰与答谢工作等一系列的专门工作。赛事运作工作繁多，分工越来越细，这就要求赛事运作管理者在赛事运作过程中，做事要认真、精细，做到事无巨细，在赛事运作阶段要狠抓工作细节，要做到各项工作之间的无缝隙对接。有时候一个小小的细节就能造成一场赛事的巨大遗憾。比如，2012年伦敦奥运会，主办方由于分不清朝鲜和韩国，将韩国国旗当成了朝鲜国旗，致使朝鲜运动员一度离场罢赛。北京时间2014年2月8日凌晨，在索契冬奥会的开幕式上，五朵雪花升空变成五环时，其中的一朵雪花没有绽放，引来现场观众的阵阵遗憾声。一个细节看起来并不起眼，但一旦细节出现问题，导致的负面影响却是无法估量的。社会体育赛事虽说不像奥运会和亚运会那么严谨，但是每一场社会体育赛事，哪怕是一个社区的小型体育赛事都要做到事无巨细，争取做到万无一失才能保证赛事运作的圆满成功。

（四）规范确保运作

规：衡具；范：模具。两者分别是对物、料的约束器具，合用为"规范"，拓展成为对思维和行为的约束力量。规范是指群体所确立的行为标准，它们可以由组织正式规定，也可以是非正式形成。

社会体育赛事运作是将现代管理理论应用到赛事运作实践当中，在赛事运作的过程中，将社会体育赛事运作按照流程化管理分成了不同的环节，并为每个环节的运作都制定了一套符合本赛事的实际情况的具有可操作性的技术规范，同时提供了较为清晰具体的量化指标和时间节点，尽量减少人为因素的干扰。并且对每一项流程都分工明确、责任到人，形成一套各行其是、各尽其责的规范制度，让每一个赛事运作人员在具体的业务活动中都有章可循。赛事运作的规范化管理就是要求整个赛事运作过程的准备、运作、服务与各项监督保障工作都要做到责任到人，按照规定的标准操作，实现体育赛事的标准化和规范化。

（五）成功源自服务

服务意识是指企业全体员工在与一切企业利益相关的人或企业的交往中所体现的为其提供热情、周到、主动的服务的欲望和意识，即自觉主动做好服务工作是一种观念和愿望，它发自服务人员的内心。

社会体育赛事的特殊性使得赛事运作的目标是为各类消费者提供成功的赛事，即对社会体育赛事的消费者提供服务。社会体育赛事运作的最终目标是为大众呈现一场成功的体育赛事，并提供赛事产品和服务来满足消费者的需求。尤其是职工体育，主要是服务基层、服务职工。工会组织的比赛，竞赛规则降低，不以体育竞技比赛为主，以参与享受比赛的过程、体验快乐为主。因此，社会体育赛事运作者在赛事运作过程中要本着服务至上的理念，自觉主动地做好赛事服务工作，认真完成体育赛事运作的各项工作。

（六）合作实现共赢

所谓"合作共赢"是指交易双方、共事双方或多方在完成一项交易活动或共担一项任务的过程中互惠互利、相得益彰，能够实现双方或多方的共同收益。社会体育赛事运作是一个由众多利益相关者共同合作的过程，这个过程涉及多方的利益和诉求，如主办方、承办方、赞助方、参与方的利益等。只有当各方面的利益都能满足时，体育赛事才会协调有序地运行。同时，体育又是一种文化，对社会价值观的宣传、精神文明的建设都起到一定的作用。因此，在进行社会体育赛事运作时要考虑各方利益，不能唯经济利益而论，还要考虑社会体育赛事给举办地带来的政治、文化影响，要考虑给举办地带来的旅游和环境影响，以及政府的形象和其他社会效益等。总而言之，就是在社会体育赛事运作过程中保证社会效益和经济效益的共赢，满足各方投资者的需求。

二、社会体育赛事运作的基本理论

社会体育赛事是体育赛事中的一种类型，因此社会体育赛事的运作要遵循体育赛事运作的基本理论。

（一）系统理论

系统是由若干要素以一定结构形式联结构成的具有某种功能的有机整体。系统论在研究过程中注意掌握系统对象的整体性、关联性、目的性、动态性、有序性及适应环境等基本特征。系统论不仅是反映客观规律的科学理论，也是科学研究思想方法的理论。

社会体育赛事首先是一个集多种要素于一体的系统，从系统外部看，涉及社会的经济发展状况、人文素养问题、环境保护因素、科技发展水平等。而从赛事内部来看，又有许多要素，诸如场馆建设、运动员和教练住宿、裁判委派、后勤、媒体宣传、安保、医务、信息技术、交通、政府作用、志愿者服务、运作管理行为（如营销计划和赞助协定签订）和实际比赛等。所以，社会体育赛事既是一个多因素的动态系统，又是一项复杂的系统工程，只有运用系统理论的知识去分析和认识体育赛事的构成要素，以及要素之间的关系，才能更好地了解社会体育赛事的实质，才能更好地做好社会体育赛事工作。从系统论来看，社会体育赛事运作实质上就是对特定环境下有关体育赛事各要素的整合、协调、管理的过程。实践证明：运用系统理论和方法来运作社会体育赛事是成功的。

（二）项目管理理论

项目管理是伴随着技术进步和项目的复杂化和大型化而逐渐形成的一门管理学科，它强调按照项目的特点和规律，综合应用理论和经验知识，在各种资源约束条件下寻找实现预定目标的最佳组织安排和管理方法，是以项目为对象的系统管理方法，对项目进行高效率的计划、组织、指导和控制，以实现项目全过程的动态管理和项目目标的综合协调与优化。项目的整个生命周期可以划分为论证、规划、实施和收尾四个阶段，每个阶段又可分为启动、计划、实施和控制四个过程。项目管理具有明确的时间性、目标、资源配备、计划和实施。社会体育赛事也都表现出明确的时间性，有明确的开始和结束时间，其目标也多种多样，从过去单纯的体育竞技，到现在包括具有强烈商业色彩的社会体育赛事产品生产和服务提供。

社会体育赛事运作是指一定的社会组织运用人力、物力、财力、信息等资源，通过计划、组织、实施和控制，向社会提供面向全体社会成员的体育赛事、赛事产品和相关服务的过程。所有这些都具备了项目管理所要求的条件。从项目管理的定义上看，社会体育赛事运作的定义实质上与项目管理的定义相一致，这为项目管理手段和方法的运用创造了前提。从项目管理理论来看，举办体育赛事从最初的申办就可以看作项目的开始，是一个项目竞标的开始，而赛事申办成功后就要按照项目的生命周期来划分阶段，明确工作任务和目标，制订详细计划，组织资源进行科学管理，最终获得体育赛事的圆满成功，达到多方利益共享，多方目标完成。因此，项目管理理论是社会体育赛事运作的核心理论，社会体育赛事运作实质上就是一个项目管理的过程。

（三）服务运营管理理论

运营管理指对运营过程的计划、组织、实施和控制，是与产品生产和服务创造密切相关的各项管理工作的总称，是对制造产品或提供服务的过程的系统管理。服务运营管理理论是伴随着西方管理学界对服务特征和服务管理的认识、理解而逐步形成和发展起来的，根据不同时期的研究内容和特点，该理论大致经历了四个发展阶段：20世纪70年代到80年代初的开创探索阶段，20世纪80年代初到80年代中期的初具雏形阶段，20世纪80年代末到90年代初的初步形成阶段，20世纪90年代以来的深入发展阶段。经过40多年的发展，服务管理理论已经进入"顾客导向"阶段，研究者也重新关注传统的运营管理理论这一服务管理理论基础，促使服务管理理论更加严密，更有深度，更具实践性。体育赛事运作行业属于第三产业，其最终目标是为社会呈现一场成功的体育赛事，并提供赛事产品和服务来满足消费者的需求，其服务产品就是体育赛事。体育赛事运作服务跟其他服务一样，包括了服务制造和服务传递两个过程。体育赛事服务制造的要素包括比赛场地、比赛设施、赛事以及服务人员；服务传递的渠道主要有赞助招商、特许经营、社会捐赠、大型活动和体育彩票等。服务制造是服务传递的基础，赛事的服务制造针对赛事活动本身，是为了提高赛事活动的质量；而服务传递，是通过营销渠道服务于顾客，包括观众、赞助商、媒体等。赛事的服务制造和服务传递缺一不可，它们的共同目的就是提高服务质量，从而塑造赛事品牌，打造经典赛事。

（四）市场营销理论

市场营销（marketing），又称市场学、市场行销或行销学，简称"营销"，是指个人或集体通过交易其创造的产品或价值，以获得所需之物，实现双赢或多赢的过程。美国市场营销协会对其下的定义是：市场营销是创造、沟通与传送价值给顾客，以及经营顾客关系以便让组织与其利益关系人受益的一种组织功能与程序。菲利普·科特勒（Philip Koder）下的定义强调了营销的价值导向：市场营销是个人和集体通过创造并同他人交换产品和价值以满足需求和欲望的一种社会和管理过程。格隆罗斯给的定义强调了营销的目的：营销是在一种利益之上，通过相互交换和承诺，建立、维持、巩固与消费者及其他参与者的关系，实现各方的目的。

自1984年美国洛杉矶奥运会引入市场营销理论并获得成功以来，市场营销就成了体育赛事运作的基本理论之一。体育赛事营销是指赛事运作者或体育赛事利益相关者为了扩大赛事对消费者的影响所实行的策略，通过消费者的情感定位销售，尽可能地突出自己的品牌，建立新的沟通渠道。销售方希望通过运作体育赛事，能够在消费者和自己的品牌之间建立积极的关系。不管是竞技体育赛事、职业体育赛事还是社会体育赛事，体育赛事营销都越来越受到赛事组织者和商家的重视和青睐。社会体育赛事营销包括赞助、广告、门票销售、媒体传播、集资筹款、目标市场营销、媒体和公关营销等。

（五）风险管理理论

风险管理是一门研究风险发生规律和风险控制技术的新兴管理科学，是指风险管理单位通过风险识别、风险衡量、风险评估和风险决策管理等方式，对风险实施有效控制和妥善处理损失的过程。风险管理作为一门新兴学科，具有管理学的计划、组织、协调、指挥、控制等职能，同时又具有自身的独特功能。

　　竞技体育赛事和职业体育赛事具有一定的竞技性，并且商业化运作比较强，因此具有一定的风险。虽然社会体育赛事运作的过程没有通常意义上的风险管理理论那么复杂，但在一定程度上，社会体育赛事的运作也包含风险投资和风险管理的内容。随着国家对社会体育赛事审批权的放开，社会体育赛事的举办更加容易，而风险控制则相对减少，一旦决定举办一场社会体育赛事，如何获取赞助，如何寻求合作伙伴，如何保证赛事的成功运作，这些环节都涉及风险投资和风险管理。所以，在社会体育赛事运作过程中，作为赛事的主办方一定要熟悉风险投资和风险管理理论，只有在风险管理理论的指导下才能成功地举办一场社会体育赛事。

第二章 社会体育赛事的综合影响

第一节 体育赛事综合影响的内涵与分类

一、体育赛事综合影响的内涵

所谓"影响",是指具有相关性的事物间发生的相互作用及结果。"影响"这一概念被普遍用于反映事物间和现象中存在的因果关系。影响是一个中性词,也就是说,其性质需要被界定,如正面或负面影响。对影响的性质所做的界定或判断,往往是以一定的逻辑关系为基础的。所以,对相互关联的事物之间存在的影响的研究一定要以对矛盾运动规律的正确认识为指导。

我们在上一章中已经提到,体育赛事具有集聚性、体验性、综合性和正外部性等特征。此外,体育赛事还是一种较为复杂的系统性项目,它牵涉的利益相关主体很多,筹备和举办的时间也较长,需要动用举办地的各种资源,会对举办地产生各种各样的影响。

体育赛事的综合影响是指某一地区因举办体育赛事而形成的具有相关性的事物间发生的相互作用及结果。在体育赛事筹备、举办以及赛后的一段时间内,围绕体育赛事的相关活动将产生特定的社会经济关系和文化活动,引起社会资源配置的变化。同时,引发了不同文化之间的碰撞和交流。现实世界中,体育赛事的不同利益相关群体与赛事举办地的环境构成了十分微妙的关系和作用条件。这些关系和在事物变化中形成的作用在体育赛事领域是普遍存在的。

体育赛事的上述特征,使得体育赛事对举办地产生了非常复杂的影响。总结起来,可以归纳为以下几点:一是体育赛事的影响领域众多,既对举办地的社会产生一定影响,也会对经济、环境等方面产生影响;二是影响方式多样,既有直接的影响，也有间接的影响，还有综合性的影响；三是影响时效不一，既有短期就能体现出来的影响，又有长期才能体现出来的影响；四是影响效果不同，既有正面的影响，也有负面的影响，还有正面和负面混合的影响。此外，不同类型、不同层次的体育赛事对举办地的影响方式与作用大小都有差异。詹姆斯·海厄姆（James Higham）专门对不同类型体育赛事的综合影响进行了深入对比，如表 2-1 所示。

表2-1　不同类型体育赛事综合影响的比较

影响方面	大型体育赛事	中小型体育赛事
申办阶段	申办费用高。由于赞助商的利益追求等而导致的申办费用的增加。申办不成功的风险。为了申办成功而夸大赞助商的利益	申办费用相对较低。甚至有些赛事根本就没有申办阶段。申办成功的可能性较大
基础设施建设	由体育赛事如奥运会、美洲杯帆船赛促进的发展往往伴随着巨大的发展成本。由基础设施建设而产生的经济利益通常是商业部门受益，而不是所在社区	通常不需要再建新的场馆设施，城市现有的基础设施能够满足赛事的需要。城市基本能够承担基础设施建设所需要的成本
赛事遗产	赛事遗产的使用率低，昂贵的设施导致的相关金融债务	体育场馆的更新（如果必要的话），使体育人口、观众和管理者受益
经济收益	由大财团和赞助商主导。当地居民得到的经济效益较小，常常是政府出钱而私人部门受益	当地居民更容易分享到体育赛事所带来的积极的经济收益。政府财政的负担小
短期旅游收益	以游客时间切换为代价的短期旅游业的增长。由于举办体育赛事所导致的旅游人数的流失。"体育迷"往往对举办地的旅游产品兴趣不大	前来观看比赛的游客多为真正意义上的旅游者。发生游客替代效应的可能性较小，游客可能会去尝试体验举办地更多的旅游产品
中期旅游收益	由于游客在赛事期间的时间切换，举办地的中期旅游效益发生下滑	不太可能会因为游客的时间切换而导致中期旅游业的不景气

影响方面	大型体育赛事	中小型体育赛事
城市形象	宣传不力、能力限制、财务费用以及政治和恐怖主义等原因可能会对城市形象产生不良影响	赛事与城市形象的利害关系不大。如果赛事得到认同，那它将对举办地的旅游业有潜在的促进作用
社会	体育赛事往往容易造成城市基础设施的拥挤和阻塞。当地居民往往会由于成本问题而被排除在赛事活动之外。居民的生活容易被赛事和安全问题打扰	拥挤和基础设施方面的阻塞情况不太可能存在。居民有更大的机会参与其中
当地居民	为了树立城市的形象，拆迁房屋或转移部分当地居民。往往在社会经济不太发达的区域建立场地设施	对居民的影响较小。可能会受到当地赛事参与者的好评。当地居民会更多地参与其中
政治	可能将体育赛事活动与政治联系起来	由于规模和重要程度不大，因此不太会受到政治影响
安全	体育赛事可能存在巨大安全隐患，赛事安保成本很高	体育赛事的安全问题不大，赛事安保成本比较小

（资料来源：HIGHAMJ.Commentary sport as an avenue of tourism development: An analysis of the positive and negative impacts of sport tourism[J].Current issues in tourism, 1999（2）：82-90.）

二、体育赛事综合影响的分类

体育赛事的综合影响是非常复杂的。目前，人们对体育赛事综合影响的研究角度主要有以下5种。

（一）事前、事中与事后的角度

体育赛事是由许多个阶段构成的一个完整项目，这种划分为一系列阶段的项目的全过程就是体育赛事项目的生命周期。体育赛事在项目其生命周期的不同阶段，对举办地的影响也是不同的。根据体育赛事项目生命周期的不同阶段，可以将体育赛事的综合影响分为事前、事中和事后三个阶段。需要强调的是，在体育赛事举办之前产生的影响很有可能会一直延续到事中，甚至事后。因此，人们按照这一思路对赛事影响进行分析时，通常做定性研究。

此外，根据评估时间的不同，还可以将赛事综合影响评估分为事前评估、事中评估和事后评估。唐纳德·盖兹（Donald Getz）也认为，对体育赛事影响的评估主要包括事前评估、过程评估和总结评价三个基本阶段。这时评估的对象可能并不是体育赛事某一阶段的影响，而是赛事的整体影响，只是评估的时间是在赛事举办的不同阶段而已。本书所称的事前评估是指在事前对体育赛事可能产生的综合影响进行的全面评估。从准确性角度来讲，由于不同阶段评估者掌握的信息不同，体育赛事综合影响事前评估的精确度相对较差，事中评估的精确度相对较好，事后评估的精确度最高。通常情况下，人们会分别在这三个阶段进行评估并相互比较。

（二）长期与短期的角度

体育赛事对举办地的影响是复杂的，不同类型的影响产生效果所需要的时间也是不同的，根据这一特征，可以将体育赛事的综合影响分为长期影响和短期影响。长期影响是指在体育赛事结束后一个较长时期内才能体现出来的影响，通常也被称为"体育赛事的遗产"。举办体育赛事可能会给城市带来的长期影响包括：提高国际知名度、带动经济增长、改善设施和基础建设、增加社会和文化活动。短期影响主要是指在体育赛事举办的整个过程中以及赛事结束之后一个很短时间内给举办地带来的影响。从现有研究看，长期影响和短期影响的区分，人们在时间上没有一个绝对的限定，但学者们一致认为，长期影响和短期影响的本质区别在于，长期影响通常不是由原赛事组织者的行为产生的，而短期影响是由原赛事组织者的行为产生的。

（三）有形与无形的角度

根据体育赛事影响的本质特征，可以将其分为"有形影响"和"无形影响"两类。拉里·德怀尔（Larry Dwyer）、彼得·福塞思（Peter Forsyth）等人在对体育赛事的影响进行阐述时就指出，体育赛事的影响包括有形影响和无形影响，其中有形影响包括网络影响、能力影响和结构影响三个方面，无形影响包括印象影响及对相关产业的影响。约翰·艾伦（John Allen）等人也提到了体育赛事无形影响的概念，他们指出：体育赛事的无形影响是难以衡量的，包括对社会生活和对团体福利的影响、由体育赛事所激发的居民自豪感，以及对一个地方或旅游目的地形象所造成的长期影响。

（四）正面与负面的角度

体育赛事对举办地的"正面影响"和"负面影响"通常也被称为"积极影响"和"消极影响"。总的来看，研究者关注的焦点是体育赛事的正面影响，但是在相关研究中也经常提及体育赛事的负面影响。在搜索引擎 Google 中输入 "negative impact of sport events"（体育赛事的负面影响），可以得到约 269 000 项查询结果（搜索时间为 2008 年 8 月 19 日 11 时 24 分）。迈克尔·沙普科特（Michael Shapcott）从体育赛事和居民住房权的关系出发，研究了体育赛事的负面影响。他列举了大量的数据来说明体育赛事的负面影响。道恩·格索伊（Dogan Gursoy）等人在研究 2002 年世界杯足球赛前后韩国居民的认识变化时，将文化交流与发展、经济增长、自然资源利用等归为预期利益或积极影响（expected benefit 或 positive impact），将交通拥挤、污染、物价上涨以及社会问题等归为负面影响（negative impact）。

（五）经济、社会和环境的角度

三重底线评估法是现在西方体育赛事影响研究中最常见的方法之一，它倡导从经济、社会和环境三个维度来展开分析。唐纳德·盖兹（Donald Getz）认为，对体育赛事影响的研究应该从赛事所承担的不同角色出发，从不同的角度来进行研究。这里的"角色"实际上是指一项体育赛事所涉及的不同利益相关者，包括组织者、赞助者、合作者以及观众等，"角度"则是唐纳德·盖兹（Donald Getz）所提到的经济、社会和环境。约翰·艾伦（John Allen）认为，体育赛事对举办地的影响主要体现在四个方面，即社会文化影响、物质和环境影响、政治影响以及旅游和经济影响。

当然，在对体育赛事的综合影响进行具体分析的时候，也可能存在几种分类标准并存的情况，如既可以研究体育赛事短期的、有形的、正面影响，也可以分析体育赛事长期的、无形的、负面影响。

第二节　社会体育赛事的经济影响

一、体育赛事经济影响的概念

关于体育赛事的经济影响的概念，目前存在两种解释。

第一种是广义概念，认为体育赛事的经济影响是指因体育赛事的举办而形成的赛事与举办地经济领域间发生的相互作用及其结果，包括赛事对举办地经济的直接和间接影响以及长期和短期影响等。凡是与举办地经济相关的影响，均可以包含在内，如体育赛事的媒体价值、体育赛事对城市的营销作用等。

第二种是狭义概念，认为体育赛事的经济影响是指由于体育赛事的举办而引发的举办地基础设施投资、宾馆餐饮消费、商业贸易等需求的变化（这种需求的变化直接给赛事举办地带来了新的消费），并通过直接效应和乘数效应对举办地的产出、收入、就业水平等经济指标产生的影响，其核心是体育赛事给举办地带来的新消费。

从当前国外相关研究中可以看出，国外学者和赛事管理者多数持第二种观点，如Crompton认为体育赛事的经济影响是指由于体育赛事而引起的举办地产出、收入、就业水平、政府税收等经济指标的净变化。体育赛事经济影响广义概念的内容非常繁杂，研究难度很大，尤其是在具体操作层面更是如此。因此，为了研究的方便，学者们都先从体育赛事经济影响狭义概念入手，对这一问题进行深入研究。

二、社会体育赛事经济影响的产生

从凯恩斯主义宏观经济学角度来看，社会体育赛事的经济影响是一种需求冲击，即由社会体育赛事引发的对基础设施投资、旅游、出口、商业贸易等方面需求的变化，通过直接效应和乘数效应影响举办地的国民经济产出、收入和就业水平。所谓乘数效应原本是指，当政府投资或公共支出扩大、税收减少时，对国民收入有加倍扩大的作用，从而产生宏观经济的扩张效应；当政府投资或公共支出削减、税收增加时，对国民收入有加倍收缩的作用，从而产生宏观经济的紧缩效应。在社会体育赛事经济影响的形成中，乘数效应主要体现为放大由社会体育赛事给举办地带来的新资金所产生的经济影响。

当一个国家或地区举办一项体育赛事，特别是一项重大体育赛事时，势必引起人们对体育赛事相关产业需求的变化，由此带来的最直接的影响就是加速举办地的资金流动。虽然这种资金流动既包括正向的流动，也包括负向的流动，即体育赛事的举办会使一些新的资金流入举办地，但同样也会导致一些资金被"挤出"举办地的经济体系。总体而言，大多数情况下，体育赛事的举办会促进资金向举办地正向流动，即会给举办地带来一些新的资金流入（这些资金往往流入到宾馆、餐饮、交通等体育赛事相关产业），这些新的资金会持续在举办地的经济体系中循环，对当地的整体经济产生正面影响。不过，体育赛事带来的这种需求增长在很大程度上是暂时性的，一般会在体育赛事举行期间集中爆发，形成需求的"峰聚效应"。

社会体育赛事对举办地经济影响的大小与其给举办地带来的新资金流入呈正相关关系。赛事给举办地带来的新资金流入越大，对举办地经济的影响就越大。相反，如果赛事给举办地带来的新资金流入很小，那么该赛事对举办地的经济影响就不会很大。

社会体育赛事对举办地产生经济影响的大致流程为：赛事举办地居民通过税收的形式为本地区政府提供资金，政府将其中一部分用于资助体育赛事的举办。被体育赛事吸引来的非本地区居民在本地的消费，又促进了本地区 GDP 的增长、居民收入的增加、就业岗位的增多以及政府税收的增加，这就有助于经济发展形成良性循环。赛事举办地只需提供原始投资，便可以在宏观经济层面上获得更多的投资回报。

社会体育赛事对举办地经济的影响可分为三个层级，即直接影响、间接影响和引致影响。社会体育赛事对举办地经济的直接影响是指其改变举办地经济活动的第一次消费，即体育赛事给举办地带来的新的资金流入对当地经济产生的第一次影响，如外地观众去观看某地区举办的高尔夫赛事时，他们在举办地的相关消费所带来的影响。其本意在于说明由体育赛事带来的第一批外来消费资金引起的举办地若干经济部门最终需求的增加所导致的经济活动变化程度。社会体育赛事对举办地经济的间接影响是指体育赛事对举办地直接经济影响的结果对举办地经济产生的影响，它是举办地相关产业因为直接经济影响带来的外来资金投入所导致的各行各业经济活动的变化。例如，宾馆、饭店从本地区的供应商处购买实物和服务后，在销售过程中产生的额外的经济增长。通常来说，受社会体育赛事间接经济影响的产业有旅馆业、餐饮业、零售业以及与娱乐相关的产业。在赛事举行期间或者结束后，在举办地区仍会有各种相关产业持续发生买卖行为。简而言之，社会体育赛事对举办地经济的间接影响在于为该地区的各行业依靠体育赛事所带来的间接经济利益。社会体育赛事对举办地经济的引致影响是指赛事举办地的经济单位因为举办体育赛事的直接或间接经济影响所增加的收入在当地的再消费程度，是由体育赛事而引起的当地居民收入增加后，居民将部分增加的收入又用于在当地经济系统中的消费，从而对当地经济产生的影响。例如，某餐厅员工因外地观众来观看本地高尔夫比赛的消费而使收入有所增加，并将这些收入用于添购各类日常用品，进而对当地经济产生影响的现象。社会体育赛事的间接影响和引致影响通常也被称为二次影响。社会体育赛事对举办地的经济影响如图 2-1 所示。

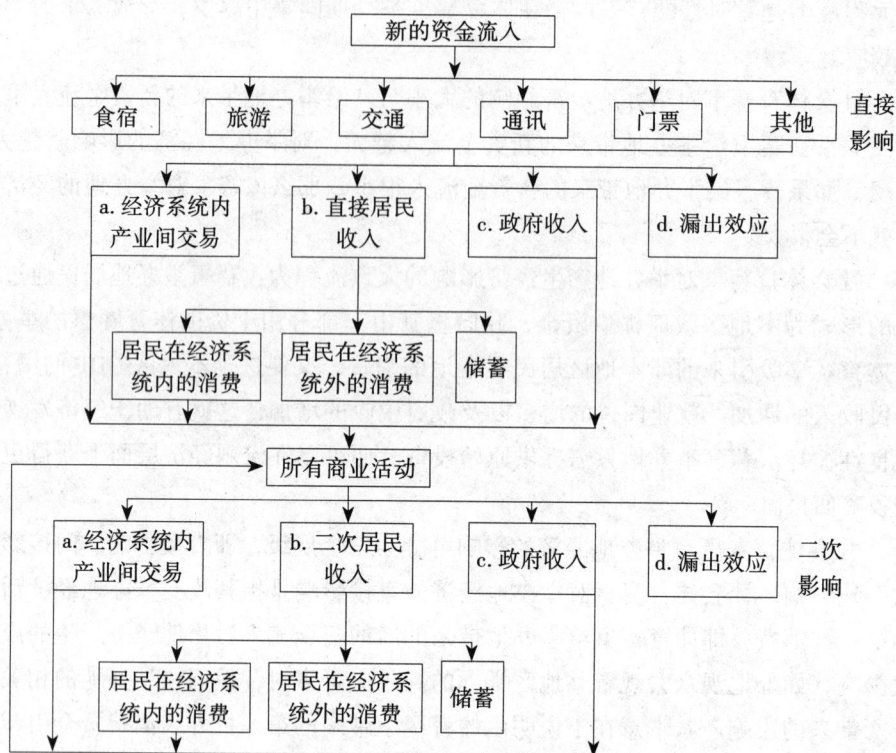

图 2-1　社会体育赛事对举办地的经济影响

三、社会体育赛事经济影响的衡量指标

社会体育赛事通过引起举办地需求的变化，对举办地的多项经济指标都会产生影响。通常来说，衡量社会体育赛事经济影响的指标有四个，即对举办地 GDP 的影响、对举办地就业水平的影响、对政府税收收入的影响以及对举办地居民收入水平的影响。

（一）对举办地 GDP 的影响

GDP 是国内生产总值（Gross Domestic Product）的英语缩写，指的是一个国家（或地区）在一年内所生产的所有最终产品和服务的市场价值之和。它是对经济活动的基本量度。GDP 有三种表现形态，即价值形态、收入形态和产品形态。从价值形态看，它是所有常驻单位在一定时期内所生产的全部货物和服务价值超过同期投入的全部非固定资产货物和服务价值的差额，即所有常驻单位的价值增加值之和；从收入形态看，它是所有常驻单位在一定时期内所创造并分配给常驻单位和非常驻单位的初次分配收入之和；从产品形态看，它是最终使用的货物和服务减去进口货物和服务的结余。在实际核算中，GDP的三种表现形态体现为三种不同的计算方法，即生产法、收入法和支出法。三种方法分别从不同的方面反映GDP的大小及构成。

社会体育赛事对举办地GDP的拉动作用是体育赛事对举办地经济影响的一个主要方面。社会体育赛事对举办城市或地区的GDP的拉动是一个长期的过程，通常包括体育赛事举办前期、中期和后期三个阶段。社会体育赛事在各个阶段对举办城市或地区GDP的拉动方式也是不一样的。社会体育赛事举办前期主要通过场馆设施等基础设施建设拉动举办地GDP的增长，中期则一般通过赛事组织者、观众及游客的消费带动举办地GDP的增长，后期一般是由举办体育赛事而引起的举办地知名度和城市形象的提升所带来的旅游、投资等拉动举办地GDP的增长。

（二）对举办地就业水平的影响

社会体育赛事对举办地就业水平的影响是社会体育赛事影响经济结构和经济发展的重要表现，对于一个城市或地区来说，体育赛事作为外加的经济活动的快速持续发展，将带动就业水平的同步上升。据测算，F1中国大奖赛全年平均需要雇用5 000名工作人员，其中包括接线员、管道工、木工和油漆工等。每场比赛前后需要60名清洁工打扫卫生、清理现场，需要出动30辆救护车和200名医务人员以备不时之需，需要2 000名厨师不停地制作三餐，需要至少2 000名服务员为就餐者服务，赛道旁还需要400名志愿信号员、108名志愿旗手、40名警官、10辆警车、12辆救火车，以防发生意外❶。

与社会体育赛事的其他经济影响一样，社会体育赛事对举办地的就业水平的影响也有长期和短期之分。就举办社会体育赛事活动自身而言，由于其持续的时间较短，因此，它所创造的就业岗位往往也是短期的。但由于体育赛事与其他很多产业都有较高的关联度，它的举办可以带动和刺激其他相关产业的发展，从而间接带动举办地长期就业岗位和就业人数的增加。

近年来，国外很多学者对社会体育赛事给举办地带来的就业效应进行了实证研究。1994年，迪恩·贝姆（Dean Baim）通过对美国15个城市的研究发现，职业橄榄球和棒球联赛对这些城市的就业具有积极的促进作用。当然，也有一些学者对社会体育赛事的就业效应表示怀疑，如弗洛里安·哈根（Florian Hagn）、沃尔夫冈·马恩尼（Wolfgang Maennig）等，他们运用计量经济模型将体育赛事举

---

❶ 顾小霞，杜秀芳，马俊文. 体育赛事的经营与管理 [M]. 太原：山西人民出版社，2009：98.

办地与非赛事举办地就业状况进行比较分析。结果表明，社会体育赛事对举办地的就业效应很小。此外，还有一些学者，如丹尼斯·考茨（Dennis Coates）、布拉德·汉弗莱斯（Brad Humphreys）、罗宾·泰格兰（Robin Teigland）等，甚至认为，社会体育赛事对举办地的就业产生了较大的消极影响。尽管在社会体育赛事对举办地就业水平影响问题上存在着不同的观点，但总体来说，目前大多数学者还是认为社会体育赛事对举办地的就业有一定的促进作用。因此，在衡量社会体育赛事的经济影响时，通常都会对赛事给举办地带来的就业效应进行评估❶。

（三）对政府税收收入的影响

社会体育赛事给举办地政府创造税收收入也是赛事对举办地经济影响的一个方面。2001年澳大利亚墨尔本举办的F1澳大利亚大奖赛仅为维多利亚州政府创造的税收就接近1 000万澳元。AC尼尔森调查显示：2004年在上海举办的F1中国大奖赛，仅门票销售一项就为上海带来了1 240万元的税收收入，其对上海市旅游业的拉动效应则给市政府创造了多达8 340万元的税收。

从国外经验看，政府往往会针对非本地居民征收一定的"软税"（在国外，财产税和营业税是地方政府为体育赛事提供补贴的传统税收来源，这两种税收有时被称为"硬"税。由于人们对大范围征税补贴体育赛事的抵触情绪越来越强烈，便产生了一系列补贴体育赛事的"软"税。由于其涉及的范围相对较小，并经过了严格筛选，因而易于征收。如旅游开发税、烟酒税、球员所得税等），旅游开发税是其中的一种，它实际上也是一种营业税，但它又不同于一般的营业税，因为其征税范围不是针对一般的销售交易，而主要是针对两种消费：酒店住宿和汽车租赁。如此一来，其征税对象就变成了那些享受上述服务的外地来访者。在体育赛事举办期间，由体育赛事给举办地带来的非本地居民通常都会发生住宿或汽车租赁等消费，这种现象带来的最直接的影响就是使举办地提供住宿和汽车租赁等服务的机构收入增加，进而带动政府税收收入的增长。

由于税收体制不尽相同，我国没有在赛事期间专门征收某一税种，但由于赛事给举办地带来的巨大的新增消费需求，拉动了举办地旅游、住宿、交通等产业的发展，也势必会对举办地政府税收产生一定的积极影响。

（四）对举办地居民收入水平的影响

举办社会体育赛事一般会带来举办地居民收入的增加，这也是衡量社会体育

❶ 樊智军. 体育赛事的组织与管理 [M]. 北京：人民体育出版社，2007：56-58.

赛事经济影响的一个重要指标。与其他几个指标一样，居民收入增加的导火索也是社会体育赛事给举办地带来的新的资金，这些新的资金通过外来人员和社会体育赛事组织者的消费行为流入举办地各个产业部门，带动了这些产业销售量的增长，从而增加了这些产业工作人员的工资和奖金，最终促进了举办地居民收入水平的提升，如图 2-2 所示。

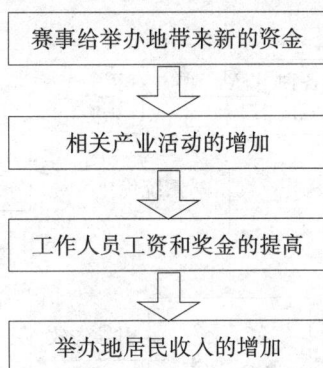

```
┌─────────────────────────┐
│   赛事给举办地带来新的资金   │
└─────────────────────────┘
            ↓
┌─────────────────────────┐
│      相关产业活动的增加      │
└─────────────────────────┘
            ↓
┌─────────────────────────┐
│   工作人员工资和奖金的提高    │
└─────────────────────────┘
            ↓
┌─────────────────────────┐
│     举办地居民收入的增加      │
└─────────────────────────┘
```

图 2-2　体育赛事带动举办地居民收入增长示意

第三节　社会体育赛事的社会影响

一、体育赛事社会影响的内涵

体育赛事的社会影响是指体育赛事的举办给社会带来的社会心理、社会价值观、社会政治等方面的影响。唐纳德·盖兹（Donald Getz）认为，体育赛事社会影响包括当地居民的态度、文化遗产的增加、传统的保护、舒适性的丧失或增加、公众行为、美感的改变等❶。从影响的效果看，包括积极影响和消极影响。积极影响包括形成社区自豪感、城市改造和增强社会凝聚力；消极影响包括失去舒适性、造成环境破坏、噪声干扰和交通堵塞。约翰·艾伦等认为，体育赛事社会影响包括对社会生活和对团队福利的影响、赛事所激发的自豪感，以及对一个地方或旅游目的地形象所造成的长期影响等。总而言之，有关赛事社会影响的论述较多，且各有侧重点。

---

❶ 阮伟. 体育赛事与城市发展关系研究 [D]. 北京：北京体育大学,2012：74-76.

二、社会体育赛事社会影响的形成

在没有赛事活动介入以前，赛事举办地相对而言是一个以自循环、自流通、超稳定为基本特征的地域空间系统。当社会体育赛事活动举办后，伴随着大量人流、物流和信息流在时间和空间的聚集，赛事举办地的社会环境系统便在外界各种"流"的注入和影响下，从相对均衡的状态转向失衡状态，如图2-3所示。

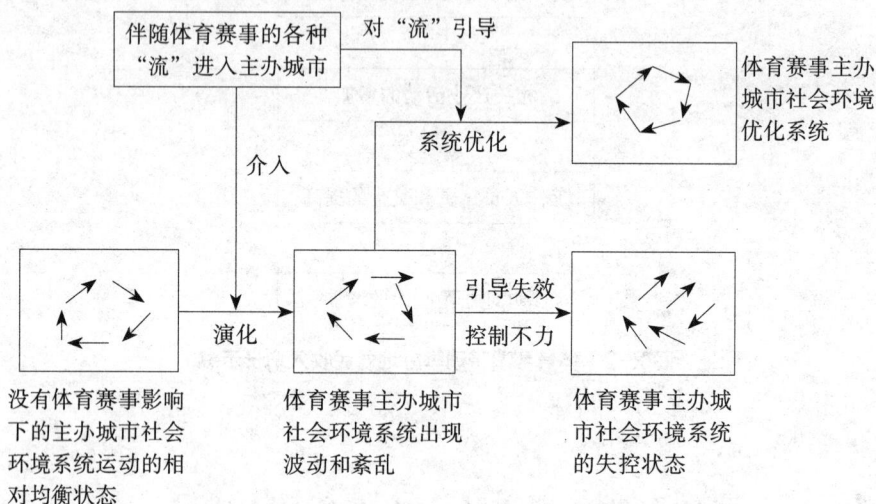

图2-3 社会体育赛事各种"流"的变化

从图2-3中可以看出，当社会体育赛事活动以各种"流"的形式对赛事举办地社会环境系统发生演化作用时，社会环境系统可能从相对均衡状态转向失衡。如果不予以有效的引导与控制，可能会导致赛事举办地社会环境系统的失控。如果在赛事举办地社会环境系统出现波动和紊乱时，果断地采取积极有效的措施，不仅可以有效恢复赛事举办地社会环境系统的相对均衡，也有利于赛事举办地实现社会环境系统优化。

三、社会体育赛事社会影响的表现

（一）增强居民的自豪感

自豪感是人的一种高级情感，是指因为自己或与自己有关的集体或个人具有优秀品质或取得重大成就而产生的一种豪迈的情感。这里所说的居民自豪感是指举办地居民因为赛事在本地举办而产生的一种对本地区和民族的油然而生的骄傲之情。

体育赛事的举办会给那些希望本地区的名称及形象能在全国乃至全球广泛传播的居民带来自豪感，让这些人及其他外地人相信他们居住的是一个重要的地方。比如，在法国，环法自行车赛不仅是一项体育赛事，更是一种国家性格和民族自豪感的表征；加里·阿姆斯特朗（Gary Armstrong）和汉斯·霍格内斯塔（Hans Hognestad）通过对挪威白兰恩足球俱乐部的实证研究发现，该俱乐部的出色战绩极大地促进了卑尔根市居民的自豪感；亚特兰大奥运会申办成功之后，当地居民异常兴奋，他们认为，申奥成功说明了他们居住的亚特兰大是一个真正的城市。有了奥运会，曾经被称为"失败之城"的亚特兰大一跃成为"光辉之城"，类似的例子还有很多。

（二）提高居民生活质量

"生活质量"这个概念最早是美国制度经济学派的主要代表人物加尔布雷思于 1958 年在所著的《富裕社会》一书中提出来的。美国经济学家萨缪尔森所著的《经济学》一书中也曾专列一章论述生活质量问题。从形成生活质量概念的历史过程看，理论家们曾经一度把生活的效益和享受理解为生活质量。实际上生活质量是一个多层次的概念，不同的学科对生活质量有不同的定义。随着人类发展研究的深入，生活质量这个概念不仅被各国的政治家所关注，而且也成了经济学、社会学等多个学科研究的热点。经济学家关注的生活质量，往往是从某一经济学流派的理论概念出发，从消费与福利的关系、经济增长与物质财富的聚集、资源环境与经济的可持续发展的关系以及产业结构的调整对生活质量的影响等角度展开研究的，是通过"生活质量"这个指标，综合地研究社会经济发展的程度和水平；社会学家研究生活质量则着眼于社会结构、社会分层、社会公正、治安状况、教育以及人的健康状况，并从某种文化、宗教和意识形态出发做出价值判断，试图通过"生活质量"这个指标描述一个区域、一个人群中的人是在一种什么样的状态下生活。不同学科、同一学科内不同专家对"生活质量"的定义和内涵的不同理解，造成了观察视角和研究目的的差异。半个多世纪以来，许多国际机构和国家相继推出了一些描述和评价"生活质量"的指标体系和综合指数，但也都有自身的局限性，无法像 GDP 核算那样被普遍应用与推广。目前大多数学者认为"生活质量"不仅包含生活的物质层面，如生活水平、自然和社会的基础设备的充分程度，还包含一些无形的生活层面，如良好的健康状况、娱乐和休闲机会等。有些研究覆盖面更为广泛，甚至包括基本的生活结构，如权利、特权以及社会生活中的决策角色。

社会体育赛事的主办社区是体育赛事的利益相关者之一，赛事的举办必然会在一定程度上对主办社区产生影响,尤其是主办社区的居民。杰弗里·苏塔(Geoff Soutar)在有关弗莱门托市居民如何看待美洲杯帆船赛的研究中指出,人们感到这一活动改善了弗莱门托市的生活质量。杰弗里·杰拉尔德·欧文(Jeffrey Gerald Owen)认为,举办体育赛事可以让居民获得休闲和交往的机会,会对举办地居民的体育消费意识产生积极影响,还能够为居民提供接受新事物的机会。

社会体育赛事在提高居民生活质量方面可以用以下几个指标反映:第一,居民获得休闲机会的概率;第二,居民增强体育健身意识的概率;第三,居民学习新事物、新技能机会的概率;第四,居民直接参与赛事及相关活动的概率。由于"生活质量"本身就是一个可以从多维度、多视角、多层面观察的概念,再加之,目前关于体育赛事对居民生活质量的影响方面还没有一个统一的框架,这四个指标很可能还难以全面反映体育赛事对举办地居民生活质量的积极影响。

(三)扰乱举办地居民的正常生活

社会体育赛事举办期间会有数以万计的外地观众来到举办地,在给举办地带来诸多好处的同时,也对当地居民的正常生活产生了一定的负面影响。外来人员的大量涌入使居住在赛场附近的居民的正常生活受到打扰,如交通拥挤、噪声污染、犯罪行为增加等。社会体育赛事对居民正常生活的影响是多方面的,而且不同性质的赛事对居民正常生活的影响也不尽相同,如F1大奖赛、摩托GP等赛事以及一些类似马拉松的户外比赛对居民的噪声污染影响相对更大;奥运会、足球世界杯等大规模赛事对消费指数的拉动效应更为明显。体育赛事对举办地居民正常生活的扰乱主要体现在以下几个方面:一是交通拥挤,二是噪声污染,三是犯罪行为增多,四是消费指数上升。总体而言,这几个因素都是由于赛事期间举办地人数激增而引发的。

(四)安全隐患及恐怖主义

自1972年恐怖主义分子把慕尼黑奥运会作为袭击目标之后,安全和恐怖主义问题就成为一直困扰体育赛事的一个难题。2001年"9·11"事件之后,恐怖主义已经成为重大体育赛事中最受关注的风险因素。2008年因为受到基地组织恐怖分子的威胁,达喀尔汽车拉力赛组委会被迫宣布取消在马里境内的两个赛段的比赛,而在相对安全的毛里塔尼亚举办了9个赛段;2009年达喀尔汽车拉力赛又因为恐怖主义的威胁而被迫取消。为了保证赛事的安全,赛事组委会往往不惜重金投入安保领域。此外,需要强调的是,赛事安全和恐怖主义问题已经不单单是一件影响赛事本身的事件,还会对举办地的社会产生直接的影响。

第四节　社会体育赛事的环境影响

一、体育赛事环境影响概述

与其他活动一样，体育赛事的举办与举办地的自然环境要素和自然环境系统之间是相互影响、相互作用、相互联系、相互制约的。运营体育赛事所利用的资源和能源都来自自然界，同样，举办地也会利用赛事举办的机会对城市环境进行综合治理。除了一些以自然环境为依托的体育赛事，如帆船、滑雪、山地自行车、攀岩、马拉松等项目的比赛，以及奥运会等一些大型综合性赛事外，自然环境与体育赛事的关联度一般都不大，但从可持续发展的视角出发，本书还是将赛事的环境影响作为体育赛事综合影响的一项重要内容。

二、社会体育赛事环境影响的表现

（一）改善环境

改善环境是体育赛事对举办地的一项重要遗产，很多城市都将改善环境纳入赛事规划的范畴。体育赛事主要通过两个途径来改善举办地的自然环境。第一，提高居民的环保意识。例如，法国就让体育赛事与环保"联姻"，通过体育赛事宣传环保意识。2007年世界杯橄榄球赛中，法国卫生、青年与体育部长罗斯利娜·巴舍洛·纳尔坎、环境与可持续发展部长让·路易·博洛等官员以及法国世界杯橄榄球赛组委会主席拉帕塞联合宣布将本次比赛办成"环保型比赛"，并采取在赛场及举办城市张贴环保行为宣传画等方式宣传环保意识。在国内，体育赛事也成了宣传环保意识的一个有力工具。青海省在环青海湖公路自行车赛中就树立了绿色环保的办赛理念，为了把这种理念落实到赛事中，赛事组委会还和一些环保机构建立了良好的联系。中国绿化基金会、中国环保学会、中国野生动物保护协会都是环青海湖公路自行车赛的协办单位。在赛事筹备及组织工作中，青海省也很注重环境保护的宣传工作，组委会成员单位中包括林业、环保等部门。自赛事活动举办以来，青海省环保部门已组织环保志愿者200多人，通过印发环保科普宣传材料、制作宣传展板和横幅等方式，向当地居民和国内外游客普及环保知识，收到了良好的效果。此外，一些赞助商也通过赞助体育赛事来宣传环保意识，如东风本田汽车就通过赞助2008年北京国际马拉松赛达到宣传环保的精神、回报社会的目的。第二，进行城市环境治理。通常而言，赛事举办之前，举办地都要对城市环境进行一定程度的综合治理，尤其是一些大型的综合性赛事。

（二）环境污染与破坏

社会体育赛事的举办有时也会对环境产生污染和破坏。一方面，体育场馆等基础设施的建设会对自然环境产生一定的破坏，如 2010 年温哥华计划修建的北欧滑雪赛场就对当地灰熊的生存环境产生了较大影响；另一方面，大量人流的涌入会对城市的环境产生严重污染，如城市垃圾、二氧化碳排放等。安德鲁·里卡德（Rickard Andrew）认为，对于在城市中举办的赛事而言，二氧化碳的排放是对主办城市自然环境影响较大的一个因素，比赛期间聚集的大量观众以及他们的交通都会给主办城市带来大量二氧化碳的排放。

（三）资源消耗

当前，资源消耗问题已经成为经济、社会可持续发展的主要瓶颈，全球对此都非常关注。近年来，随着我国社会经济的发展，经济增长方式也开始从粗放型向集约型转变，节约资源已经成为各级政府关注的核心问题之一。社会体育赛事作为一项大型的活动势必会消耗大量的资源。

社会体育赛事主要消耗的资源包括：第一，能源消耗。但凡举办一次体育赛事，交通工具、办公设备、场馆维护、食品准备等各方面都需要巨大的能源开销；石油、天然气、电力等传统能源以及新兴的太阳能等可再生能源在赛事中均扮演着举足轻重的角色。第二，水资源消耗。体育赛事需要大量的水，包括饮用水、场馆及设施清洁用水、某些设备或某些运动项目所需的水、参与者的洗漱用水等。如果没有一个有效的节水机制或水循环工作系统，极容易造成大量的水资源浪费。

第三章　社会体育赛事的利益相关者

第一节　社会体育赛事利益相关者的框架分析

一、体育赛事利益相关者的概念

体育赛事利益相关者概念的提出，以利益相关者理论的广泛应用为背景。利益相关者理论，是当前西方经济学界和管理学界研究的一个热点问题。它是20世纪60年代，在对主流企业理论，即"股东至上主义"的质疑和批判中，逐步产生和发展起来的。1963年，利益相关者作为一个明确的概念，由斯坦福研究所提出后，以弗里曼（Freeman）、多纳德逊（Donaldson）、克拉克森（Clarkson）、琼斯（Jones）、科林斯（Collins）、卡罗尔（Carroll）、布莱尔（Blair）、米切尔（Mitchell）为代表的一批经济学家、管理学家，提出了利益相关者管理理论。利益相关者理论的研究领域非常广泛，不仅涉及管理学、经济学、伦理学、社会学，还涉及管理基础、分类方法等方面。它的研究内容既有企业经营微观层面的研究，又有关注国家大政方针的宏观层面的研究；研究方法既有纯理性的规范性分析，也有经验性的实证研究。按研究目的来划分，它的应用主要表现为两个方面：一是解释性应用，即对其他研究对象的利益相关者进行界定和分析，构建相关领域的利益相关者分析框架，这种应用的适用范围较为广泛，且具有较强的解释能力；二是操作性应用，即利用利益相关者理论，对某一专门领域的管理问题，提出可操作性的具体解决办法。

"利益相关者"一词的提出可以追溯到1929年，此后的30年间，学者们从不同角度对利益相关者的概念进行了界定。其中，以弗里曼（Freeman）的观点最具代表性。他在《战略管理：一种利益相关者的方法》一书中提出，"利益相关者是能够影响一个组织目标的实现，或者受到一个组织实现其目标过程影响的所有个体和群体"❶。弗里曼的界定进一步丰富和完善了利益相关者的内涵，却笼统地将所有利益相关者放在同一层面进行整体研究，给后来的实证研究带来了很大的局限性。克拉克森认为，"利益相关者在企业中投入了一些实物资本、人力资本、财物资本或一些有价值的东西，并由此而承担了某些形式的风险；或者说，他们因企业活动而承受风险"。国内学者综合了上述观点，将"利益相关者"界定为，"那些在企业的生产活动中进行了一定的专用性投资，并承担了一定风险的个体和群体，其活动能够影响或者改变企业的目标，或者受到企业实现其目标过程的影响"❷。这一定义既强调了投资的专用性，又将企业与利益相关者的相互影响包括进来，应该说是比较全面和具有代表性的。

作为一种复杂的特殊事件，体育赛事的运营和管理是一项较为庞大的系统工程，特别是对于规模较大的体育赛事来讲，其关联主体呈现多元化和复杂化的特点。体育赛事的成功举办，离不开各类关联主体的参与及其需求的满足，这些关联主体便是体育赛事的利益相关者。基于利益相关者理论以及体育赛事的自身特点，我们将体育赛事利益相关者的概念界定如下，体育赛事利益相关指，在体育赛事举办过程中进行了一定的专用性投资，并承担了一定赛事风险的个人和组织，其活动能够影响或者改变体育赛事的成功举办，也可能受到体育赛事举办过程的影响。关于这一概念，我们需要做如下说明。

（1）"体育赛事举办过程"是广义的界定，泛指体育赛事的申办、体育赛事的筹备、体育赛事的组织以及体育赛事的收尾等整个过程，所有参与到整个过程中的关联主体，均需要纳入体育赛事利益相关者的界定范畴中。

（2）"专用性投资"指体育赛事关联主体的实物投资、资本投资、人力投资、政策扶持及其他投资等。其中，实物投资包括赞助商的各类实物赞助、当地政府或社区对于相关设施的提供等；资本投资包括赛事所有者的资本投入、赞助商的货币赞助、当地政府的财政补贴、观众购买的门票等；人力投资包括赛事所有者、政府协调部门工作人员、赛事参与者（运动员、教练员、裁判员）、赛事主办机构工作人员以及志愿者的人力资源投入等；政策扶持主要包括当地政府或社区对于体育赛事举办的政策扶持；其他投资包括媒体宣传以及赛事举办地自然环境等。

（3）与一般"赛事风险"的概念有所不同，这里的"赛事风险"泛指影响体

---

❶ 朱洪军，张林．大型体育赛事与城市公众参与的实证研究 [J]．体育科学，2014,34(6):11-17.

❷ 肖锋．体育赛事安全防范研究 [J]．体育科研,2008(5):13-24.

育赛事关联主体需求满足的各类风险。对于赛事主办机构来讲，主要指影响赛事成功举办的风险；对于赛事所有权人来讲，主要指影响体育赛事的盈利风险；对于政府部门来讲，主要指赛事举办期间的安全风险和影响政府形象改善的风险；对于赞助商来讲，主要指赞助回报的实现风险。

二、体育赛事利益相关者的分类

运用科学合理的方法对体育赛事利益相关者进行系统的分类，是构建体育赛事利益相关者分析框架的重要前提。利益相关者可以从多个角度进行细分，不同类型的利益相关者对于管理决策的影响，以及受管理活动影响的程度是不一样的。目前，国内外比较常见的分类方法，主要有多维细分法和米切尔（Mitchell）评分法两种。

多维细分法以弗里曼和弗雷德瑞克为代表。弗里曼认为，利益相关者由于所拥有的资源不同，对企业管理活动会产生不同的影响。弗雷德瑞克从利益相关者对企业产生影响的方式来划分，将其分为直接和间接的利益相关者。直接的利益相关者就是直接与企业发生市场交易关系的利益相关者，主要包括股东、企业员工、债权人、供应商、零售商、消费商、竞争者等；间接的利益相关者是与企业发生非市场关系的利益相关者，如中央政府、地方政府、外国政府、社会活动团体、媒体、一般公众等。美国学者米切尔（Mitchell）从利益相关者所必需的属性出发，对可能的利益相关者进行评分，根据分值的高低确定某一个人或者群体是不是企业的利益相关者，是哪一类型的利益相关者。他将企业利益相关者分为三类：潜在型利益相关者、预期型利益相关者和确定型利益相关者。

国内学者陈宏辉和贾生华，借鉴多维细分法和米切尔评分法的分析思路，从利益相关者的主动性、利益相关者的重要性和利益相关者要求的紧急性三个维度，对所界定出的 10 种利益相关者进行分类，以评分的方法将国内企业的利益相关者分为核心利益相关者、蛰伏利益相关者、边缘利益相关者。核心利益相关者是企业不可或缺的群体，与企业有紧密的利害关系，甚至可以直接左右企业的生存和发展，包括股东、管理人员和员工；蛰伏利益相关者往往已经与企业形成了较为密切的关系，所付出的专用性投资实际上使得他们承担着企业一定的经营风险，在企业正常经营状态下，他们也许只是表现为一种企业的显性契约人而已，然而一旦其利益要求没有得到很好满足或是受到损害时，他们可能就会从蛰伏状态跃升为活跃状态，从而直接影响企业的生存和发展，包括消费者、债权人、政府、供应商和分销商；边缘利益相关者往往被动地受到企业的影响，在企业看来他们的重要性程度很低，其实现利益要求的紧迫性也不强，主要指特殊利益集团和社区。

关于体育赛事利益相关者的分类，国内外学者也有一些初步的研究。盖伊·马斯特曼认为，"在早期，体育赛事的主要利益相关者，常常只限定为参加比赛的运动员和裁判员，但随着体育赛事的发展，赛事的消费者逐渐成为体育赛事主要利益相关者" ❶。他还进一步列出了体育赛事的主要利益相关者，包括运动员、裁判员、随队人员、供应者、赛事管理者、工作人员、观众、媒体和贵宾（VIP）等。唐纳德·盖兹（Donald Getz）认为，体育赛事的主要利益相关者包括赛事组织者、赞助商和合作伙伴、消费者及贵宾、城市社区等；国内学者叶庆辉进一步丰富了唐纳德·盖兹（Donald Getz）关于体育赛事利益相关者的观点，他认为，体育赛事包括主办机构、主办社区、赞助商和经费支持者、供应商、媒体（电台、电视和报纸）、工作团队（雇职员和志愿者）、参与者和观众等利益相关者。

从国内外有关利益相关者分类的代表性成果来看，利益相关者的分类标准和分类方法并不统一。在对利益相关者进行分类时，需要在主流分类方法的指导下，根据对研究主体固有特征的分析和研究侧重点的不同进行科学的分类。因此，体育赛事利益相关者的分类也要遵循这一原则，在分类时需要重点把握好体育赛事的自身特点和属性。

首先，从某种意义上讲，体育赛事的举办是一种阶段性的特殊事件，具有"事件性"。它是由赛事主办方通过策划、组织、筹办具有观赏效用或商业价值的体育比赛而引发的事件。因此，与该事件的发生、发展和结束各个阶段产生各种关系的个人和组织，均要纳入体育赛事利益相关者的范畴中来。其次，体育赛事产业因其固有的竞技性，已成为一种最具体育本质属性的行业类别。它是体育产业中无形产品的典型代表，具有一般商品的特性。因此，与体育赛事这一特殊产品的供给、生产、销售、消费等各个环节所联系的个人和组织均为体育赛事利益相关者分类的对象和范围。再次，体育赛事是关联主体之间关系的联结，它通过协商的方式来执行各种显性和隐性契约，并由此规范其利益相关者的权利和义务。为了保证体育赛事的良性运转，赛事关联主体之间必须形成多边契约关系。签订契约的主体不仅包括赛事所有者、主办机构和管理人员等，还包括所有会影响赛事举办的个体和群体，如政府、社区、赞助商、志愿者、观众、媒体、自然环境等。这些利益相关者都与体育赛事有契约关系，只不过有的是显性契约，有的是隐性契约而已。

另外，现阶段，由于我国特殊的体育管理体制，政府控制着大量的赛事资源。

---

❶ 王勤芳，许翠霞. 我国大型社会体育赛事中伤害事故的法律探究 [J]. 体育科学研究 ,2018,22(2):27-31.

一方面，各类体育赛事的申办、筹备和运作，都需要得到政府的大力支持和帮助；另一方面，政府需求的满足也是体育赛事举办的重要目标之一。因此，在对体育赛事利益相关者进行分类时，必须充分重视与政府有关的各类关联主体。

基于体育赛事的固有属性以及多维细分法的分类标准，我们将体育赛事的利益相关者做如下分类：第一类为体育赛事核心利益相关者，主要包括举办地政府、主办社区、赛事所有权人、赛事主办机构、赞助商；第二类为体育赛事蛰伏利益相关者，主要包括媒体、观众、赛事参与者（运动员、裁判员及教练员）；第三类为体育赛事边缘利益相关者，主要包括赛事工作人员、赛事志愿者、普通民众、自然环境等。

三、社会体育赛事利益相关者框架图示及特征

（一）框架图

根据体育赛事利益相关者的分类，社会体育赛事利益相关者的分析框架如图 3-1 所示。

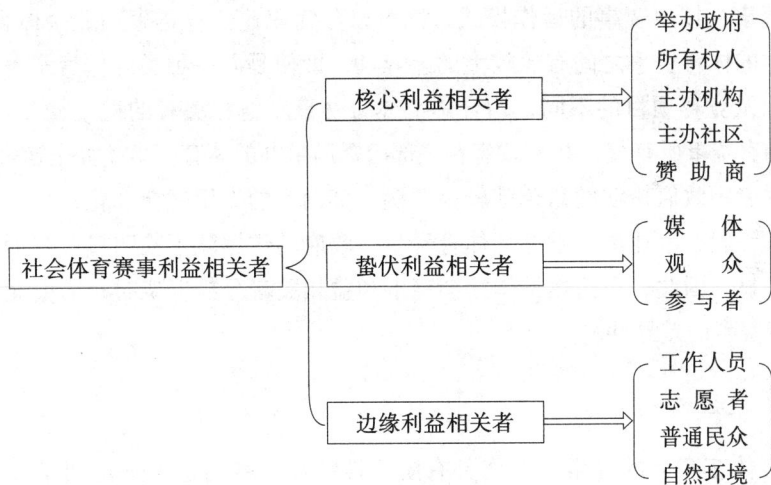

图 3-1　社会体育赛事利益相关者的分析框架

（二）框架特征

社会体育赛事利益相关者的分析框架，是在对社会体育赛事固有特性进行深入分析的基础上，根据多维细分方法而构建的。该框架具有层次性、差异性、阶段性等特征。

1. 层次性

所谓层次性，是针对核心利益相关者、蛰伏利益相关者和边缘利益相关者之间的关系而言的。对于社会体育赛事来讲，三者并不是并列关系，而是层次性关系。其中，核心利益相关者（政府、社区、所有权人、主办机构和赞助商）一般是体育赛事不可或缺的个体或组织，与体育赛事的成功举办有着紧密的利害关系；蛰伏利益相关者（媒体、观众、赛事参与者）往往已经与赛事形成了较为密切的关系，在赛事正常运营状态下，他们只是表现为一种赛事的显性契约人，然而一旦其利益要求没有得到很好满足或是受到损害，他们就可能会从蛰伏状态跃升为活跃状态，从而直接影响赛事的运行；边缘利益相关者往往被动地受到赛事的影响，其实现利益要求的紧迫性也不强。

2. 差异性

社会体育赛事种类较多，分类方法也较为多元化。按照赛事规模，可以分为综合性体育赛事和单项体育赛事；按照赛事级别，可以分为大型体育赛事和中小型体育赛事；按照赛事的运作模式，又可以分为职业体育赛事和业余体育赛事。不同种类的体育赛事之间有着较大的差异性，即使是同一种类的体育赛事，举办地不同以及竞赛项目的不同，均会影响体育赛事利益相关者的框架构建。例如，由政府拥有赛事所有权，并由政府有关部门资助举办的体育赛事（如全运会），其利益相关者中政府扮演的角色就较为关键，赞助商的作用就会弱化；而由民间体育组织或一般企事业单位举办的体育赛事，政府的作用就不甚明显，赞助商的作用则会凸显。因此，在构建具体社会赛事利益相关者分析框架时，需要充分考虑社会体育赛事的差异性。

3. 阶段性

社会体育赛事的发生、发展具有阶段性特征，特别是对于定期举办的社会体育赛事而言，其赛事规模、赛事影响力均会随着时间的推移而产生变化。与之相对应，赛事利益相关者也会呈现阶段性的变动趋势。例如，在赛事的初创阶段需要大量的资金投入和政策扶持，赞助商、当地政府和社区就会成为核心利益相关者；随着体育赛事的品牌化，体育赛事更多地要扩展异地市场和球迷数量，此时赞助商逐渐成为蛰伏利益相关者，而观众、异地政府和社区就逐渐成为核心利益相关者。因此，处于不同发展阶段的社会体育赛事，其利益相关者框架会有所不同。

总之，社会体育赛事利益相关者，分析框架的构建，没有现成的经验可以借鉴。根据目前的社会环境和我国体育赛事的自身特征，我们尝试构建了与当前实际情况相对应的社会体育赛事利益相关者一般分析框架。随着社会体育赛事发展阶段、自身属性以及外部环境等的变化，需要对既有的分析框架予以调整和修正。从这个意义上讲，绝对标准化的体育赛事利益相关者分析框架可能并不存在，科学的分析框架都是基于特定历史时期和赛事实际情况而设计的。

四、社会体育赛事主要利益相关者分析

（一）社会体育赛事核心利益相关者

1. 举办地政府

随着经济发展水平的不断提高以及人民生活水平的改善，社会体育赛事的影响领域和范围逐步扩展和深入，社会体育赛事在重塑城市形象、提升城市知名度，以及带动城市经济发展等方面发挥着越来越重要的作用。一方面，政府对于举办社会体育赛事的需求逐渐增加。特别是重大社会体育赛事，因其具有较强的知名度和影响力，正逐渐成为政府赛事需求的重要内容。另一方面，城市良好的自然环境、社会环境和人文环境，是实现社会体育赛事自身价值和功能的重要条件，而各种良好环境的营造需要举办地政府的重视和培育。因此，举办地政府是社会体育赛事的核心利益相关者。

2. 赛事所有权人和主办机构

所有权是物权中最重要、也最完全的一种权利，具有绝对性、排他性、永续性三个特征，具体内容包括占有、使用、收益、处置四项权利。社会体育赛事所有权人是依法对体育赛事享有占有、使用、收益和处分等权利的个人或组织。

赛事所有权人之所以能够成为赛事核心利益相关者，主要是因为赛事所有权人决定了体育赛事的定位、竞赛规则、赛事举办地、举办时间、赛事发展方向等一系列与赛事自身休戚相关的重大问题。

赛事主办机构是进行赛事运营和管理的机构。目前，生产力的不断提高使得社会分工越来越精细。多数情况下，赛事的所有权人和主办机构并不是同一个主体。特别是对于大型综合性体育赛事而言，还可以有若干个赛事的主办机构。赛事主办机构主要负责赛事的申办、筹备、执行、总结等运营和管理工作。因此，作为赛事运营的执行者，赛事主办机构是赛事能否成功举办、实现赛事自身价值

的主要影响因素，也是赛事主办机构成为赛事核心利益相关者的重要原因。例如，越来越多的赛事选择体育赛事运营公司等商业性机构进行运营，主要也是基于该机构专业化的运营团队和运营效率。

3. 主办社区

社区指"居住在一定地域的、以一定的社会联系和社会关系为纽带的、以同质人口为主体的人群生活的共同体，是一个相对独立的地域社会"。体育赛事的主办社区指赛事举办区域所能覆盖的一个或若干个相对独立的地域社会。大型赛事的主办社区往往不止一个。例如，综合性运动会比赛场馆的分布并不一定较为集中，可能会跨越多个社区。

作为社会体育赛事的直接发生地，社区政府以及社区居民的支持与配合是赛事成功举办的重要保障；而赛事的成功举办，同样会为主办社区基础设施的完善，以及居民生活质量和自豪感的提升，起到直接的促进作用，这是主办社区成为赛事核心利益相关者的主要原因。

另外，赛事的举办还会给主办社区带来相应的成本或负面影响，需要采取有效措施予以规避。这些成本包括直接成本和间接成本，体育赛事产生的直接成本主要包括垃圾清运、警察执勤、交通管制、医疗服务、安全及其他成本。间接成本主要包括赛事举办期间和举办后，由于毒品或酒精产生的人身和财产损害，球迷暴乱引起的社会动乱、拥塞，对当地居民生活方式的扰乱以及故意破坏行为等。

4. 赞助商

赞助行为源于体育赛事的商业价值，赞助的实质是双方资源或利益的交换与合作。体育赞助指赞助商为体育赛事或运动队提供经费、实物、相关服务等支持，而体育赛事或运动队以允许赞助商享有某些属于它的权利（如冠名权、标志使用权及特许销售权等）或为赞助商进行商业宣传（如广告）作为回报。随着经济的快速发展，体育与经济相互融合的趋势日渐明显，社会体育赛事的商业价值得到了前所未有的重视和开发，越来越多的企业发现了社会体育赛事所蕴含的巨大经济价值，社会体育赛事在提高品牌知名度、树立品牌形象、扩展业务范围和进入新市场等方面，具有较大的推动作用。社会体育赛事的赞助，已经成为许多企业开展营销活动的一种重要手段。它作为一种有效的市场沟通工具，在全世界范围内被广泛应用。

对于赛事自身而言，通过体育赛事赞助所获取的各种资源，是赛事实现经济收益的重要保障。社会体育赛事的举办，需要耗费包括人力、财力、物力，以及组织管理等在内的各种成本，其运营成本高昂，如果没有赞助商的资源注入，赛事往往难以为继。从历史和现实两方面来看，越来越多的赛事运营实践，说明了体育赛事与赞助行为的关系日渐紧密，它们相互吸引、相互融合，成为体育赛事可持续发展的重要支撑，赞助商也逐渐成为体育赛事的核心利益相关者。

（二）社会体育赛事蛰伏利益相关者

1. 媒体

在现代社会中，体育赛事可以打破地域、时空的限制，具有在全世界范围内广泛传播的价值，而能够顺利实现这一价值的重要条件就是媒体的存在。随着信息技术和互联网技术的飞速发展，网络媒体、移动媒体等数字化新媒体，为社会体育赛事的发展带来了新的契机。各种新媒体的出现使体育赛事步入了快速发展时期，越来越多的民众通过各种媒体来收看精彩的体育赛事。媒体作为蛰伏利益相关者促进了社会体育赛事的飞速发展，当媒体的利益与社会体育赛事发生冲突时，赛事运营机构要充分考虑媒体的需求。

2. 赛事参与者与赛事观众

赛事参与者主要指运动员、教练员和裁判员。他们是体育赛事不可或缺的重要组成部分。一般情况下，作为蛰伏利益相关者，运动员以追求最佳的运动成绩和竞技表现为目标，教练员则辅助运动员去实现竞赛目标；裁判员以维护公平、公正、公开的竞赛规程为自身义务。但是，当违背体育道德的情形（如假球、黑哨、兴奋剂等）出现时，赛事的参与者便从蛰伏状态转变为活跃状态，从而直接影响赛事的正常运行。

赛事观众既包括直接到比赛现场观看体育赛事的现场观众，同时还包括通过电视、网络等媒体观看体育赛事的场外观众。赛事观众和运动员、教练员、裁判员一样，也是体育赛事不可或缺的主体。体育赛事以其特有的魅力，吸引着众多的现场观众和媒介观众，因此，体育赛事的观赏价值和娱乐价值是观众的首要利益诉求。此外，体育赛事也是促进人们之间沟通交流的重要平台，这也是观众的利益诉求之一。一般而言，赛事观众的多寡与赛事的级别高低、项目普及程度等有密切关系。而社会体育赛事观众的多少直接影响赛事组织者的收入。一方面，社会体育赛事观众的多少直接决定了社会体育赛事的门票收入；另一方面，观众的多寡还间接影响媒体、赞助商等体育赛事的其他利益相关者，它对体育赛事电视转播权和广告权的交易价格有重要影响。另外，球迷骚乱等情形的出现，也是观众从蛰伏状态转变为活跃状态的直接表现。

（三）社会体育赛事主要边缘利益相关者

1. 志愿者

主办社区的学生和居民，是体育赛事运营人员和赛事志愿者的主要来源。例如，社区学生和居民参与体育赛事运营的直接途径之一就是加入赛事组委会，成为其中的一员，为赛事提供有偿或无偿的服务。主办社区学生和居民参与体育赛事的运营是非常重要的，没有他们的参与和介入，体育赛事组织者很难取得成功。主办社区学生和居民可以以多种形式参与其中，如赛事救护工作人员、赛事宣传者、赛事配套服务的提供者等。很多体育赛事的财务预算都很紧张，因此，为了能够使体育赛事顺利举办，主办社区志愿者提供的无偿或低廉的服务，及其他形式的支持，显得尤为重要。

2. 自然环境

自然环境是环绕在人们周围的各种自然因素的总和，如大气、水、植物、动物、土壤、岩石矿物、太阳辐射等。自然环境与社会体育赛事具有一定的联系，但除了一些以自然环境为依托的体育赛事，如帆船、滑雪、山地自行车、攀岩、马拉松等项目比赛，与基础设施环境相比，自然环境与体育赛事的关联度要小得多。安德鲁·里卡德（Rickard Andrew）认为，对于在城市社区中举办的社会体育赛事而言，二氧化碳的排放是对城市自然环境影响较大的一个因素，比赛期间聚集的大量观众以及他们的交通工具等，都会给主办城市带来大量二氧化碳。正因如此，有研究者认为，由于举办体育赛事而造成的上述对自然环境的不利影响，是社会体育赛事负外部性的表现，应该由赛事组织者承担治理费用。

第二节　社会体育赛事利益相关者的利益协调机制

利益关系是人类社会最基本的关系，社会成员之间的利益关系构成了一定的社会利益结构，它通过各种政治经济规则作用于社会并成为社会生活的原动力。社会体育赛事利益相关者利益协调机制，是基于社会体育赛事利益相关者的分类，在深入分析社会体育赛事利益相关者利益诉求的基础上，通过对其利益一致和利益冲突的辨别和分析，论述和构建包括体育赛事利益相关者利益协调原则、方式、内容、困境及出路等在内的机制。

一、社会体育赛事利益相关者的利益一致与冲突

(一) 社会体育赛事利益相关者的利益诉求

利益诉求主要指利益相关者对于自身投入的专用性资产所期望的收益回报。社会体育赛事利益相关者所投入的专用性资产，指社会体育赛事关联主体的实物投资、资本投资、人力投资、政策扶持及其他投资等。社会体育赛事利益相关者的利益诉求，是各赛事关联主体对其所投入资产的预期回报。我们在对社会体育赛事主要利益相关者进行分析的基础上，对社会体育赛事利益相关者的利益诉求总结梳理如下。

1. 核心利益相关者的利益诉求

（1）举办地政府对于体育赛事的利益诉求，主要体现在两个方面：一是赛事的经济影响，包括直接经济影响和间接经济影响两部分。前者是赛事本身的经济收益，后者是赛事的举办对关联产业的拉动作用，即通过赛事的举办，促进包括城市旅游业、餐饮业、酒店业等在内的相关产业的发展。二是赛事的社会影响，包括赛事的举办对于城市形象的改善、城市知名度的提升等的影响。例如上海申办网球大师杯赛以及广州申办第十六届亚运会，都在某种程度上提升了城市的知名度和国际影响力。

（2）赛事所有权人的利益诉求主要包括两个方面：一是赛事的商业价值和经济收益，二是赛事的社会影响力和长远发展。追求赛事的商业价值和经济收益是所有权人保有赛事的重要前提，为了达到此目的，赛事所有权人必须与赛事其他主要利益相关者建立合约关系。与此同时，赛事所有权人为了赛事的长远发展，必须要制订赛事的战略发展规划，并根据实际情况调整赛事规则。例如，国际乒乓球联合会为了增加比赛精彩程度和适应电视转播的需要，将乒乓球由"小球"改为"大球"，同时将局分由原来的"二十一分制"调整为"十一分制"。

在我国，政府拥有大量的体育赛事资源。全运会、城运会、农运会等综合性运动会，以及全国各单项体育赛事的所有权，均归中央政府所有，而这类赛事的承办权则归地方政府所有。虽然两者都是政府，但利益诉求不尽相同。中央政府作为赛事所有者，需要从赛事所有权人的角度对其利益诉求进行分析；而地方政府则需要从举办地政府的角度对其利益诉求进行分析。

（3）赛事主办机构的利益诉求，主要包括：一是赛事的经济利益，即赛事举办给主办机构带来的净收益。除政府作为赛事主办机构，赛事主办机构一般为商业性运营机构和经济实体，因此，利润回报是其运作赛事的主要目的。二是赛事

举办给赛事主办机构带来的声誉和良好社会形象，这是赛事主办机构的无形资产利益诉求。例如，作为上海 ATP1000 大师赛和 F1 中国大奖赛的主办机构，上海久事赛事管理有限公司在致力于优化盈利模式的同时，也在着力将这两项赛事打造成为具有良好口碑的经典赛事，为企业树立良好的社会形象。

（4）社区的利益诉求主要包括两类：一类指有形收益，如社区基础设施建设的有效改善、社区配套服务的改善、社区就业率的增长等；另一类指无形收益，包括社区居民凝聚力和归属感等价值观的有效提升、当地居民在参与事件举办过程中形成的社会精神与合作意识的增强等。如前所述，社区既有"地缘"的概念，也有"人缘"的概念，它是由相互具有一定关系纽带的居民形成的生活区域，体育赛事的举办为巩固这一纽带提供了机会和可能。

（5）赞助商的利益诉求。一般而言，赞助商的利益诉求是有层次的。赞助商对于社会体育赛事赞助的最终目标是提高产品或服务的销售量，进而提升企业利润。然而，对于不同类型的体育赛事，赞助商的赞助目的也不尽相同。概括起来，赞助商对赛事进行赞助的利益诉求，主要体现在以下几个方面：一是提升品牌知名度，即提升公众对于赞助商旗下品牌的认知度，例如，联想集团为推广其全球新的品牌标识"Lenovo"，成了国际奥委会的全球合作伙伴；二是进入目标市场，如长安汽车股份有限公司为了开拓华东市场，选择赞助在上海举办的某篮球联赛；三是提升品牌美誉度，由于体育赛事的营销方式较为隐性，对提高品牌美誉度具有较大价值，例如，耐克体育用品公司为提高品牌美誉度，选择了包括赞助跨栏选手刘翔、网球名将李娜等在内的体育明星，进行体育营销。

2. 蛰伏利益相关者的利益诉求

（1）媒体的利益诉求。随着信息技术的不断进步，社会体育赛事的受众可以遍及世界各地，他们通过各种方式参与到社会体育赛事中来，赛事具有在全世界范围内广泛传播的价值。媒体关注社会体育赛事的直接动因便是社会体育赛事广泛的社会影响力及其商业价值。对于平面媒体来讲，媒体的利益诉求主要指社会体育赛事的新闻价值，通过对各种社会体育赛事的精彩报道，扩宽平面媒体的受众群体，从而提高发行量，带来更多的经济效益。对于立体媒体而言，它们的利益诉求除了赛事的新闻价值外，还包括赛事的转播价值。一方面，立体媒体对于社会体育赛事的直播或转播，能够有效提高受众对于媒体的关注程度；另一方面，立体媒体可以利用出售转播体育赛事的广告时段等方式，获取经济收益。

（2）赛事参与者与观众的利益诉求。运动员的利益诉求体现在三个方面：一是赛事期间取得满意的竞赛成绩，二是赛事为其带来的经济收益，三是赛事举办期间良好的竞赛环境和服务。教练员的利益诉求与运动员相似：一是运动员取得满意的竞赛成绩，二是赛事为其带来的经济收益，三是赛事主办方的服务。裁判员的利益诉求主要是经济收益。

社会体育赛事以其特有的魅力，吸引着众多的现场观众和媒介观众，社会体育赛事的观赏价值和娱乐价值是观众的首要利益诉求；另外，社会体育赛事也是促进人们之间沟通交流的重要平台，这也是观众的利益诉求之一。

3. 边缘利益相关者的利益诉求

（1）工作人员的利益诉求。一般来讲，社会体育赛事工作人员的构成较为复杂，既有政府相关部门的协调人员，也有赛事主办机构的工作人员以及其他人员。但不同类型工作人员的利益诉求却基本相同，主要包括赛事为其带来的经济收益、赛事成功举办为其带来的成就感及自我价值的实现等。

（2）其他边缘利益相关者的利益诉求。志愿者的利益诉求相对较为弱化，主要包括赛事期间能够获得的物质资助和价值认同；普通民众的利益诉求主要包括赛事举办为其带来的居民自豪感；自然环境的利益诉求主要包括生态环境的改善。

（二）社会体育赛事利益相关者的利益一致与利益冲突

利益一致与利益冲突的概念，是随着社会的发展衍生而来的。利益冲突以利益集团之间冲突现象的出现为基础，在政治和法律领域都有较为明确的界定。政治领域的利益冲突的界定：指政府官员公职上代表的公共利益与其自身具有的私人利益之间的冲突。这里的利益，不仅是经济利益，还包括专业利益、个人声誉等。法律领域的利益冲突的界定：指专业服务领域，特别是律师职业中的一种现象，即委托人的利益与提供专业服务的业者本人，或者与其所代表的其他利益之间，存在某种形式的对抗，进而有可能导致委托人的利益受损，或者有可能带来专业服务品质的实质性下降。

社会体育赛事利益相关者的利益一致指，利益相关者之间的利益诉求在一定意义上是一致和共容的；社会体育赛事利益相关者的利益冲突指，利益相关者之间的利益诉求是互相制约或者不相容的，这种冲突可能是不同层面的冲突，也可能是完全对抗无法协调的冲突，或是非对抗性且可以协调的冲突。下面我们从三个方面入手：一是根据利益诉求的分析，列出社会体育赛事利益相关者的利益诉求，如表 3-1 所示；二是基于社会体育赛事利益相关者的分类，辨别和分析三种利益相关者之间的利益一致和每种利益相关者内部各组成部分之间的利益一致；三是基于社会体育赛事利益相关者的分类，辨别和分析三种利益相关者之间的利益冲突和每种利益相关者内部各组成部分之间的利益冲突。

表3-1　社会体育赛事利益相关者利益诉求

赛事利益相关者		利益诉求关键词
核心利益相关者	举办地政府	经济拉动、城市形象、知名度
	所有权人	商业价值、经济效益、社会影响力、长远发展
	主办机构	净收益、良好声誉
	主办社区	基础设施、凝聚力、归属感
	赞助商	品牌知名度、品牌美誉度、目标市场、提高销量
蛰伏利益相关者	媒体	新闻价值、传播价值、社会影响力
	观众	娱乐价值、沟通平台
	参与者	竞赛成绩、良好服务、经济收益
边缘利益相关者	工作人员	经济收益、自我价值实现
	志愿者	物质资助、精神嘉奖、价值认同
	普通民众	居民自豪感
	自然环境	环境改善

1. 社会体育赛事利益相关者利益一致辨析

（1）三种利益相关者内部的利益一致辨析。根据对社会体育赛事利益相关者的分类，以及上述对于社会体育赛事利益相关者利益诉求的归纳整理，首先分析核心利益相关者、蛰伏利益相关者和边缘利益相关者三种利益相关者内部不同部分之间的利益一致。

核心利益相关者，包括举办地政府、所有权人、主办机构、主办社区和赞助商。一方面，从各利益相关者的诉求来看，通过社会体育赛事的成功举办，为各自获得相应的经济利益，是他们之间利益一致的首要表现，只是经济利益的表现形式不尽相同而已。其中，举办地政府希望通过赛事举办，有效拉动当地关联产业的发展。当政府本身就是赛事所有权人时，所有权人的利益诉求与政府完全一致。当政府不是赛事所有权人时，所有权人则希望赛事举办为其带来的净收益最大化。主办机构对于经济利益的诉求，也是净收益的最大化。主办社区主要希望赛事的举办能够改善其基础设施建设，这也是经济利益诉求的表现形式之一。赞助商对于目标市场和提高销量的诉求，也是经济利益的重要表现形式。另一方面，从核心利益相关者的概念界定和特征来看，社会体育赛事核心利益相关者往往是赛事不可或缺的群体，与赛事有着紧密的利害关系，甚至可以直接左右赛事的生存和发展。所以，通过社会体育赛事的成功举办进一步提升它们的形象或美誉度，实现它们与体育赛事的良性互动，也是它们利益一致的重要表现。

蛰伏利益相关者包括媒体、观众和赛事参与者。在媒体利益诉求中，实现"新闻价值""传播价值"和"社会影响力"的重要基础，是赛事精彩程度和赛事竞技水平的高低。高水平的赛事往往会吸引更多的各类媒体参与到赛事的报道中来；而在观众利益诉求中，赛事竞技水平的高低也是实现其"娱乐价值"的重要前提。对于赛事参与者来讲，虽然竞技水平的高低，并不是他们获得满意竞赛成绩的必要条件，但高水平的社会体育赛事往往能够激发赛事参与者的潜能，对获得满意的竞赛成绩具有重要的促进作用。因此，媒体、观众和赛事参与者利益诉求的一致性，可以归纳为赛事的高水准。

边缘利益相关者包括工作人员、志愿者、普通民众和自然环境。一方面，根据边缘利益相关者的界定，边缘利益相关者往往被动地受到体育赛事的影响，他们的重要程度相对较低，其实现利益要求的紧迫性也不强，利益诉求较为弱化。另一方面，体育赛事边缘利益相关者的性质和形态差异较大，利益诉求难以一致。然而，若忽略自然环境的因素，从工作人员、志愿者、普通民众的实际利益诉求来看，他们利益诉求的一致性，在某种意义上可以归纳为自我价值的实现与自豪感的提升。其中，工作人员和志愿者更多地表现为自我价值的实现与认同；普通民众则更多地表现为居民自豪感的提升。

三种利益相关者内部的利益一致性如表3-2所示。

表3-2　三种利益相关者内部利益一致性

赛事利益相关者种类	内部利益一致性表述
核心利益相关者	获取经济利益 提升自我形象和美誉度
蛰伏利益相关者	赛事的高水准
边缘利益相关者	自我价值的实现与自豪感的提升

（2）三种利益相关者之间的利益一致辨析。从上文中可以看出，三种利益相关者之间利益一致性的表现并不明显，无法辨识出三种利益相关者之间高度的利益一致性表现。其中，核心利益相关者与蛰伏利益相关者之间具有一定的利益一致性，因为高水平的体育竞赛，对于核心利益相关者的利益诉求，具有很强的促进作用，所以"获取经济利益""提升自我形象和美誉度"与"赛事高水准"具有一致性。另外，核心利益相关者与边缘利益相关者之间，也具有一定的利益一致性，因为"自我价值实现与自豪感提升"对赛事举办效果的评价意义重大，从而间接影响核心利益相关者的"自我形象和美誉度"。蛰伏利益相关者与边缘利益相关者之间，没有明显的利益一致性。

2. 社会体育赛事利益相关者利益冲突辨析

（1）三种利益相关者内部的利益冲突辨析。核心利益相关者内部的利益冲突主要表现为经济利益的冲突。一是所有权人与赞助商的经济利益冲突，赞助商期望以最低的赞助金额获取赞助回报的最大化，而所有权人则期望以较少的赞助回报获取较高的赞助金额；二是所有权人与主办机构的经济利益冲突。一般来讲，当赛事所有权人和主办机构为同一个主体时，两者间不存在经济利益冲突。但两者往往并不是同一个主体，在这种情况下，所有权人和主办机构之间必须要达成赛事的主办契约。契约的核心便是经济利益问题，包括主办机构向所有权人支付的主办费用或所有权人向主办机构下拨的主办费用，这都存在着此消彼长的经济利益冲突。

需要指出的是，虽然核心利益相关者内部利益一致性也表现为获取经济利益，这与他们之间存在的经济利益冲突并不矛盾。因为核心利益相关者都要从体育赛事的举办中获取经济效益，而经济效益的多寡则体现了其经济利益的冲突。

蛰伏利益相关者内部的利益冲突表现在两个方面。一是媒体与赛事参与者的利益冲突。媒体报道需要如实反映新闻事实，体现客观、公平、公正的原则，但由于种种原因，媒体关于体育赛事参与者的报道难免偏离实际，形成对赛事参与者的负面报道。例如，网球比赛中的"诈伤"退赛或"诈伤"调整现象，经常成为各类媒体炒作的焦点，这给那些真正"受伤"接受治疗或退赛的运动员带来了很大的烦扰。二是观众与赛事参与者的利益冲突。这包括主场观众对客队的不公正待遇，以及球迷干扰正常比赛进程等。例如，网球比赛赛场要保持安静，但有些球迷的随意走动或发出声音都会影响到球员比赛，中国网球选手李娜就曾因球迷的不合理举动与球迷发生过言语冲突。

边缘利益相关者内部无明显的利益冲突，主要原因在于各利益相关者与赛事的关联性相对较小，且基本都是被动地受到体育赛事活动的影响。

（2）三种利益相关者之间的利益冲突辨析。核心利益相关者与蛰伏利益相关者之间的利益冲突主要表现在两个方面。一是媒体与主要核心利益相关者（政府、所有权人、主办机构、主办社区）的利益冲突。与蛰伏利益相关者内部利益冲突类似，媒体的失实报道和负面新闻是利益冲突的焦点。它对政府、所有权人、主办机构和主办社区等主体的社会形象和声誉具有一定的损害。二是赛事参与者与主办机构的利益冲突。赛事参与者（运动员、教练员、裁判员）作为蛰伏利益相关者，在赛事正常运行的前提下表现为较为稳定的状态，但当赛事的运行处于非正常情况时（如赛事不合理等），它们就会跃升为活跃状态，与赛事主办机构产生利益冲突（如罢赛等）。

核心利益相关者与边缘利益相关者之间的利益冲突，主要表现在以下三个方面。一是主办机构与普通民众的利益冲突。普通民众是体育赛事的边缘利益相关者，却被动地受到体育赛事活动的影响，包括赛事举办带来的交通管制、交通拥挤、噪声污染等都是利益冲突的表现。二是主办机构与工作人员的利益冲突。作为赛事筹备和运行等工作的主要执行者，体育赛事工作人员承担着繁重的工作任务。他们与主办机构之间的利益冲突，集中体现在工作报酬、包括决策自主权在内的各类工作环境，以及自我价值和成就感的实现程度等。三是主办机构与志愿者的利益冲突。志愿者是赛事运行的重要力量，他们被动地接受体育赛事活动的影响，志愿者与主办机构的利益冲突，主要包括物质补助的多寡和自我价值实现程度等。

蛰伏利益相关者与边缘利益相关者之间的利益冲突，集中表现为观众与自然环境的利益冲突。体育赛事往往会聚集大量的现场观众，而且会有诸如汽车之类的交通工具集聚于赛场周边，这都会大大增加二氧化碳和汽车尾气的排放量。科学分析表明，汽车尾气中含有上百种不同的化合物，其中的污染物有固体悬浮微粒、一氧化碳、二氧化碳、碳氢化合物、氮氧化合物、铅及硫氧化合物等，客观上加重了自然环境的污染。另外，赛事现场观众和游客往往会伴随大量生活垃圾，这也与自然环境的利益诉求背道而驰。

二、社会体育赛事利益相关者利益协调原则

社会体育赛事利益相关者利益协调原则，是构建社会体育赛事利益相关者利益协调机制的基础，包括协调方式、内容和具体实际操作，都需要在协调原则的指导下进行。

（一）自我发展原则

自我发展原则强调体育赛事管理者在进行利益协调时，要始终站在核心利益相关者（举办地政府、所有权人、主办机构、主办社区和赞助商）的角度，以实现社会体育赛事的良好运行和自我持续发展为首要目标。要注重社会体育赛事盈利能力，以满足核心利益相关者的利益诉求为首要任务。这是体育赛事能够获得长远发展的基础，也是满足其他利益相关者利益诉求的前提。

（二）全面性原则

全面性原则，要求社会体育赛事管理者，要充分分析和考虑体育赛事各个利益相关者的利益诉求，不可忽视任何关联主体的利益。在满足核心利益相关者利益的前提下，对赛事蛰伏利益相关者（媒体、观众和赛事参与者）和边缘利益相关者（工作人员、志愿者、普通民众和自然环境）利益诉求要协调和满足。

（三）共同参与原则

研究表明，"共同参与"或"共同治理"模式能够弱化利益相关者之间的利益冲突。社会体育赛事利益相关者协调机制的构建，要求赛事管理者以构建各利益相关者共同参与赛事运作和管理的机制为重要任务，其中，不同类型的利益相关者参与社会体育赛事运作和管理的方式可以不同。

三、社会体育赛事利益相关者利益协调方式

根据社会体育赛事自身特点，可以将社会体育赛事利益协调机制分为四种主要方式：经济协调、政治协调、法律协调和道德协调。

（一）经济协调

经济协调是社会体育赛事利益相关者利益协调的首要方式。如前所述，体育赛事核心利益相关者内部、体育赛事核心利益相关者与蛰伏利益相关者之间的利益冲突，主要是经济、物质层次的利益矛盾，因而经济协调机制是利益协调的基本手段。例如，通过经济合约的签订，来规范赛事所有权人和赛事主办机构的权利义务关系和经济关系；通过赞助合同，来明确赛事赞助商和赛事所有权人或主办机构的经济关系等。

（二）政治协调

政治是经济的集中体现，政治反映了经济关系中各阶层的根本利益。政治协调机制是利用国家和政府的职能、政治制度以及各种政治手段进行利益调节的协调方式。依据现阶段的国情和实际情况，政府在社会体育赛事的运营和管理过程中往往具有关键性作用，在社会体育赛事利益相关者之间的利益冲突协调中也扮演着重要角色。例如，政府通过有关部门协调和缓解赛事举办期间的交通拥堵等问题；通过政府资源拓宽赛事主办方的融资渠道，同时促进赞助商和赛事所有权人或主办机构的契约订立等。

（三）法律协调

按照传统的界定，法律实质上是统治阶级意志的体现，是统治者施政的工具。其实，在现代社会中，法律作为基本的行为约束不仅可以作为政治手段，而且可以超越政治的范围，协调人们在各个领域的利益关系，社会体育赛事利益冲突的协调也不例外。法律协调以权利和义务为特征，通过明确规定人们的权利义务来协调利益关系，维持社会秩序。同时法律还通过监督社会公共事务的实施，维护全体社会成员的基本利益，如保证公民的人权、财产权等。社会体育赛事作为特殊事件，在赛事的申办、筹备和举办等环节中牵涉到了众多关联主体，通过法律手段进行利益协调是实现赛事正常运转的重要保障。例如，《劳动法》可用于对赛事工作人员、志愿者与赛事主办机构之间的利益协调，《环境保护法》可以作为赛事主办方与自然环境保护组织之间利益协调的法律依据等。

（四）道德协调

道德协调是体育赛事利益相关者利益协调机制的重要补充。社会体育赛事举办期间，当赛事利益相关者的言行不触及法律规范时，法律便无法起到协调作用，这是法律协调的局限性。道德的产生早于法律，在体育赛事活动中，道德协调的作用和范围也很广泛，例如，赛场观众乱扔各种垃圾造成环境污染等，都是道德协调的范畴。

四、社会体育赛事利益相关者利益协调内容

社会体育赛事利益相关者利益协调内容以利益冲突的分析和辨别为基础，我们根据上述关于三种赛事利益相关者内部，以及相互之间的利益冲突辨析，将社会体育赛事利益相关者利益协调内容分类，如表3-3和表3-4所示。

表3-3 三种社会体育赛事利益相关者内部利益协调内容

赛事利益相关者种类	利益协调内容
核心利益相关者	所有权人与赞助商的经济利益
	所有权人与主办机构的经济利益
蛰伏利益相关者	媒体与赛事参与者的利益
	观众与赛事参与者的利益
边缘利益相关者	无明显的利益冲突

表3-4 三种社会体育赛事利益相关者之间利益协调内容

赛事利益相关者种类	利益协调内容
A 与 B	媒体与政府、所有权人、主办机构、主办社区
	赛事参与者与主办机构
A 与 C	主办机构与普通民众
	主办机构与工作人员
	主办机构与志愿者
B 与 C	观众与自然环境

（注：A为体育赛事核心利益相关者，B为体育赛事蛰伏利益相关者，C为体育赛事边缘利益相关者）

五、社会体育赛事利益相关者利益协调困境

（一）社会体育赛事利益相关者的"利益加总"问题

多任务显性激励理论表明，如果支付函数对某一项任务较为敏感，则必然导致管理者对其他任务的忽视。如果要求体育赛事管理者对赛事所有的利益相关者负责，由于社会体育赛事不同利益相关者的利益要求和个体偏好相差较大，难以

进行有效的利益加总，必然导致社会体育赛事管理者无法做出决策。利益相关者的有关理论和研究成果强调，管理者应当为更广泛的利益相关者负责。对于社会体育赛事管理者而言，政府、所有权人、主办机构、主办社区和赞助商等核心利益相关者，只是需要负责的一部分利益相关者，赛事管理者还面临着如何处理各利益相关者关系等一系列的问题。面对不同利益相关者的不同利益要求和利益冲突，赛事管理者的反应一般有三种：第一种是陷入无所适从的境地；第二种是使赛事管理者相机抉择的自由度过分扩张；第三种是社会体育赛事不同利益相关者对管理者进行过度监管，以诱使管理者更多地考虑该利益主体自己的单方利益。为解决赛事利益相关者的利益加总问题，赛事管理者必须对各利益相关者的利益诉求，进行详尽合理的辨别和分析。对于利益一致的利益诉求可以进行合理加总，并利用利益协调方法进行统筹协调；对于无法简单加总的利益诉求，则必须区分其冲突的性质，是对抗性冲突还是建设性冲突，再相应地进行协调。

（二）社会体育赛事利益相关者利益权重的确定

社会体育赛事各关联主体之间的差异较为明显。即使社会体育赛事利益相关者的身份和特性能够确定，但是每个利益相关者的"利益相关度"究竟有多大，衡量的标准是什么等问题，目前尚无成熟的研究成果能够解决。从静态来看，社会体育赛事不同利益相关者的重要性是不一样的；从动态来看，随着社会体育赛事的发展，处于赛事不同发展阶段的同一利益相关者，其权重又应如何确定也是一个难题。由于利益相关者的量化存在技术难度，学者们在使用实证研究方法去衡量利益相关者关系或类型时，采用了不同的评价方法，这些具体方法的衡量指标不同，所得出的结论也不同，客观上削弱了实证研究的解释力。显然，社会体育赛事利益相关者利益权重的量化研究，是今后赛事利益相关者理论及实证研究的重要方向之一。

（三）社会体育赛事利益相关者的边界难题

实际上，利益相关者理论本身没有统一的利益相关者界定标准，利用利益相关者理论对社会体育赛事进行利益相关者边界划定时，也没有可以遵循的统一准则。目前，学者对于利益相关者边界确定的研究，更多的是从实证研究的角度对特定研究对象的利益边界进行研究。从这个意义上讲，对社会体育赛事利益相关者的界定，还要从社会体育赛事的固有属性入手，基于研究的需要，对社会体育赛事的利益相关者进行边界确定和分类。

第三节　社会体育赛事利益相关者合作的流程与基本原则

一、利益相关者合作的流程

与利益相关者的合作关系到整个赛事是否能够顺利举行，因此，赛事组委会需要设计较为合适的流程，注重每一个细节，以便于与赛事利益相关者展开合作。具体的合作流程如图 3-2 所示。

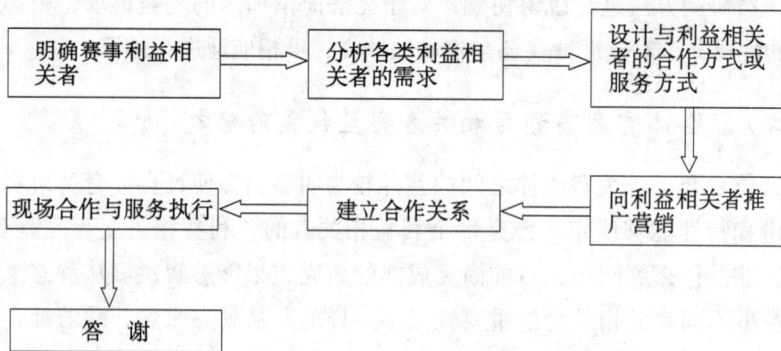

```
┌──────────┐     ┌──────────┐     ┌──────────┐
│ 明确赛事利益相 │ ──> │ 分析各类利益相 │ ──> │ 设计与利益相关 │
│ 关者      │     │ 关者的需求   │     │ 者的合作方式或 │
└──────────┘     └──────────┘     │ 服务方式    │
                                  └──────────┘
                                        │
                                        ∨
┌──────────┐     ┌──────────┐     ┌──────────┐
│ 现场合作与服务执行 │ <── │ 建立合作关系  │ <── │ 向利益相关者推 │
└──────────┘     └──────────┘     │ 广营销     │
      │                            └──────────┘
      ∨
┌──────────┐
│ 答　谢    │
└──────────┘
```

图 3-2　利益相关者合作的流程

社会体育赛事的运营管理过程，需要协调好各方利益相关者。

（1）明确该赛事的利益相关者，了解该赛事的利益相关者是谁，以及他们对赛事的影响程度。明确赛事利益相关者是赛事组委会与利益相关者展开合作的重要前提。不同规模、不同项目的社会体育赛事中，各方利益相关者的重要程度也有所不同。有些赛事中举办地政府起着非常重要的作用，而有些赛事中赞助商起着举足轻重的作用。

（2）分析各类利益相关者的需求，不同利益相关者，其利益诉求不同，只有满足各方利益相关者的诉求才能更好地实现赛事的顺利举行，比如参加比赛的运动员的需求侧重享受比赛的乐趣以及赛事提供的服务，因此应提高赛事服务水平以满足运动员的需求。

（3）设计与利益相关者的合作方式或服务方式。比如与赛事赞助商的合作方式可以是赛事赞助商为赛事提供资金和实物，而赛事组委会则配合赞助商进行相应的广告宣传。与举办地政府的合作方式可以是政府部门派专人参与到整个赛事的运营当中，或者只负责提供公共服务，而赛事组委会则根据政府部门扮演的角色积极配合，维护并提升政府形象。总之，合作方式必须是能够体现双方共赢的，优质的服务方式有利于实现与利益相关者的合作。

（4）向利益相关者推广营销。赛事组委会在明确利益相关者的需求后，需要主动与利益相关者沟通协调，向他们推广营销，让其明白赛事可以满足他们的需求并达到双赢甚至多赢的结果。比如在向赛事赞助商推广营销时，可以详细列出该赛事带给赞助商的经济价值以及社会价值，并明确如何执行赞助回报，使赞助商认可该赛事的商业价值。

（5）推广营销之后，应与利益相关者建立合作关系，签订合同，明确各自能获得的权利以及应履行的义务。

（6）现场合作与服务执行。利益相关者基本都会在赛事举办当天参与进来，因此组委会需要配合各方利益相关者，为其提供相应的服务，比如赞助商需要在比赛现场设置产品展示点或者互动游戏区，赛事组委会在合理的范围内，需积极配合赞助商，满足其利益诉求。

（7）赛事收尾阶段，还需答谢各方利益相关者，对他们为赛事成功举办做出的贡献表示衷心感谢，可以设置一些奖项对利益相关者给予感谢和鼓励，如突出贡献奖等，并颁发证书。

需要注意的是，不同的赛事其主要利益相关者会有所不同，因此在明确赛事利益相关者时，要具体分析该赛事最主要、最直接的利益相关者，并进行专人沟通，在互利共赢的原则上满足主要利益相关者的利益需求。如果无法满足其需求，则应该用其他变通的方式予以满足。当实在无法满足主要利益相关者的需求时，我们需要充分了解不能满足其需求的原因，然后派专人进行沟通协调，争取获得主要利益相关者的理解。

二、利益相关者合作的基本原则

社会体育赛事需要众多利益相关者加入，这样才能使资源得到优化配置，人、财、物得到充分利用。合作时需要把握一些原则。首先，要遵守国家法律法规及赛事的规程、规则；其次，要保证安全，包括人身安全和财产安全。这两点都是体育赛事顺利举行的基本保障，也是与利益相关者合作的基本原则。此外，与利益相关者合作以及利益相关者之间的合作还必须遵守以下三点原则。

（一）共同有利原则

共同有利原则，即参与体育赛事的各个利益相关者都能获得利益，且努力达到利益最大化。政府、赞助商、媒体、运动员、观众和一些专业技术机构共同构成了体育赛事的组织者和参与者，它们有着自身的利益诉求，也存在着合作的关系，但需要在体育赛事的运作过程中得以实现。可以说，体育赛事是各个利益相关者价值和需求实现的平台。同时，体育赛事也与各个利益相关者紧密联系，赛事需要通过满足利益相关者的需求促进自身成功运作。这样看来，赛事和利益相关者形成了相辅相成、相互促进的关系。因此，在合作中必须坚持共同有利的原则，既要保证体育赛事顺利完成，又要使参与体育赛事的各个利益相关者实现利益诉求的最大化。

（二）不损害第三方利益原则

不损害第三方利益原则，即参与体育赛事的各方在进行合作时，不能只考虑合作的双方，而破坏其他人员或者单位的权益。在体育赛事的运作过程中，赛事本身与某个利益相关者或者某几个利益相关者之间往往形成紧密的联系，为了互惠互利，达到小范围的共赢，有可能就会损害其他利益诉求不同或对此无诉求的相关者的权益，使利益相关者在合作中产生矛盾隔阂，最终影响整个赛事的顺利进行。因此，在体育赛事运作过程中要尽量避免因为利益诉求相悖而导致利益冲突，在合作时，应尽量权衡各方的利益，做到双赢，甚至多赢，坚持不损害第三方利益的原则。

（三）可行性原则

可行性原则，即在与利益相关者合作时，要遵循体育赛事目标。体育赛事利益相关者得益于体育赛事的成功举办，体育赛事能否成功举办会受到多方面的影响，会受到来自多方的阻碍和制约。因此，在申办赛事或者举办赛事时，要充分考虑赛事的可行性、合作方式的可行性等，这也是赛事利益相关者获得需求的前提。

第四节　社会体育赛事运营过程中的政府作用

政府是现阶段我国社会体育赛事的主要利益相关者之一，对社会体育赛事的成功举办起到了至关重要的作用。本节以上海为例，对社会体育赛事运营中的政府作用进行深入剖析。

一、社会体育赛事的运营模式

近年来，通过不断的赛事运营实践，上海已经积累了大量社会体育赛事的运营经验，基本摸索出了一种政府行为与市场行为相结合的社会体育赛事组织模式。这一赛事组织模式即"政府主导、市场运营"的模式。它既指出了政府在赛事运营过程中起到的重要作用，也说明了当前上海社会体育赛事的运营方式。但这种概括较抽象，不够具体。本书结合上海近年来举办的社会体育赛事实践，将其具体的运营模式总结为以下三种。

第一种模式是由市政府牵头，成立赛事组委会，并在组委会中设立工作部门，直接由赛事组委会负责整体赛事运营。这一模式的特点主要是政府深度介入整个赛事的运营，组委会的工作人员都是从政府各个相关职能部门中抽调的人员，赛事相关资源基本由政府支配和调控，市场运营的比重不大。另外，在赛事组委会下还设立了"一室十部"，即办公室、竞赛部、接待部、国际联络部、新闻宣传部、配套保障部、安全保卫部、财务部、市场推广部、大型活动部、志愿者工作部，共同负责赛事组织和市场推广工作。

第二种模式是由一些具有国有资产背景的企业集团成立赛事运营公司，政府提供必要的支持。这种模式在上海市的社会体育赛事运营中较为常见，其主要特点是政府从赛事运营的微观层面上逐渐退出，不再担任赛事的运营主体，只是在宏观层面和赛事运营的必要环节给予支持。同时，由于赛事运营公司都是国企，政府相对容易控制和协调。需要强调的一点是，在采用这种模式运营赛事时，政府也成立赛事组委会，但它只负责赛事的协调，赛事的微观运营均由企业负责。

第三种模式是由上海市体育局承办，体育局通过委托代理的方式聘请专业的体育经纪公司运营赛事。这种模式的特点主要是政府通过合约的方式将赛事运营业务外包，合同中明确规定政府在赛事运营中的责任，除此之外，政府只负责对委托代理方进行监督。

上述三种模式中政府的介入程度是不同的，从第一种模式到第三种模式逐渐递减。具体赛事运营模式的选择与体育赛事的影响、规模及盈利能力等因素有很大关系。第一种模式适用于规模和影响力大，企业难以直接运营的赛事；第二种模式适用于规模较大，有一定市场前景，但赛事运营成本大，企业投资风险高的赛事；第三种模式适用于规模较小，但市场前景好，有一定盈利能力，企业愿意投资运营的赛事。

二、社会体育赛事中政府作用的现状

（一）赛事产业层面

1. 通过一系列政策、法规积极支持申办体育赛事

上海市政府适时地出台了一系列政策、法规，来大力支持申办社会体育赛事，是其发挥政府作用的一个重要方面。《上海市国民经济和社会发展第十二个五年计划》中提出，要着力发展体育赛事、体育健身和体育休闲产业，促进体育消费，办好第 14 届世界游泳锦标赛和一系列国际品牌赛事及重大国际体育活动，全面提升上海举办体育赛事的国际影响力。此外，《"十二五"时期上海体育事业和体育产业发展规划》中也明确提出，要大力发展竞赛表演市场，打造国际赛事之都。在这些政策、法规的指导下，上海市体育局加强了与各国际单项体育联合会的联系，配合上海建成社会主义现代化国际大都市的目标，成功申办了上海站 F1 大奖赛、上海网球大师杯赛、上海国际田径大奖赛、上海 ATP1000 大师赛、第 14 届国际泳联世界游泳锦标赛、女足世界杯等多项体育赛事。

2. 加强体育场馆等基础设施建设

体育场馆等基础设施建设，是体育赛事得以落户上海的前提条件，申办任何一项体育赛事都要以拥有符合国际单项体育联合会要求的体育场馆为基础。虽然早在 1997 年，为了举办全国第八届运动会，上海市政府出资兴建了一大批体育场馆，但从举办大型体育赛事的角度看，上海的专业性体育场馆还不够。基于此，市政府先后投资兴建了上海国际赛车场、旗忠森林国际网球中心、东方体育中心等一批体育场馆。此外，为了成功举办 NBA 季前赛以及 2005 年国际田联大奖赛，市政府还出资对"八万人体育场"进行了维修和改造。

3. 积极培育市场运营主体

在社会主义市场经济环境下，举办体育赛事再运用政府包办的模式肯定不行。《"十二五"时期上海体育事业和体育产业发展规划》中提出：按照"政府主导、企业参与、市场运作"的模式，实行办赛形式市场化、投资主体多元化、竞赛组织多样化，合理配置赛事资源，积极引入高品质的国外专业公司与机构落户上海，培育本市高水平的专业赛事运作公司。拥有一批专业体育赛事市场运营主体是赛事成功运作的必然要求。由于受到社会、历史条件等方面的制约，上海竞赛表演

市场发育还不成熟，缺乏承办高级别赛事的市场运营主体。近几年，市政府采取了种种措施，为体育赛事运营主体的形成创造了良好的环境和条件，在政府的积极支持下，先后成立了上海新新体育文化有限公司、上海国际赛车场有限公司、上海久事国际赛事管理有限公司、上海国际田径黄金大奖赛有限公司等一批专业的体育经纪公司。同时，政府也一直在积极打造体育经纪公司的国际知名度。

（二）具体赛事的层面

上海市政府对体育赛事的作用，不仅表现在赛事产业的宏观层面上，而且还表现在具体赛事的运营过程中。下面以"2002年上海网球大师杯赛"为案例，结合近年来上海举办的其他体育赛事，对政府在具体赛事运营中的作用进行阐述。

1. 协助赛事承办企业筹资

在当前上海市体育竞赛市场还不成熟的情况下，要完全通过市场行为难以筹集巨额资金承办譬如大师杯、F1这种级别的体育赛事，要解决承办赛事的资金问题，政府必须出面协助。根据赛事级别和政府的重视程度不同，政府在协助赛事承办企业筹资方面的方式也是不一样的。一种是政府通过行政命令，要求某些国有企业资助；一种是政府牵线搭桥，由赛事运营企业与对方进行谈判；还有一种是政府官员出席，由赛事运营企业举办的活动。这些方式的协助，使企业在寻找赛事赞助商方面得到了很大的帮助。

2. 参与赛事推广活动

赛事推广指对赛事进行宣传报道，扩大赛事的社会影响，让公众和赞助企业认同、接受、消费和赞助该项赛事，同时也能确保票务收入。这一过程对赛事运营企业至关重要，政府参与其中，会对赛事的整个推广活动起到重要影响。上海市政府在这方面对企业的支持力度很大。以2002年上海网球大师杯赛为例，一方面，上海市政府出面，撮合上海文化传播影视集团和上海文汇新民报业集团成为赛事协办企业，进行资源互换，使赛事推广获得了媒体资源；另一方面，市政府领导积极参与巴士集团举办的各种赛事推广活动。

3. 参与赛事的组织协调

参与赛事的组织协调，是当前上海市政府作用于具体体育赛事运营的主要方式之一。政府通过成立赛事组委会，组织和协调各方力量，对上海市体育赛事的成功运营给予了大力支持。下面以2005年在上海举办的澳大利亚V8房车赛为例，对政府在组织协调赛事方面的作用进行阐述。

2005年澳大利亚V8房车赛组织协调的具体步骤如下：第一步，政府领导召集各相关部门领导成立赛事组委会（见图3-3和表3-5）；第二步，开赛之前，赛事组委会召开会议，由政府出面协调各方面的关系，并确定赛场、市公安局、绿地集团、市体育局及中汽联等各部门的任务和责任；第三步，综合办公室根据赛事组委会的会议决定，将赛事的各项任务安排给10个下属部门；第四步，下属的10个部门负责具体操作，综合办公室在其中协调，若综合办公室不能协调，则上报赛事组委会，由赛事组委会负责进一步协调。

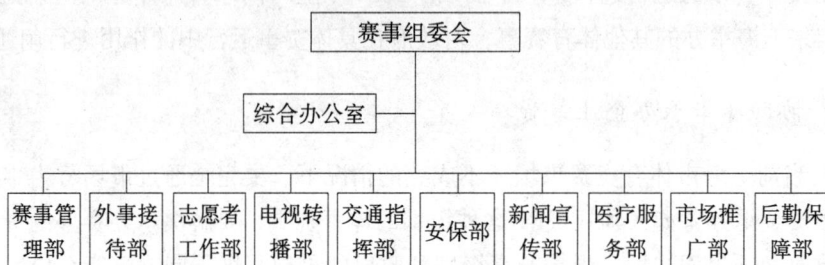

图3-3　2005年澳大利亚V8房车赛组织结构

（资料来源：2005年澳大利亚V8房车赛组委会）

表3-5　2005年澳大利亚V8房车赛组织机构及人员构成情况

组织机构	人　员　构　成
赛事组委会	政府领导及与赛事有关部门的领导
综合办公室	绿地集团体育文化发展有限公司
10个下属部门	上海国际赛车场有限公司、中汽联、绿地集团体育文化发展有限公司等

（资料来源：2005年澳大利亚V8房车赛组委会）

从上面几个步骤可以看出，政府在2005年澳大利亚V8房车赛的组织和协调中，发挥了举足轻重的作用。

2005年3月，经市政府研究决定，上海在全国率先建立了"重大体育赛事联席会议"制度，并由上海市分管体育的副市长担任第一召集人，组成人员包括与赛事运作有关的各个政府部门领导，主要负责上海市重大体育赛事的组织和协调工作。这一联席会议是上海市政府对重大体育赛事组织协调工作制度化的表现，为体育赛事的组织和协调提供了强有力的制度保障。

4. 为赛事承办企业无偿提供政府公共资源

所谓公共资源指全民共同享有的物质资源，主要由政府部门负责分配和管理。要成功举办一项体育赛事，肯定会牵涉到很多公共资源的使用问题。目前上海体育赛事的运营过程中，政府无偿提供的公共资源主要包括以下几类。一是所有赛事必须使用的公共资源，如赛事期间需要公安局维护比赛期间的安全、交通局维持相关路段的交通秩序等。二是由于赛事的特殊性而使用的公共资源，如2004年8月举行的F1世界摩托艇锦标赛，由于该项赛事在黄浦江举行，在比赛期间要使用黄浦江这一公共资源，并要对黄浦江采取封江措施。经过市政府的商议，最后决定由上海市海事局发出通知："2005年7月30日10：30至17：00，8月1日14：30至17：00，外滩比赛区域将进行封锁，禁止任何与赛事无关的船舶进入或航行。"这也是上海首次为体育比赛进行封江。三是其他公共资源，主要指政府无偿提供的高速公路、高架桥等地方的广告位等。如2002年网球大师杯赛期间，政府免费提供给巴士集团的户外宣传飘旗广告位及户外广告牌的价值约为750万元人民币。

5. 给予赛事承办企业优惠的税收政策和财政补贴

给予赛事承办企业优惠的税收政策和财政补贴，是国内外较为通行的做法。上海市政府在这方面也给予了不同程度的支持，如2002年上海网球大师杯赛，该赛事的总收入为9625万元，其中退营业税219万元，政府财政补贴968万元，分别占总收入的2.3%和10.1%，这些数据充分说明政府在税收和财政补贴方面的政策，对2002年上海网球大师杯赛的作用是很大的。

6. 给予赛事承办企业承诺

运营一项体育赛事所需要的费用动辄数千万甚至上亿，如2002年上海网球大师杯赛仅赛事的申办费用就达到了760万美元，运营整个赛事的总费用达到1.06亿元人民币。如此巨大的赛事支出，使承办这些赛事的企业不得不考虑其投资风险。基于这种情况，在2002年上海网球大师杯赛申办之前，政府给予了赛事承办者巴士集团承诺：如果由于赛事运营导致企业亏损，一切由政府承担。赛事结束后的审计报告显示赛事运营亏损额为526万元，且已经由巴士集团填补上。这意味着政府并没有承担因举办赛事而造成的亏损，但这一承诺对成功举办2002年上海网球大师杯赛起到了极其重要的作用。需要强调的是，除2002年上海网球大师杯赛，政府对其他体育赛事再也没有过类似的承诺。

三、社会体育赛事运营中政府作用的合理性

（一）从市场失灵角度看政府作用的合理性

1. 市场失灵与政府作用

在自由竞争的市场经济中，有一只看不见的手引导着人们的各种经济活动，使主观上的自私行为最终能达到增进社会总福利的目的，这就是亚当·斯密"看不见的手"的原理。然而使这只"看不见的手"发挥作用是建立在很多假设前提之下的，如果现实中这些假设条件不完全成立，就会出现市场失灵的现象。所谓市场失灵"指源于市场机制本身的某些缺陷和外部条件的某种限制，而使得单纯的市场机制无法把资源配置到最优的状态"。换言之，即使"市场机制完全发挥作用，也解决不了全部问题"。市场失灵的表现形式主要包括公共产品、外部性、垄断及信息不完全等方面。需要指出的是市场失灵并不是市场完全失去效力，不起任何作用，而是指在经济发展的过程中，市场机制的许多领域和环节缺乏效率，出现自发性和滞后性现象。

正是由于市场失灵的存在，我们必须借助凌驾于市场之上的力量来纠正市场失灵问题，这也使得政府发挥其干预市场行为的作用有了充分的理由。萨缪尔森指出，"市场和政府这两个部分都是必不可缺的。没有政府和没有市场的经济是一个巴掌拍不响的经济，政府的作用重点在于市场失灵或不能发挥作用的地方"。

尽管市场失灵为政府发挥调节经济的作用提供了基本依据，但是，政府作用也不是万能的，同样存在着政府失灵的可能，用林德布洛姆的话说就是政府"只有粗大的拇指，而无其他手指"。政府失灵一方面表现为政府的无效干预，即政府宏观调控的范围和力度不足或方式选择失当，不能够弥补市场失灵时维持市场机制正常运行的合理需要；另一方面，则表现为政府的过度干预，即政府干预的范围和力度，超过了弥补市场失灵和维持市场机制正常运行的合理需要，或干预的方向不对，形式选择失当，结果非但不能纠正市场失灵问题，反而抑制了市场机制的正常运作。正是由于政府调节经济的作用也存在着失灵现象，所以，在确定该由市场调节还是该由政府发挥作用的问题上，要充分考虑政府作用和市场调节的成本与效益，实现资源的优化配置。

2. 上海体育赛事的市场失灵分析

从以上的理论分析中，可以得知，社会体育赛事运营中的政府作用并不能完

全解决市场失灵问题。有时社会体育赛事中的确存在市场失灵的情况。目前上海体育赛事市场失灵的情况具体有如下几种表现。

（1）体育赛事具有混合产品的性质。按照受益范围来说，产品可以划分为公共产品与私人产品。在现实经济生活中，更为常见的是介于这两个极点之间的产品。它们既非纯公共产品，又非纯私人产品，而是既具有私人产品的特性，又具有公共产品的特性，西方经济学界赋予它们一个特殊的名称，即"混合产品"。混合产品在性质上介于私人产品与公共产品之间，主要分为两类。一类是具有一定范围内的非竞争性和排他性的产品。这类产品有一个饱和界限，在产品还未达到饱和状态时，产品的消费具有非竞争性，增加一个消费者并不会减少其他消费者从该产品中获得的利益，不会因此而增加产品的成本，但当产品达到饱和状态时，再增加一个消费者就会影响其他消费者对该产品的消费，因而，这类产品的非竞争性是局限在一定范围之内的。这类产品的另一个特征是排他性，从技术上来说，以较低的排他成本不让某些消费者消费是完全可行的。另一类是非竞争性和非排他性不完全的产品，这类产品在消费中往往存在着较大的外部效益。

体育赛事的混合产品性质表现非常明显，而且同时具有上述两类混合产品的共同特征。

首先，体育赛事具有排他性和一定范围内的非竞争性。从现场观看体育赛事的情况来看，目前的体育赛事基本都是在体育场内举行的，即使有些赛事的赛场在户外，如 F1 摩托艇。受观众的视野范围所限，这些赛事有一个观众人数的限制，这个人数的上限也被称为"拥挤点"。在拥挤点之前，观众观看赛事的消费是非竞争性的，增加一名观众并不影响其他观众的消费，而且从赛事主办方的角度来讲，其售票的边际成本非常低，几乎为零。以 2002 年上海网球大师杯赛为例，赛事总支出为 1.06 亿元。在这些支出中，门票销售占总支出比重很少，每个座位的边际成本就更低了，基本接近再增加一个消费者所增加的成本为零（即边际成本为零）的状态。

其次，体育赛事还是非竞争性和非排他性不完全的混合产品。它存在着很大的外部效益，主要表现为对其他产业的经济效益和对提升国家或城市品牌形象的效益。目前，在上海体育赛事运营中，这一混合产品的特征非常明显。上海近年来不断运营高级别的体育赛事，并不单纯是因为市场有需求，而是上海市政府有巨大的需求，也就是说，主要是因为体育赛事的外部效益，才使得这些赛事落户上海。此外，从运营体育赛事的企业的效益角度分析，也很容易看出这一点。以 2002 年上海网球大师杯赛为例，该赛事最后超支 518 万元，如收入中扣除政府补贴（1187万元）、政府免费提供的公共资源（约750万元）及由政府出面协调的资助方所提供的赞助费（约3200万元），实际亏损约5600万元，占总支出的53%左右。若将赛事的直接支出算为变动成本，全部管理费用319万元均算为固定成本（占总支出不到4%），则该赛事的边际成本远大于其边际收益，或者说，若扣除与政府支持有关的收入，该赛事的承办企业办赛事比不办赛事的亏损更大。这是目前上海体育赛事运营企业面临的共同问题。单纯从企业角度来说，此时最明智的选择就是"停止营业"，但现实情况却是上海近年来这类赛事越办越频繁。这充分说明由于体育赛事具有很大的外部效益，政府在支持这些企业运营赛事。

（2）体育赛事具有正外部性。①对其他相关产业的经济影响。体育赛事作为一种经济现象，不仅能够为主办者以及体育产业带来直接的经济收益，还可以以产业链的形式影响到其他相关产业，产生巨大的间接收益，如旅游业、餐饮业、酒店业、房地产业、新闻业、广告业等都是受益者。有关资料表明，2004年上海F1大奖赛期间，上海国际赛车场的收入为4亿元人民币，但是其他相关产业的收入，却达到了20亿元人民币。锦江国际集团在上海的30家星级酒店在F1大奖赛上海站期间（2004年9月19—26日）较去年同期增加收入3800万元，增幅为65.7%。香格里拉饭店2004年9月22—28日一周客房收入比平时增加780万元。金茂大厦的凯悦酒店2004年平时每周收入900万元左右，9月22—28日这周收入为1560万元人民币，比上海举办APEX会议时期的收入还高。另外，2004年前11个月，到上海旅游的游客就超过了400万名，而2002年和2003年都分别只有270万，这和2004年上海F1大奖赛首次举办，当然不仅仅是巧合。此外，上海体育学院体育赛事研究中心关于2005年上海网球大师杯赛综合效益测评报告显示，该赛事对上海其他相关产业的经济带动为2.49亿元人民币。从以上的案例及调查数据可以很明显地看出，体育赛事举办对其他相关产业的经济有巨大的拉动作用。②对举办国家或城市知名度的影响。体育赛事是一种无国界限制、无种族歧视的活动，是提高国家或城市知名度的有效途径。墨尔本、巴塞罗那、曼彻斯特等城市，都是通过举办一系列体育赛事，大大提升了城市品牌形象和国际知名度。体育赛事可以把全世界的目光在短时期内聚焦到一个城市，通过全世界的媒体和数以十万计的现场观众，对举办城市进行强有力的宣传，迅速提高城市的知名度。2002年网球大师杯赛举办期间，上海受到了全世界的瞩目，全球范围内共有150多个国家和地区近10亿人收看了实况转播，来自世界各国的嘉宾、球迷和记者，纷纷赞叹上海的国际大都市形象和优秀的赛事组织能力。这一赛事的成功举办使世界更了解上海，更了解中国，提升了上海的国际知名度，为上海成功申办 2010 年世博会起到了积极的作用。所以说，成功举办体育赛事，将在很大程度上提高一个城市的国际知名度。

（3）体育赛事的市场垄断特征。"垄断"在一般经济学教材中的界定是很严格的。高鸿业认为："垄断市场指整个行业中只有唯一的一个厂商的市场组织。它应满足三个条件：第一，市场上只有唯一的一个厂商生产销售商品；第二，该厂商生产和销售的商品没有任何相近的替代品；第三，其他任何厂商进入该行业都极为困难或不可能。"❶在垄断市场上，由于没有竞争，独家垄断厂商可以控制和操纵市场价格。在现实经济生活中，很少有满足这么苛刻条件的市场存在，于是，有些经济学家稍稍放松了假设条件。如中国社会科学院的宋则将"垄断"定义为："在市场交易中，少数当事人或经济组织凭借自身的经济优势或超经济优势，对商品生产、商品价格、商品数量及市场供求状态实行排他性控制，以牟取长期稳定的超额利润的经济行为"。

体育赛事的垄断主要表现在申办市场和转播权市场上。就申办市场而言，垄断主要表现在两个方面：一方面是由于体育管理体制的特殊性，国际体育组织牢牢控制着运动员和教练员资源，形成了对所有赛事资源的自然垄断；另一方面是由于优秀运动员的数量有限，并且受体力和伤病的限制，国际单项体育组织的赛事供给量是有限的，而且很难增加，但是近年来随着世界各大城市都将体育赛事看作城市营销的主要手段之一，对体育赛事有旺盛的需求，因此，在供给数量一定的条件下，供给曲线几乎是垂直的，价格（申办费）随需求增加而大幅上升，呈现出很明显的供给方垄断现象。对于转播权市场而言，由于目前我国不论转播覆盖面还是转播技术，其他电视台都无法与中央电视台抗衡，因此不论赛事所有权人还是赞助商，都会附加由中央电视台转播的合约条款，从而使承办体育赛事的企业失去在该方面讨价还价的能力，加上中央电视台在我国的政治地位，地方电视台也显然不愿意插足。基于上述原因，估计这一垄断格局会在相当长的一段时间内保持不变。这一垄断的局面是需求方垄断，即电视机构的垄断，承办体育赛事的企业都属于被垄断的一方。

因此，在体育赛事申办市场中，由于赛事资源被供给方垄断，申办方的企业的剩余价值会被剥夺；在体育赛事转播权市场中，由于存在需求方垄断的情况，作为供给方的承办企业的剩余价值也会被剥夺。在这两个市场上，承办企业都处于弱势地位。

❶ 王守恒 . 体育赛事运作之研究 [M]. 北京：北京体育大学出版社，2016：26-28.

（二）从市场发育程度看政府作用的合理性

1. 市场发育不完善与政府作用

市场的发育和成熟是市场自身运动和发展的结果，应该依靠市场自身的力量和功能来实现。但是由于我国的经济体制直接由计划经济体制过渡到社会主义市场经济体制，没有给市场自身的发育和成熟提供足够的时间和条件。因此，我国体育赛事市场，必须走一条有政府积极参与、培育，并推动市场发展与完善的社会主义市场经济之路，政府在市场的培育中必须发挥重要作用。当然，强调政府在培育和完善市场中的作用，并不是否定市场自身的力量和功能在市场发育过程中的作用。政府对市场的培育也需要遵循市场经济发展的一般规律，也需要不断调整市场内部的各种关系，更需要激发和调动市场自身的力量和功能。市场与政府形成强大的合力，才能加速市场的完善与成熟。

目前我国市场经济体制还不完善，体育赛事的市场化运作体制起步较晚。虽然近些年上海有些体育赛事，采取市场运营的方式取得了比较好的效果，如NBA季前赛上海站，但是总的来说，上海体育赛事市场还是处于发育不完善的阶段。在这个时期，政府对体育赛事的运营进行干预，培育上海体育赛事的市场是有其合理性的。

2. 上海体育赛事市场发育程度分析

关于市场发育程度的指标，目前国内外学者的成熟研究成果颇多。本文主要从赛事运营主体的非国有成分、产出品市场的发育程度，以及市场中介组织的发育程度这三个方面，对目前上海体育赛事市场的发育程度做一个定性的判断。

（1）赛事运营主体的非国有成分。一个市场中非国有经济的发展状况如何，是判断这个市场是否成熟的重要标志之一。就体育赛事市场来说，赛事运营主体的非国有成分的占比是市场发育成熟度的一个重要指标。

上海体育赛事运营主体中，国有成分占有很大的比重，非国有的比重很小。这一状况充分说明目前上海体育赛事市场发育还很不成熟，如果没有国有经济背景的赛事运营主体，上海将难以运营如此多的高级别的体育赛事。

（2）产出品市场的发育程度。从本质上来说，体育赛事的产出品是体育竞技产品与服务。目前，在这一产出品基础上衍生出了体育赛事的四大主要市场，即广告权市场、门票市场、电视转播权市场和其他相关产品市场。下面我们从两个不同的方面，对上海体育赛事市场的发育程度进行分析。

首先，从各大市场收入比重来看。按照国际上体育赛事运营的经验，一般情况下，广告权市场的收入占赛事总收入的比重越小，就说明这个市场发育得越成熟，如英国的温布尔顿网球公开赛中广告权收入占总收入的比重很小，电视转播中基本上看不到场地广告牌，赛事的主要收入是门票收入和电视转播权收入（共占总收入的80%左右）。但是在目前上海举办的绝大多数体育赛事中，赛事广告权的收入占总收入的比重非常高，如2002年上海网球大师杯赛，广告权收入为6152万元，占总收入的64%。这一对广告权市场高度依赖和过度开发的现象，说明目前上海体育赛事的其他市场的发育还很不成熟。从目前赛事运营的实际来看，情况也确实是这样的。近年来在上海举办的体育赛事中，门票市场除了NBA季前赛等少数几个赛事经营状况比较好，其他赛事的经营状况都非常困难，市场途径的出票率很低，送票的比例很高。电视转播权市场就更不用说了。由于中央电视台的垄断局面以及国内这种转播不收费的传统，上海体育赛事一直没有电视转播权的收入。

其次，从广告权市场来看。尽管目前上海体育赛事的广告权收入很高，但是这不能掩盖一个重要的事实，即这些收入并不是完全通过市场途径得来的。如前所述，2002年上海网球大师杯赛，通过政府撮合的广告权收入就占到了总收入的44.4%，其他赛事的情况也基本如此。这一情况说明，目前上海单项体育赛事的广告权市场发育不够完善。

一言以蔽之，目前上海体育赛事的产出品市场发育程度还不高。

（3）市场中介组织的发育程度。市场中介组织的发育程度是衡量市场发育程度的一个主要指标，市场发育越成熟，中介组织也越发达。就体育赛事而言，中介组织主要包括两类：一类是提供服务的企业，如律师事务所、会计师事务所、保险公司、公关公司等；另一类是从事经纪业务的企业，如咨询公司、票务代理、赞助商代理等。

上海作为一个国际性大都市，第一种类型的中介组织很发达，但与第一种类型的中介组织相比，第二种类型的中介组织其发育却很不成熟。目前，上海专业的体育赛事咨询公司、票务公司和赞助商代理公司很少，用来支撑这些中介组织发展的必要的技术和信息（如赛事的评估体系、赞助商数据库及客户管理系统等）很不完善。总之，目前上海的市场中介组织难以满足运营体育赛事的要求。

通过对上海体育赛事市场以上三个方面的分析，我们可以看出，现阶段虽有个别体育赛事的市场运营状况较好，但就整体而言，体育赛事市场的发育还很不完善，需要政府的积极参与。

（三）从赛事运营的必要条件看政府作用的合理性

从体育赛事运营的实际来看，政府在某些环节中的作用是赛事顺利完成的前提，是体育赛事成功举办的必要条件。当前，政府在上海体育赛事的运营过程中主要参与以下几个环节。

第一，体育赛事的申办。近些年来，越来越多的国家和地区逐渐认识到体育赛事对举办城市和地区的经济价值和社会价值，许多国家和城市都已将举办体育赛事作为展示城市形象、提升城市知名度的重要方式。但由于影响力较大的高水平体育赛事供给数量的有限性，赛事申办市场的竞争非常激烈。这种激烈竞争的局面导致了两个最直接的后果。第一是赛事的申办费用大幅攀升。如上海网球大师杯赛2002年的申办费用为760万美元，2005年上涨至830万美元，2006年为880万美元，2007年高至920万美元，而2004年上海站F1大奖赛的申办费用更是高达1300万美元。第二是政府作用在赛事的申办过程中越来越重要。如在第48届世界乒乓球锦标赛的申办过程中，申办城市之一瑞士洛桑派出了由瑞士驻萨格勒布大使、旅游部长、国家乒协主席及洛桑市市长等政府官员组成的代表团，阵容非常强大。上海则派出了申办代表团团长、原上海市体育局副局长作陈述报告。在他的陈述报告中，也重点强调了一旦申办成功，上海市政府将会为第48届世乒赛提供大力支持。

正是由于各申办方对体育赛事举办权争夺的激烈程度加剧了，政府在赛事申办上的态度就显得非常重要了。国际网球联合会的一名官员在接受媒体采访时表示，上海市政府对2002年申办网球大师杯赛的大力支持，是最后取得承办权的重要因素。在这种背景下，如果体育赛事的申办过程中没有政府的参与，此赛事就难以申办成功。从另一个角度讲，现在国际单项体育组织也越来越看重政府对承办赛事的态度，而且很多国际单项体育组织，如国际网球联合会、国际汽车联合会等，明确要求与承办地方政府签约，使得政府必须要在赛事的申办过程中发挥作用。

第二，体育赛事的组织。举办体育赛事是一个复杂的系统工程，牵涉到举办城市和地区的方方面面的因素。它的成功举办需要社会各个部门的有效配合，各个部门之间的协调是赛事成功举办的至关重要的环节，必须由政府出面协调才能确保赛事的顺利举行。另外，举办一项体育赛事要牵涉到交通、公安等一系列公共资源的使用，目前这些资源基本上由政府直接控制。因此，要成功举办体育赛事，政府在赛事组织方面的支持不可或缺。

四、未来上海体育赛事运营环境的变化

（一）赛事的需求主体将发生变化

体育赛事的需求主体包括政府、企业（包括赛事运营企业和赞助商）和个人，

各个主体对赛事的需求不尽相同。政府对赛事的需求主要是提升城市品牌、拉动旅游等相关产业的发展；企业对赛事的需求主要是获得赛事运营的利润（赛事运作公司）或是提升企业及其产品的知名度（赞助商）；个人对赛事的需求主要是满足个人现场观赏高水平竞技体育比赛的需要。

随着上海经济和社会的发展，未来上海体育赛事的需求主体总的变化趋势是由政府需求向企业和个人需求转变，具体表现为以下两个方面的变化。

第一，政府对赛事的需求将有所减弱。现阶段，上海体育赛事的需求主体主要是政府。由于城市间竞争的加剧，为了在竞争中获得有利地位，各地政府纷纷打出了创建城市品牌的旗帜，体育赛事的聚焦功能刚好符合这一需求。但是，提升城市知名度、打造城市品牌形象的途径很多，主要有如下几种。一是以政府名义投放城市形象广告，如两年来在央视 4 套播放的城市形象广告有 40 多个。二是利用多种活动或者事件聚集公众目光，如博鳌亚洲论坛使一个鲜为人知的小镇一夜之间世界瞩目。另外许多城市着力打造"特色节"也属于这种类型，如青岛打造"啤酒节"、大连打造"国际服装节"等。三是制定一个塑造城市品牌的长期战略，从城市定位做起，制定城市发展战略，进行城市功能和规划设计，最后完成城市品牌的塑造，如巴黎是"时装之都"，维也纳是"音乐之都"，杭州正在打造"休闲之都"。体育赛事只能算第二种类型中的一种方式，有许多替代品。随着城市举办的体育赛事数量的逐渐增多，赛事对提升城市品牌的边际效用也将逐渐递减，未来政府对体育赛事的需求将有减弱的趋势。

第二，作为赛事需求主体的企业和个人，未来对上海体育赛事的需求将会有大幅度增加。从企业的角度来看，一方面，随着上海竞赛表演市场的逐步完善，体育赛事运营企业的盈利空间将会增大，盈利能力也将逐渐增强，企业出于自身盈利的需要将会对体育赛事产生需求；另一方面，随着新技术革命、经济全球化和世界一体化进程的日益加快，"名牌"作为企业经营活动中一股不可阻挡的力量正在渗透到世界的各个角落，21 世纪已经成为名牌产品经营和名牌产品竞争的时代。在这一形势下，上海市委领导做出重要批示："上海要提高国际竞争力，全面推动实施品牌战略极为重要。"[1]为了达到上述目标，未来一段时间内，上海企业亟须提升自身和产品的品牌价值，向全世界展示品牌形象。在电视广告和平面媒体广告到处泛滥的今天，通过体育赛事这一载体提升企业品牌价值无疑是一条捷径。因此，随着上海名牌战略的进一步实施，未来上海企业对体育赛事的需求会越来越旺盛。从个人角度看，当一个社会的经济水平发展到一定程度，人们的生存性

❶ 阮伟 . 体育赛事与城市发展关系研究 [D]. 北京：北京体育大学 ,2012.

消费得到较好满足时，人们就会产生包括体育观赏消费在内的享受性消费和发展性消费需求。上海目前正处于经济高度发展的时期，2011 年人均 GDP 已经突破 12 万美元，可以预测随着人均可支配收入的逐渐增加，个人观看体育赛事的需求也会越来越强烈。总之，未来企业和个人对上海体育赛事的需求将会明显增强。

（二）政府角色将发生变化

经济基础决定上层建筑。随着社会经济体制的发展，政府职能必然要做出相应的调整和变革。随着我国社会主义市场经济的建立和逐步完善，当前的政府职能已经远远不能适应经济发展的要求，政府职能的改革已经成为当前我国改革的主要内容和任务。随着我国政府职能改革的逐步深入，未来将出现以下几种类型政府。

第一，有限型政府。所谓有限型政府指权力、职能和规模受到宪法和法律的严格约束、限制的政府。一个有限型政府至少具备三个特征：一是实行透明行政和权力制约；二是政府职能的范围取决于市场需要和社会需要；三是政府权力主要限定在公共领域。从某种意义上说，市场经济与有限型政府是同时存在的，它们就像一对双胞胎，没有权力受到限制的政府，就没有自由竞争的市场经济。既然已经选择了走社会主义市场经济的道路，那么，建立有限型政府也就成为改革中的必然选择。

第二，公共服务型政府。所谓公共服务型政府指遵从民意的要求，在政府工作目的、工作内容、工作程序和工作方法上，用公开的方式给公民、社会组织和社会提供方便、周到和有效的帮助，为民兴利、促进社会稳定发展的政府。随着我国经济的快速发展和改革开放的不断深入，当前经济与社会发展的现实已表明，政府应该由经济建设型政府向公共服务型政府转变，建立高效政府的时机已经成熟，建设公共服务型政府势在必行。政府工作报告中明确提出了"建设服务型政府"的要求。这是根据社会主义市场经济实践和人民群众的迫切需求提出的一个新的执政理念，也是树立和落实科学发展观的重要体现。

第三，市场化政府。所谓市场化政府指经济行为市场化的政府。美国学者戴维·奥斯本和特德·盖布勒认为："市场经济体制的政府应该是企业化的政府，它不是一个官僚机构，而是市场中的一个组织，这个组织鼓励企业家精神。"❶现在我国要建立的政府是社会主义市场经济体制的政府。它面对的是市场经济体制，必须适应市场经济体制的需要，要遵循市场经济的基本规则，要把市场经济的基本

---

❶ 肖锋. 体育赛事安全防范研究 [J]. 体育科研,2008(5):13-24.

规则纳入其管理之中。因此新型政府必须树立市场观念，应该是一个市场化政府。

第四，法治化政府。所谓法治化政府指政府必须在法律规定的框架内依法行使权力，政府的一切行为不能超出法律的界限，其权力要受法律的约束。从一定意义上讲，市场经济就是法制经济。为确保社会主义市场经济的稳定发展，一方面，必须加强法制建设，建立完整的法律制度和体系，把一切经济活动都纳入到法律的轨道上来，实现经济关系的法制化；另一方面，必须将政府的管理也纳入到法律的轨道上来，抛开人为因素，依法行政，依法管理，没有法律赋予的权力之外的任何权力。法治化政府是社会主义市场经济发展的必备条件，也是社会主义市场经济发展到一定阶段的必然产物。

政府角色的上述转变，必然会引起体育赛事运营中政府作用方式和范围的变化。上海市政府已明确表示"除个别重大体育赛事，原则上政府将不再针对具体赛事设立组委会"。此外，上海市政府还在酝酿筹建赛事运营集团，具体负责未来在上海举办的大型赛事的运营，这些都是政府角色转变的具体表现。未来上海市政府在体育赛事运营中的作用范围，将趋于宏观层面和公共领域，作用方式将更加市场化、法治化。

五、对未来上海体育赛事中政府作用的思考

（一）建立大型活动的专门管理机构

根据上海的实际情况，可以在上海市政府的统一领导下，建立一个以市政府办公室为主体、市体育局等有关部门参加的行政机构——"上海市大型活动管理办公室"，履行"引进、创办和监督管理全市的大型活动事务"的职能。

（二）加强对体育赛事的规划

我们在对体育赛事的规划过程中应该重视下面几点。一是在赛事申办或引进时，要考虑上海的城市特点、文化底蕴等因素，选择与"海派文化"相吻合的体育赛事。二是要对不同赛事进行分层次划分，充分考虑上海举办体育赛事的节奏。三是具体规划部门不应该是上海市体育局，而应该是"上海市大型活动管理办公室"，具体理由如下：首先，体育赛事规划一定要站在促进整个上海经济、社会、体育、文化等方面协调发展的角度，而上海市体育局难以做到这一点；其次，体育赛事与其他大型的文化活动（如文化节、艺术节等）之间是有比较强的竞争性和替代性的，所以在进行规划的时候，必须要将上海的大型体育和文化活动放在一起统筹考虑，但是上海市体育局并不具备这种能力。

（三）确保赛事申办谈判的市场化

可由"上海市大型活动管理办公室"授权或成立专业公司，负责体育赛事申办和引进的谈判，在谈判过程中形成以企业为主、政府为辅的局面。因为政府在谈判过程中讨价还价能力较差，对价格很不敏感，而且政府对赛事的需求缺乏弹性，谈判的机会成本很大。企业则不同，它在谈判过程中更容易进行讨价还价，谈判能力也要强得多。

（四）健全市场运作体制

上海在健全市场运作体制方面，可以学习、借鉴澳大利亚的经验。澳大利亚的各级政府在充分认识了大型活动对国家以及地方的益处后，从20世纪80年代开始关注大型活动的发展，并介入其中，各州政府管辖的专门的活动事件运作公司纷纷成立，持续对各种大型活动事件的引进和营运操作直接负责，对澳大利亚大型活动的发展起到了极大的推动作用。根据中国的国情和上海的实际情况，可以在上海市政府的统一领导下，设立与"上海市大型活动管理办公室"的机构性质完全不同的专业事件公司，直接对具体的体育赛事进行管理和商业运作，但要接受"上海市大型活动管理办公室"的行政监督与管理。

（五）建立体育赛事信息交流公共平台

由于体育赛事具有公益性，所以体育赛事信息的提供应该由政府投资进行。政府应加强对潜在赞助商及潜在观众等相关信息的收集和调研，尽量比较全面地了解市民和赞助商的需求，并在衡量政府、市民和赞助商的需求后找到一个平衡点。这对政府做出正确的赛事引进决策大有帮助。

（六）成立体育赛事申办信息收集部门

体育赛事申办信息收集部门的主要职能，是收集国内外体育赛事申办信息，以及国际单项体育组织的运营方式、申办规则和惯例等信息。因为加强对相关资料的收集工作，不仅可以增强上海在谈判过程中讨价还价的能力，而且有利于上海对体育赛事的主动选择。

（七）加强对上海的城市宣传

政府管理部门应通过多种渠道，宣传上海，让体育赛事资源拥有者进一步了解上海。为吸引更多的体育赛事，政府应该定期向国际性的体育组织邮寄时事通讯，建设内容精彩的网站，编印体育设施指南，在体育专业杂志（如美国 *Sport Travel* 杂志）上做宣传，并积极主办、参加各种体育行业会议、论坛和峰会（如美国的"大型旅游活动及体育管理研讨会"），使国际性体育组织对上海产生兴趣。这些宣传有利于在体育赛事的申办过程中，使上海更具有竞争力。

（八）尽力解决体育赛事外部性问题

为解决外部性问题，经济学家为政府干预提出了以下几项政策建议。一是采用明确产权的方法。外部性与产权制度的不完善有直接的关系，因而解决外部性问题，首先应该从政府对产权制度的改进做起。二是使用合并企业的方法。这种方法是将外部性制造者与受外部性影响的企业进行合并，从而达到外部性内在化的目的。三是使用税收和津贴，即对造成外部不经济的企业进行征税，对产生外部经济的企业给予津贴，最后使得企业利益和社会利益相等。

基于上海的实际情况和体育赛事的特征，建议上海市政府在体育赛事举办期间，对其他相关产业企业的"搭便车"行为征税。即对这些企业高于平时或去年相同月份的收入按照不同行业、不同等级征附加税，并且将这些税款集中起来，成立体育赛事发展基金，用于补贴体育赛事的承办企业。这在某种程度上可以解决体育赛事的外部性问题，有助于体育赛事的可持续发展和政府的逐渐退出。

第四章 社会体育赛事的组织运营管理

第一节 社会体育赛事的运营管理概述

赛事的组织运营指将人、商品货物和设施设备等在正确的时间内顺利和准确地移动到正确的地方的过程，是一个规划、实施与控制产品及其相关信息的存储，以及根据消费者的需要向消费端流动的过程，是组织机构依据事先的规划设计将赛事活动呈现（deliver）出来的一个过程。经由这个过程，赛事主办方将有关的资源与投入转化为一系列的期望的结果。这一过程有时也称为"流程"。国际标准化组织在 ISO 9001—2000 质量管理体系标准中将"流程"定义为"一组将输入或投入（inputs）转化为输出（outputs）的相互关联或相互作用的活动"[1]。

国外的相关文献将这个过程译为后勤（logistics）管理。在英语中，"logistics"（组织工作、后勤、物流）一词来源于希腊语"logistikos"，意即"计算的科学或理念"，意味着"合理"。在现代一般意义上，这一概念指任何一项经营活动的细节处理。

体育赛事的组织工作也必须提前规划，甚至要早于事件的规划与设计过程。这对于安保以及参与者的体验等关键领域来说尤为重要。因此，从理论上讲，赛事的组织工作应该是一个规划的结果，而不是事前没有任何计划的"快闪"（Flash Mob）。

---

[1] 朱洪军，张林. 大型体育赛事与举办地政府责任、政府形象研究 [J]. 沈阳体育学院学报 ,2013,32(5):32—37.

一、社会体育赛事运营的影响因素

一般来说，社会体育赛事的组织工作受到以下四个主要因素的影响。

（1）赛事规模与产出的体量。这主要指与赛事参与人员的数量和需要完成的事务量有关的问题。

（2）赛事的复杂性与活动的多样性。这主要指需要提供给赛事消费者的服务与产品（如座位和活动项目等）的数量。

（3）赛事的不确定性（uncertainty）。这主要指到场人数、成本、所需时间以及技术要求等方面。

（4）互动（interaction）。这主要指赛事的到场人员或人群之间联系的方式与特质。

二、社会体育赛事运营系统的构成要素

社会体育赛事的组织运营系统由三个基本要素构成："人"（赛事消费者）的流动、"物"（产品、商品、货物、设施/设备）的流动以及"信息"的流动。社会体育赛事的组织即控制和管理这三个"流"的过程。其中，"信息流"是无形的，依赖于"人"和"物"而存在，是赛事组织运营人员或部门之间就人流和物流进行交流的内容与载体，贯穿于这两个管理领域之中，是赛事组织运营工作的重要支持系统。

基于这一点，国内外很多学者将体育赛事的组织工作系统分为三个"次系统（subsystem）"，分别是消费者导向（customer-oriented）次系统、（物的）生产供给者导向（supplier-oriented）次系统和"信息交流"导向（communication-oriented）次系统。

社会体育赛事的举办也是一个"时间"过程。因此，也有一些学者基于"时间"要素，将体育赛事的组织运营管理分为三个次系统，分别是供给（supply）次系统、在场或现场（on-site）次系统和赛事结束（shutdown）次系统。

三、社会体育赛事运营的发展趋势

随着我国体育产业的不断发展，作为体育产业的核心组成部分，社会体育赛事以其独特的魅力受到越来越多的关注。在经济全球化、国内产业结构升级以及居民需求结构调整等众多因素的综合影响下，社会体育赛事呈现出其特有的发展趋势和特点。具体如下。

（一）赛事运营方式标准化

社会体育赛事具有某些共同的特点和属性，且很多赛事具有稳定的举办周期，因此，从赛事稳定、高效、可持续发展的角度出发，赛事的管理与运营需要实现标准化。赛事运营的标准化主要体现在两个方面：一是竞赛管理的标准化，即竞赛计划、组织、协调和控制等环节的规范化与标准化；二是赛事运作的标准化，即赛事资源开发、媒体服务及商业运作等工作的标准化。

长期以来，由于我国体育管理体制等因素的制约，我国体育赛事的运营缺乏制度化、标准化的意识，赛事运作不规范，赛事运营效率不高，赛事资源开发的力度和效果不大，严重制约了我国社会体育赛事的健康运营与发展。从世界体育赛事的运营模式看，竞赛管理、赛事商业开发、志愿者管理、媒体服务等方面，均为我国提供了相对成熟的经验，值得我们借鉴和吸收。

（二）赛事市场要素全球化

社会体育赛事市场要素的全球化指运动员、教练员、裁判员、赛事观众、媒体、志愿者、运作团队和赞助商等要素的全球流动。从赛事运营主体看，借助国际化的人力资源已成为越来越多赛事的惯常做法。与此同时，赛事观众全球流动的趋势也日益明显。国内联赛的异地球迷、国际赛事的异国观众，带动的不仅是赛事产业的自身发展，还包括旅游及相关产业的兴盛。实践证明，在经济全球化趋势的推动下，要实现我国社会体育赛事的持续发展，就必须借助全球化的人力资源，借助市场要素的全球流动创造社会体育赛事价值的最大化。

（三）赛事运营人才专业化

社会体育赛事的发展需要专业的赛事运营人才。随着我国体育管理体制的改革与完善，社会体育赛事正逐步由"政府办"向"社会办"的运行模式转变，社会体育赛事的运营主体将逐渐趋于多元化。这集中体现在两个方面：一是单纯由社会力量举办的体育赛事将越来越多，更多专业化的赛事运营公司和中介机构将加入到体育赛事供给中；二是由政府主办、社会力量承办或协办的体育赛事将日渐频繁。

随着赛事运营主体的专业化，打造一个人员配备合理、专业知识扎实、业务技能熟练、组织管理高效的运作团队已成为许多赛事主办方的首要任务。赛事人才队伍的培养不仅需要高校等相关人才培养机构的参与，还需要赛事主办机构的积极参与，前者向赛事人才授以专业知识，后者则提供实践经验，两者的有机结合是赛事人才队伍专业化的重要前提。

第二节 社会体育赛事运作的阶段划分与主要任务

体育赛事具有生命周期，根据体育赛事特点，科学地划分体育赛事运作的阶段，明确各阶段的任务，对于体育赛事的成功举办具有十分重要的意义，也是体育赛事运作的重中之重。

体育赛事运作阶段不同，工作任务也不同。按照社会体育赛事本身规律与筹备组织工作的时间节点，将社会体育赛事运作的阶段划分为五个阶段，即选择阶段、确定阶段、筹备阶段、举办阶段和收尾阶段，如图 4-1 所示。

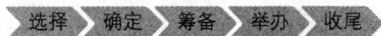

选择 → 确定 → 筹备 → 举办 → 收尾

图 4-1 体育赛事运作的阶段划分

一、社会体育赛事选择与确定阶段的主要任务

选择赛事是赛事组织者运作社会体育赛事的起点，是赛事组织者（包括国家、组织、个人）需要慎重考虑的问题。社会体育赛事选择阶段的结果，就是为体育赛事确定阶段提供科学的参考依据。

（一）社会体育赛事选择阶段的主要任务

赛事决策者做出是否举办社会体育赛事的决策过程，我们称之为社会体育赛事选择阶段，选择社会体育赛事要坚持各方有利、条件可行、过程可控的原则。这一阶段主要任务如下。

1. 明确赛事参与者对赛事的需求

各类组织对社会体育赛事的需求不同，选择社会体育赛事的动机也不同。当前，社会体育赛事早已超出体育自身的范畴，与经济、政治、文化、社会等各方面紧密联系，因此，各类组织选择赛事的动机呈现出多元化、复杂化和个性化的特点。

（1）政府对赛事的基本需求。社会体育赛事的举办，能产生重大的社会影响和显著的经济效益，因而各地政府都高度重视社会体育赛事的举办。政府机构对社会体育赛事的选择，通常是将赛事视为公共产品或准公共产品，在选择赛事的过程中会考虑举办地区的体育传统因素、地理和人文因素、经济实力等。一般来说，举办地政府对于社会体育赛事的利益需求，主要体现在赛事的商业价值和经济收益、赛事的社会影响力和长远发展。我国举办赛事的各级政府对体育赛事市场开发的原则为政府少花钱，市场筹大钱，不让百姓摊一分钱。对于群众性体育赛事、单项或小型的体育赛事来说，经济影响辐射的范围有限，因此，政府的需求主要体现在赛事的社会影响方面，如体育事业等公共事业的可持续发展，增强投资者对城市的信心等。

（2）大众对赛事的基本需求。社会体育赛事的举办对于丰富人民群众的业余生活，促进全民健身活动的开展有着重要的作用，也是促进人们之间沟通交流的重要平台。社会体育赛事项目的选择应以满足社会大众的需求为目标。社会大众主要指的是参与者与观众。在参与者的基本利益需求中，运动员的需求表现为实现商业价值和个人价值，对于参加大众体育赛事的运动员来说，商业价值并不像职业运动员那样高；裁判员的利益需求主要表现为经济收益、提高专业资质和发展个人事业。观众对于社会体育赛事的利益需求主要体现在观赏性、娱乐性和参与性方面。

（3）企业对赛事的基本需求。社会体育赛事选择的企业主要指营利性机构，根据资本组织方式不同可分为独资企业、合伙企业和公司等。企业经营的最终目标是获得利润，这就决定了企业在选择赛事时的首要目标是经济效益，即期望通过赛事的运作获得利润，具体表现为提升企业的知名度、美化企业形象、进入目标市场。现代社会法制建设的逐渐完善，市场经济的公平竞争，以及大众对企业承载的社会公民意识的强调，在一定程度上约束和限制着企业"唯利是图"的行为，使其必须遵守一定的法规、制度及规则。因此，企业在选择社会体育赛事时不可忽视社会效益。不同的企业对赛事的需求不同，同一企业在不同时期对赛事的需求也不同。

（4）事业单位对赛事的基本需求。事业单位不以营利为直接目的，其工作成果与价值，不直接表现或不主要表现为可以估量的物质形态或货币形态。选择赛事的动机与政府机构动机有类似之处，即以社会效益为首要目标。但考虑的范围和程度有所不同，涉及的社会领域更具体，比如残疾人运动协会对赛事的选择，主要考虑的是推动残疾人事业的发展，而环境保护协会对体育赛事的选择重点，是思考如何宣传环境保护意识，促进环保事业发展。尽管事业单位不以营利为目的，但其生存与发展也需要保证财务稳健、持续运营。因此，事业单位在选择社会体育赛事时也必须兼顾经济效益，至少需要保持赛事运作的收支平衡。

2. 对社会体育赛事进行全面评估

对于社会体育赛事而言，进行赛事申办前的全面评估是保证赛事申办科学决策的重要手段。

（1）对选择社会体育赛事的必要性进行评估。社会体育赛事选择必要性评估的主要工作就是分析项目是否能够为实现既定的战略目标服务。社会体育赛事是一个特殊的活动，它具有体育或者政治、社会的内容。在评估社会体育赛事必要性时，要根据现有的市场和条件，围绕通过赛事是否能实现经济目的和社会目的，然后判断赛事项目对于举办地来说，是否有必要来进行相关的评估。对于社会体育赛事选择必要性的考虑，需要从宏观角度分析、把握各个领域中赛事项目对社会大众需求的满足情况。对于社会体育赛事选择必要性的评估，不仅包括体育领域的专家，还包括具有战略眼光的各领域的专家和学者。

（2）对社会体育赛事可行性的评估。大型社会体育赛事可行性评估，主要为举办城市（地）的政策是否允许赛事项目的正常运营、举办城市（地）的社会经济基础是否能满足赛事项目的要求、举办城市（地）的各种条件是否能保证项目运行需要。这种赛事项目的可行性评估，需由相关专业专家完成。群众性体育赛事的评估有如下几个方面：一是政治环境，现今的相关政策是否对群众体育赛事有利，开展的赛事能否得到政府的认可和保护；二是社会文化环境，包括地区或小区的居民受教育程度和文化水平、宗教信仰、风俗习惯、审美观点和价值观念；三是经济环境，举办地的宏观经济环境和微观经济环境是否制约赛事活动的开展；四是外部特殊的环境，主要指的是自然环境和气候；五是评估群众性体育赛事的人力资源；六是比赛场地的设施、规模；七是评估群众性体育赛事活动的经费。

（3）对赛事组织者能力与水平的评估。社会体育赛事是一项非常复杂的专项赛事，须交给专业的人员来做，这就要求赛事组织者专业化。对于一项社会体育赛事来说，赛事的组织者是否有能力对赛事实施全过程的有效控制和管理，影响着办赛水平与规格。评估赛事组织者的能力和水平，应从赛事组织者的职业素质方面进行，如组织者是否具有积极主动的工作态度、抗工作压力的心理承受力、良好的团队精神、创造性和灵活性、良好的人际交往能力、一定的组织能力、接受新事物和学习的能力等。

3. 决策论证

社会体育赛事选择阶段任务的终点，就是为赛事决策者提供参考依据。在决策论证时，社会体育赛事决策者要根据赛事项目的运行环境、赛事项目经济和社会效益等方面，决定是否在该地区举办该项体育赛事。政府机构作为价值主体的代表（包括体育行政主管部门），对社会体育赛事的选择通常是将体育赛事视为公共产品或准公共产品，通过体育赛事规划引导未来体育赛事项目的举办，以最大限度满足社会大众的需求为目标。不管大型体育赛事，还是群众性体育赛事，决策论证的准则都是最大限度满足社会大众对体育赛事的需求。

（二）社会体育赛事确定阶段的主要任务

社会体育赛事决策者通过对选择阶段的全面评估和论证，并做出赛事的选择后，通过申办、批准方式向赛事的审批者争取举办权，获得赛事承办资格的过程称为社会体育赛事确定阶段。

1. 论证评估报告，做出举（承）办赛事决定

社会体育赛事确定阶段是在赛事选择阶段后，由决策者对赛事选择阶段的评估报告再次论证，决定要申办、自办的赛事。赛事决策者对选择阶段的评估报告再次论证时，应重点考虑体育赛事各个相关利益者的需求、要实现的目标、赛事举办环境、举办城市（地）的社会经济基础、赛事风险等，做出举（承）办体育赛事的决定。社会体育赛事决策者，在综合考虑并做出办赛决定后，接下来就要考虑通过什么途径获得赛事的举（承）办权。

2. 通过申办获得赛事的举办权

国际重大体育赛事如奥运会、足球世界杯赛、世界大学生运动会等，均已形成申办体系，并建立了较为规范的申办程序。国内主办的重大赛事，如全运会、青运会、省（市）运会、大学生运动会等都是通过申办获得的，也有规范的申办程序，有专门的"全国综合性运动会申办办法"。由各级体育主管部门主办的单项体育赛事和群众性体育赛事，按照政府职能"管办分离"的要求，以政府购买服务的招标、社会组织竞标方式进行申办。国内主办的重大赛事申办一般按谁主管谁批准，谁申办谁主办、谁相关谁协助的原则进行。

在申办过程中，体育赛事组织者要完成以下主要任务。

（1）成立申办委员会（小组）。各类组织通过对体育赛事的选择，一旦决定申办体育赛事，并获得申办资格后，应立即组建申办工作组，调配专人负责申办工作，着手制订申办计划，必要时须向上级主管部门呈报申办事项。

（2）撰写申办报告，做出总体策划。体育赛事申办报告是一份相当重要的文件，它既是申办单位组织体育赛事的主体方案，也是体育赛事所有权机构评估申

办单位申办工作，并对其承办能力进行分析的主要依据之一。申报报告必须如实反映单位的现状，客观地陈述其申办赛事的动机、承办赛事的计划，并对赛事做出总体策划。一旦申办单位申办成功，其申办报告视同于申办单位向体育赛事所有权机构及公众做出的承诺。

（3）向赛事批准者提交申办报告。申办单位应在体育赛事所有权机构规定的时间内，按照内容、格式要求向主办单位递交申办报告。如奥运会向国际奥林匹克委员会递交，亚运会向亚洲奥林匹克理事会递交，国际单项比赛向所在的各国际（洲际）国际单项协会递交；国家体育总局或省市体育政府部门主办的按奥运项目设置的综合性赛事，须向国家体育总局或省市体育行政主管部门递交；行业举办的非奥运项目，如大型综合性运动会向行业组织递交申办报告。单项体育赛事向国家体育总局、各级体育行政部门购买服务投标的赛事应向相应的体育行政部门递交申请报告。

（4）接受赛事批准者的检查与评估。申办者递交申办报告后，就要接受批准者的检查。体育赛事所有权机构视具体情况，派专家组对申办单位进行实地考察，主要考察申办单位应具备办赛的基本条件和办赛能力，考察组对申办单位进行考察评估后，形成考察报告。

（5）获得举（承）办权。体育赛事批准者通过会议方式，确定举（承）办单位。由申办单位介绍申办情况或宣读申办报告，由考察委员介绍考察情况或公布考察报告，实行公开、公平竞争，经过民主协商后，由主管部门综合研究决定或通过投票决定。国际赛事，如奥运会，由奥林匹克委员会成员投票决定后，即获得承办权；国内大型赛事，确定承办单位后，须报赛事主办单位的主管部门审批，最终获得举（承）办权。

3. 通过批准获得赛事的举办权

一般商业性体育赛事和自办的群众性体育赛事，根据 2014 年 10 月 20 日国务院颁布的《加快发展体育产业促进体育消费的若干意见》的精神，虽然无需体育行政主管部门的审批，但是，这些赛事还是要经过赛事主办单位领导最后审批的。像潜水、攀岩等高危体育项目，申请人须获得县级以上地方人民政府体育主管部门行政许可后，持许可证到相应的工商行政管理部门，依法办理相关登记手续才可经营；跨地区、国家组织的赛事（友谊赛、访问赛、对抗赛等单项赛事除外），先由国家体育总局审批，再提交该项目的国际组织审批，涉港澳台的体育赛事须先报同级政府及港澳台办公室，同意后再由体育行政主管部门批准；企事业单位及行政单位自己组织的比赛报本单位领导审批，如大学、中学、小学和医院等；

本小区的比赛，报业主委员会审批；乡镇组织的体育比赛报，乡镇委员会审批；等等。

通过批准获得赛事主办权的赛事组织者，在此阶段要完成如下工作。

（1）成立筹备小组。体育赛事筹备小组，比通过申办获得举办权的申办委员会的组成要简单，尤其是个别单项体育赛事或者自办体育赛事的筹备小组，通常只进行一个项目或者小规模的比赛，工作比较单一，涉及面比较窄，工作量相对较少，因此，筹备小组组成尽量精干。筹备小组成立后，调配专人负责申办工作，着手制订举办计划。

（2）撰写赛事举办报告，做出总体筹划。筹备小组开始撰写举办报告，内容宜注明比赛的名称、时间、地点、规模、经费来源与保障、举办单位概况、办赛基本条件、接待条件、筹资计划，以及举办和参加体育比赛的经验及组织管理水平，撰写后召开筹划论证会议，修改完善，报赛事决策者审批。总体策划拟通过将体育赛事主题，与展示、互动活动等相融合进行有目的的策划，使一项平淡的或者并无特殊新闻点的活动，成为充满激情、互动性强、关注度高的体育赛事。

（3）递交赛事举办报告。按格式和要求，在规定的时间，向体育赛事审批的相关部门或自办单位的领导，递交体育赛事举办报告，由审批单位批准。如果自办赛事是股份制公司，经营的赛事通过股东大会表决。合伙公司经营的赛会经过合伙人协商决定。自办赛事涉及高危等需要政府职能部门审批的项目，还需按程序审批。

（三）社会体育赛事选择与确定阶段应注意的问题

社会体育赛事选择与确定阶段应注意以下问题。

1. 论证评估要准确

社会体育赛事的论证评估是赛事组织者获得项目融资的凭证和依据，也是促进项目提高和管理的方法，更是政府机构开展宏观经济管理的手段和方法。正是因为体育赛事的独特性、目的性、一次性、制约性等特征，所以体育赛事的论证评估一定要准确，论证评估力求客观、准确地将与体育赛事有关的资源、技术、市场、财务、经济、社会等方面的数据资料和情况，真实、完整地汇集呈现于决策者面前，使其能够实事求是地做出正确的决策，为今后体育赛事的成功举办奠定基础。如果体育赛事的论证评估不够准确、客观，赛事组织者在体育赛事的运作过程中就会存在很大的风险，势必会造成人力、物力和财力的浪费，甚至实现不了各利益群体的需求，在社会上造成负面影响。

2. 对财务预算的评估留有余地

社会体育赛事的财务评估，是一个定性分析和定量分析相结合的过程，主要是对赛事项目财务费用和效益的识别，结合一定的预测方法对赛事项目财务费用和效益进行预测和分析，再结合赛事项目财务报表的编制，进行赛事财务评估指标的计算，最终通过对这些数据的分析，确定赛事项目财务的可行性。特别要注意的是预算要客观可靠、灵活。预算指标不能过高，过高实现不了；也不能过低，过低了就失去指导和控制的作用。预算要留有余地，分层掌握，避免在遇到突发事件时被动。

3. 评估体育赛事的风险

从社会体育赛事参与的主体来看，由于整个赛事参与人员广泛，既有组织的，也有群众自发的，并且各自存在不同的立场和不同的政治、经济、文化因素的影响，再加上有些社会体育赛事所涉及的场馆、器械、设施、天气等因素较为庞杂，这些因素中任何一个环节都有可能导致风险的发生。因此，对社会体育赛事的风险评估是非常必要的，赛事常见的风险有自然灾害、交通事故、流行疾病、暴力犯罪、体育骚乱、重大火灾、食物中毒以及政治事件。风险评估就是尽可能地识别赛事过程中潜在的、可能对体育赛事产生负面影响的、不确定性事件，对它们可能产生的负面影响进行评估，制订应急计划，采取措施使风险发生的可能性降低，或者使其负面影响降到最低。

二、社会体育赛事筹备阶段的主要任务

筹备阶段指赛事决策者选择需要举办的体育赛事后，按赛事举（承）办权的确定方式，该机构在取得赛事举办权后，开始准备直至赛事正式开始前这一工作阶段。赛事的筹备阶段是赛事各阶段时间最长的阶段，是在为举办阶段所举行的比赛活动与其他主题活动做准备。

（一）赛事筹备阶段的划分

社会体育赛事筹备阶段的时间跨度、工作内容，因赛事规格高低、规模大小的不同而不同。大型综合性运动会的筹备阶段通常达 3~7 年，小型的单项赛事、学校运动会一般半年，社区运动会 1 个月以上。一般比赛筹备期不得少于 1 个月。按照筹备工作重点及工作内容，又可分为基础筹备阶段、全面筹备阶段、测试赛与试运行阶段。小型、单项赛事相对简单，主要做好基础筹备和全面筹备阶段。

基础筹备阶段、全面筹备阶段、测试赛与试运行阶段之间没有严格的时间界限，每个阶段时间的长短及阶段之间的过渡，视赛事具体进展情况而定。但测试赛与试运行最迟应在该项赛事开始举行前一个月举行。

（二）基础筹备阶段的主要任务

基础筹备阶段是筹备阶段的初期，为进入全面筹备阶段做好准备。其中，社会体育赛事总体策划，在赛事筹备工作之初，起着提纲挈领的作用，影响和指导着赛事的整体组织运作，其主要任务如下所述。

1. 组建赛事的组织运作机构

（1）确定组织运作机构。

任何计划都需要有明确的主体去执行与实施，这个主体就是赛事运作管理机构，不同类别与性质的赛事，其运作机构也不尽相同。当赛事的主办单位决定自己承担赛事运作时，赛事的运作管理机构就是主办单位自身。当赛事的主办单位将某项赛事的运作交由其他单位完成时，赛事承办单位就成为赛事的实际运作机构。在设置赛事运作管理机构时，要符合赛事举办地的实际情况，并与政府或组织的部门职能相匹配、运作方式相对应。要分工合理，职能清晰，责权利相结合；要有利于工作总体协调，各项资源合理配置；工作的难点要适中，管理跨度要适当，便于统筹管理。大型赛事，通常是主办单位与承办单位共同设立组织委员，会组成体育赛事运作管理机构，或在组委会的领导下成立执行委员会，在组委会或执委会下，设与赛事运作相关职能的部门作为办事机构；小型单项社会赛事设组委会，办事机构设综合处、竞赛（场地与器材）处、综合保障处、宣传与推广处、市场开发处、接待处等，明确各处的工作职能。基层单位自办赛事可以成立赛事领导小组或筹备小组，办事机构下设相应职能的组或指派责任人。其中竞赛管理组织机构是竞赛筹备工作的关键环节，竞赛管理组织机构没有固定的模式。一般大型综合性赛事，设立赛事组委会竞赛部，及各场馆和项目竞赛委员会；一般社会性体育赛事在赛事，办事机构竞赛处下设综合组、竞赛组、场地器材组及颁奖组，必须明确各部门的组织职能与职责。

（2）制定规章制度。

制度指要求大家共同遵守的办事规程或行动准则。在赛事筹备阶段，运作机构会建立一系列制度，来规范赛事各参与对象的行为，主要包括组织管理制度、业务管理制度和考核与奖惩管理制度等。组织管理制度包括办公会议制度、联络员会议制度、督办工作制度、组织人事制度等，业务管理制度主要包括竞赛相关的管理制度、器材设备的采购、配置的相关管理制度、市场开发相关管理制度、财务管理制度、固定资产管理制度、公文档案管理制度、志愿者服务制度等，考核奖惩制度包括工作检查制度、工作人员奖励办法及过失责任追究办法等。

2. 抽调相关人员

（1）选定相关人员。当我们为赛事运作管理机构选择了适当的组织机构，设置了职能部门后，就需要为实现赛事既定目标、履行各部门职责，而组建、培训、使用、激励工作人员，这也是赛事运作的人力资源管理，赛事人员配备应根据赛事的性质与规模，根据机构编制计划、人员配置计划抽调相关人员，包括借调或委派人员、专职工作人员和志愿者等。

（2）业务学习与培训。根据赛事筹备工作的需要，这些人员分批到位并进行学习培训。首先是组委会管理层人员学习培训，组委会各处室的主任、组长构成了赛事筹备工作的管理层，而组织组委会管理层的培训，是提高赛事管理水平的主要措施。其次是赛事专项工作培训，体育赛事是由若干项工作组成的，如竞赛工作、接待工作、市场开发工作、场地器材工作、安全保卫工作、志愿者服务工作、医疗卫生工作等。针对某些专项工作进行培训，既是学习业务的过程，也是跨部门工作协调的过程，包括讲座培训、实际操作培训。最后进行工作人员培训，按照组委会的工作规范、按不同的时间与节点，快速提高工作人员的业务素质。

（3）制订赛事方案。通过组织业务学习，然后根据体育赛事的总体计划，由各办事机构指定的责任人，召集相关人员，制订赛事工作方案。工作方案指体育赛事各类工作行动的准则，是做好各项工作的纲领性、原则性、指导性文件。工作方案主要指各专项工作方案，如体育赛事竞赛工作的筹备方案、体育赛事综合保障方案、体育赛事市场开发方案、体育赛事宣传工作方案、体育赛事的接待方案、体育赛事主题活动方案、体育赛事风险防范方案、体育赛事的颁奖方案、财务预算方案和志愿者招聘方案等。赛事各方案经讨论修改后，报组委会审定批准。

3. 制订执行计划

按照赛事办事机构的设置和职能，根据人员的性格、专业等特点，定职定责，科学分工。按照工作分工，在体育赛事工作方案的基础上，制订可行的具有操作性的执行计划，内容包括"什么事""谁来做""什么时候做"等。

在制订赛事执行计划时，先列出工作清单，根据工作清单制定工作进度图（表）和工作流程表。工作进度图（表）是按照不同的工作类别和标准，明确规定该项工作的起止时间、完成该项工作的责任部门、协助完成该项工作的部门，将上述内容按照时间节点的排序，编制成一份重要管理文件。工作进度图（表）是用来对赛事工作的节奏进行控制的。工作流程表指按照时间先后顺序，根据同一时间之内，不同工作部门要实现的任务，编制的一份赛事表格。它用来规范各办事部门的行为。

4. 选定或租赁比赛场馆

体育场馆是社会体育赛事最重要的载体，没有体育场馆，赛事也就无法举办。大型综合运动会，根据赛事的需要，一般由政府或社会筹资，新建或修缮体育场馆；小型单项的社会性体育赛事，一般租借比赛场馆。因此，小型社会性体育赛事，在确定赛事的举（承）办权后的筹备阶段，选定或租赁体育场馆是头等大事，选定的比赛场馆设备要完备，场馆附近交通、食宿要方便，一旦与场馆所有者商定好，马上签订租赁合同。

5. 选定或制定竞赛规程

竞赛规程是体育赛事竞赛管理的纲领性文件，俗称"体育赛事的基本法"，是竞赛组织者与参与者都必须遵守的法规。综合性运动会的竞赛规程，包括竞赛规程总则（即总规程）和各单项竞赛规程。单项赛事则只需要制定单项竞赛规程。竞赛规程一般由竞赛管理组织机构制定，并征求相关单位的意见，修订后由举办单位公布并下发到各参赛单位。制定社会赛事竞赛规程，一般应包括赛事全称和简称、竞赛的日期与地点、竞赛项目、参加单位、运动员的参赛资格、参赛办法、竞赛安排、录取名次与奖励办法、报名与报到、未尽事宜和规则解释权。

竞赛规则是对竞赛工作的技术规范的约定，是对竞赛场地、器材条件的规定，是竞赛行为的规范和裁判执法的依据。竞技类体育项目有国际通行的竞赛规则，基层小型社会体育赛事既可以选用各项目通行的国际竞赛规则，也可根据竞赛的需要做适当调整，但必须在竞赛规程中予以说明。竞赛规程与竞赛规则，共同实现对竞赛工作全过程的控制。

6. 全面启动赛事筹备工作

社会体育赛事的各职能部门，按照举办单位的要求、赛事组委会的统一安排，全面启动筹备工作，确保任务落实到位。要通力合作，各尽其责，增强责任心、使命感、纪律性。在全面启动赛事筹备工作后，要善于利用体育赛事运作的管理机制，通过会议构建赛事的管理机制，通过制度构建赛制的运行机制，通过工作规范的实施构建赛事筹备工作的实施机制，通过培训提高赛事运作的效率机制。

（三）全面筹备阶段的主要任务

全面筹备阶段的主要任务是，按照社会体育赛事总体策划制订的工作方案，进行全面部署，统筹协调各项工作，使不同系统和工作环节之间，在以竞赛为主线的前提下实现对接和磨合。全面筹备阶段是赛事筹备的主要阶段，工作量最大，工作内容涉及方方面面，直接关系到赛事能否顺利举行。其主要任务如下。

1. 社会体育赛事竞赛工作的筹备

社会体育赛事竞赛筹备是赛事运作过程中，为组织比赛而进行的前期筹备。它是社会体育赛事筹备的基础与核心。竞赛筹备工作的最基本目标是建立公开、公平、公正的竞赛机制，为运动员提供展示运动技术水平的平台，促进运动技术水平的发展。

（1）运动员报名注册工作。

在社会体育赛事竞赛全面筹备阶段，根据竞赛规程，做好运动员报名注册工作。它是竞赛的基础工作，注册是赛事对运动员取得参赛权的认定和标志。国内体育政府部门组织的竞技类项目一般需要注册，基层社会赛事则按竞赛规程中对参赛资格的要求做好报名工作。

（2）编写竞赛秩序册。

竞赛秩序册是赛事组织工作的重要文件，是对竞赛项目进行整体编排，以保证竞赛秩序、实施竞赛计划的重要文件。社会性赛事秩序册主要包括比赛名称、竞赛日期与地点、主（承）办单位、竞赛规程与补充规定、组委会与办事机构名单、仲裁委员会与裁判员名单、参赛单位、运动员名单及号码、竞赛日程表、竞赛相关活动日程表、竞赛分组和竞赛场馆分布图等。

（3）选派技术代表和技术官员。

技术代表是主办单位派驻竞赛处负责竞赛业务的最高指导，全权处理竞赛工作的各种问题，并领导仲裁委员会。技术官员是竞赛的执法队伍与监督队伍，包括仲裁委员、裁判员和辅助裁判员。

2. 做好体育赛事综合保障工作

为了确保体育赛事顺利进行，必须构建完整的保障工作体系。体育赛事的综合保障工作是实现赛事目标的基础，应在按基础筹备阶段制订的各专项工作方案，根据条件的变化，进一步完善各项执行计划和工作流程。此时，各项保障工作已进入实质性启动阶段。

（1）场馆器材的保障工作。

场馆、设备与器材是实现竞赛管理必备的物质条件，场馆包括竞赛场地、训练场地和备用场地等。租借场馆必须符合竞赛规则所规定的标准。对器材进行准备，要求所有场地器材必须严格按组委会的配置要求，保证配发的竞赛器材必须在测试赛前 15 天全部到位，制订器材使用、保管和分配方案。

（2）食宿的保障工作。

根据比赛的规模大小，统计参与赛事各类相关群体需要食宿的人数，根据赛事举办地的宾馆与餐饮的实际情况，做好食宿的安排计划，并提前预订好。主要是确定需要提供宾馆的对象类别，结合各类接待对象的数量、规格、抵达体育赛事运作的阶段划分与主要任务时间来确定接待宾馆，依照接待对象对住宿时间、地点、赛事项目的需求分配接待宾馆；提供优质的餐饮服务，在全面了解餐饮对象饮食需求的基础上，选择餐饮供应商。同时要注意与负责医疗卫生的部门进行合作，确保餐饮卫生标准及认定餐饮供应商的卫生资质。

（3）财务保障工作。

财务工作是对赛事资金进行规划与控制的工作。制定财务管理制度，为赛事资金流通提供保障，并对各项财务进行适时监控、管理与规范。财务保障的主要工作是明确赛事的主要收入来源与支出项目，集合赛事实际情况制定预算编制，对组委会的固定资产实施管理。制定财务预算要坚持八项原则：一是总量控制原则，二是分级负责原则，三是专项列支原则，四是确保必需的原则，五是控制活动的原则，六是严格预算的原则，七是方便支出的原则，八是留有机动的原则。良好的财务控制是经过科学的财务预算，通过适当的管理，能够确保体育赛事的经费开支的。应规范财务手续，厉行节约，杜绝超支与违规支出。

（4）安全保卫工作。

安全保卫工作指对赛事的所有参与者，社会体育赛事的场馆、活动场所、驻地及其他赛事相关的场所，提供安全、交通管理和消防应急服务的。安全保卫工作既是赛事成功举办的根本保障，也是赛事成功的主要标志。其主要工作：一是完善在基础筹备阶段制订的赛事安全保卫工作的总体计划及方案；二是开展各项检查，在赛事筹备阶段，应把安全检查作为各项工作的重点，并贯穿于安全工作的全过程；三是证件的设计与制作，证件是赛事的各类注册人员及车辆通行比赛场馆的重要活动区域的有效凭证，也是对参加赛事工作人员与车辆进行管理的必要手段。

（5）医疗卫生保障工作。

社会体育赛事的医疗卫生保障工作，在赛事的运作管理过程中，以提供安全、卫生的赛事环境为目标，开展有关食品卫生监督、医疗救护、疾病控制、医疗保健等方面的服务。医疗卫生保健工作是体育赛事综合保障体系的重要组成部分之一，是赛事顺利举办的重要保证。在赛事筹备阶段，首先要完善在基础筹备阶段制订的医疗卫生保障工作的计划及方案，做好现场医疗急救设备与药品的准备，选择并确定符合要求的医院负责院内救治工作；在卫生监督方面，依据工作计划和方案开展卫生督查工作，并协调赛事接待部门，与负责向赛事提供餐饮、住宿服务的饭店、宾馆、食品饮料供应商签订卫生管理责任书，并对提供餐饮、住宿的服务人员进行卫生培训。对场馆、驻地的周围环境进行整治，清除卫生死角，保证环境的安全卫生。此外，要做好疾病的控制和突发事件的预案。

（6）体育赛事志愿者的招募。

志愿者指自愿贡献个人时间与精力，在不计物质报酬的前提下，为推动人类的发展、社会的进步而提供服务的人员。志愿者对于体育赛事的成功举办具有至关重要的作用。依照专业性与参与性原则，按志愿者招聘方案认真做好志愿者的招聘、选拔、培训、调配工作，为赛事提供高水平的志愿服务。

（7）供电、供水的保障工作。

社会体育赛事的供电、供水保障工作，是赛事运作管理机构组织和协调供电、供水单位，对比赛场馆、人员驻地、办公场所及赛事活动场所的供电、供水设备进行维护，保障赛事期间用电、用水安全及供电、供水的充足稳定，保证赛事顺利进行的工作。

（8）供气、供热的保障。

供气、供热的保障，主要指为赛事的场馆、接待宾馆等区域，提供燃气、暖气等的服务保障。在赛事筹备阶段，要积极组织供热供气安全的专项检查。对供热供气热源气源、管网和设备检修，对供热供气的重点部位、薄弱环节，认真检查维修，确保设备安全稳定运行。

（9）气象保障。

体育赛事的气象保障工作指通过对赛事举办地历史气象数据的分析，对赛事举办期间进行天气预测，向赛事主办单位建议合适的赛事日期，同时为竞赛和相关活动提供的气象服务。

3. 赛事的市场开发

社会体育赛事的市场开发是赛事运作机构立足于赛事所拥有的各种资源，通过市场交换行为，增加收入的过程，其开发的对象可能是为赛事带来直接收入的个人或群体。大型赛事市场开发的主要来源是商业赞助、门票收入、电视转播权的销售、特许经营、社会捐赠等，社会性体育赛事主要来源于商业赞助与会捐赠。

4. 赛事的宣传工作

体育赛事筹备阶段的宣传工作，指体育赛事运作管理机构通过宣传报道来为赛事集聚人气，增强赛事影响力，树立赛事品牌形象，在创造社会效益的同时，为赛事创造更好的经济效益，营造良好氛围的工作。主要目标是组织、管理、运用媒体，发挥媒体的作用，从而提升社会对赛事的关注度与参与度。

（四）试运行与整改阶段的任务

筹备阶段的后期为试运行与整改阶段，这一阶段有以下主要任务。

1. 赛事试运行

通过组织测试赛、模拟测试赛或比赛训练，可以检验比赛场馆、器材与设备是否正常运转，全面检验和调试组委会各个部门的各项工作，模拟赛时运行工作，提前发现问题，及时发现问题。赛事的赛事试运行分两类：一般大型比赛采用测试赛或模拟测试赛的方式，时间为正式比赛前1~2年；小型单项的体育赛事采用模拟测试赛或训练的方式，时间为正式比赛前7~30天。

2. 发现问题，及时整改

在试运行过程中发现比赛场馆、器材与设备以及其他工作环节中的问题，及时总结，有针对性地制定措施，切实抓好各项整改工作，同时强化责任追究，确保整改工作落到实处。

（五）赛事筹备阶段注意的问题

在社会体育赛事运作的全过程中，赛事筹备阶段是最长的，也是非常重要的。筹备阶段的工作质量，直接影响赛事是否举办成功。为了进一步提高筹备阶段的工作质量，在筹备阶段应注意以下事项。

一是工作人员相对集中。人员相对集中，有利于筹备工作提高工作效率，因为在此阶段，任务重且涉及面广，人员相对集中便于整体协调，明确分工。因此，办事机构的人员选调，要以赛事举办单位或所在地区的人员为主体，以便于集中，从而减少人力资源成本。

二是保持信息对称。体育赛事运作是一个起点与终点明确、临时性的项目过程，运动会的组织也是临时机构，相关人员都来自不同部门和单位，虽然个人工作能力较强，但往往相互不了解，对运动会工作也不熟悉，往往只从本处室工作职责出发，以方便本处室工作来筹备工作，很容易造成各部门的信息不对称现象，使赛事的筹备工作脱节。这时，除通过部门层面加强沟通与协调，另一个特别重要的工作机制就是每一部门委派一个工作协调能力强、表达能力好、办事认真负责的同志为联络员，在赛事组委会办事机构负责协调的综合处或责任人，不定期组织召开会议、布置相关工作、集中发布信息，收集各类工作信息反馈情况后，及时向本部门领导及相关人员转达相关精神，发布相关信息，督办相关工作，以保持信息对称。

三是要对赛事筹备工作中出现的各类问题及时决策。正是由于上述方面的原因，赛事筹备阶段才出现各种问题，如组委会内部机制问题，遇到问题及时商量对策，通过建立"决策层、管理层、执行层"不同层次的管理机制来解决。

三、社会体育赛事举办与收尾阶段的主要任务

筹备阶段的工作任务，就是为成功举办社会体育赛事做好一切准备。举办赛事指从运动员报到一直到全部比赛结束的阶段，是全面实现举办赛事目标的阶段，也是社会体育赛事筹备成果的集中体现。从第一个项目（或者正式的开幕式）开始进行，赛事正式进入举办阶段。

（一）赛事举办阶段的主要任务

1. 按赛事接待方案做好接待服务工作

社会体育赛事的接待服务工作是赛事举办阶段的重要工作之一，比赛的领导、嘉宾、运动员、裁判员抵达赛事举办地，标志着赛事进入举办阶段。各项接待服务工作开始进入实施阶段，按照赛事接待方案，各接待站、各自的工作方案进入工作状态。"满意看接待"，我们要重视接待工作，根据赛事接待方案，围绕运动员、教练员和各方来宾的食、宿、行，提供热情、周到、细致、优质的接待服务。并做好比赛证件和赛事相关的资料的发放工作。

2. 按赛事主题活动方案做好赛事主题活动

赛事主题活动，是赛事组织者组织的、或由赛事组织者批准组织的，与赛事相关联的体育、文化、经济以及会议等活动。社会体育赛事举办过程中，组织相关活动，可以提升赛事的规格，进一步发挥赛事的载体作用，提升赛事举办地的知名度、关注度与美誉度，也是赛事的重要组成部分。有的赛事主题活动在筹备

期已经启动，如赛事市场开发主题活动等，在赛事举办阶段应按体育赛事主题活动方案，做好各项主题活动，社会性体育赛事通常举行以下主题活动。

（1）裁判员学习会议。组织裁判人员学习规则的各项规定和补充规定，研究裁判工作方法，进一步统一判罚尺度，并组织裁判人员进行裁判实习。

（2）召开组织委员会全体会议。主要介绍赛事主办的主要活动，向全体委员、各代表团（队）提出要求与希望。

（3）裁判长、领队教练员联席会议。传达组委会关于竞赛方面的决议和规定，明确竞赛规程中的规定及补充规定，阐述竞赛日程安排、宣布运动队和运动员体育道德风尚奖的评选工作事宜，以及对运动队的管理、安全保卫等提出要求。

（4）简短的开闭幕式。体育赛事的开幕式和闭幕式，是体育赛事成功开始和圆满结束的标志性事件，这使得开幕式和闭幕式成为展示赛事运作水平和整体形象的最佳载体之一。大型比赛开闭幕程序比较复杂，并有大型团体操或文艺表演。小型的单项比赛比赛开闭幕式则相对比较简单，开幕式程序可由赛事组委会领导致欢迎词、赛事主办单位领导宣布开幕、运动员代表讲话组成，也可穿插一定的文艺表演或者其他庆典活动。

（5）与体育赛事有关联的小型文化活动，如展览、活动展示、健身与健康方面的知识讲座等。赛事举办期间的活动组织，要遵循的原则：围绕《竞赛总规程》规定和日程组织活动，遵循确保安全、活动简洁、庄重、规范的原则。组织这些非竞赛活动的目的，是提升赛事规格，进一步发挥赛事的载体作用，提升赛事举办地的知名度、关注度和美誉度。

3. 按竞赛规程和秩序册的安排组织比赛

组织比赛是整个竞赛工作的中心环节，也是社会体育赛事运作最核心的工作，比赛的参与者是运动员、教练员、裁判员、技术官员、随队官员和医务人员等。在赛事举办阶段，竞赛组织是按竞赛规程和秩序册的安排组织比赛的，具体工作包括点名、检录、比赛（预赛、复赛、决赛或小组赛、半决赛、决赛）。比赛开始后，竞赛组织部门首先要做好成绩的统计和公布工作，尤其要做好每日成绩公告，及时将赛事信息、成绩公告等通过组委会办公室发送给相关部门，以便相关人员及时掌握和报道。当比赛全部完成后，编制好各代表队的运动成绩手册。

4. 按体育赛事的保障方案做好各项保障工作

按保障方案，围绕赛事举办，按照赛事和活动的安排，竞赛组织部门提供综合保障服务。在场馆器材的保障工作方面，赛前全面检查落实场地器材等准备工作，保证比赛顺利进行；在安全保卫工作方面，坚持预防在前、发现在早、处置在小的原则，维护好赛事秩序，加强重点领域的防范工作，强化社会治安管控；在医疗工作方面，重点是现场医疗救护的组织实施、卫生监督、疾病控制、突发事件的处理（如食物中毒）等；在志愿者调配方面，按志愿者调配使用制度，做好岗位对接。此外，在其他保障工作方面，如通信、供电与供水、供气与供热等，要组建快速抢修队随时待命，同时注意气象变化，制定应变措施。

5. 按赛事颁奖方案做好颁奖工作

颁奖工作也是竞赛工作的重要组成部分，按颁奖方案做好赛事的颁奖工作，尤其是运动员的颁奖和运动队的体育道德风尚奖的颁奖工作，包括颁奖嘉宾的邀请、志愿者的安排等，应按颁奖程序与要求提前做好相应工作。

6. 做好比赛的风险防范

社会体育赛事风险指具有不确定事件发生的可能性，一旦发生，其后果会延误体育赛事或导致赛事损失、甚至失败的不确定事件。体育比赛中的风险管理，就是尽可能识别在比赛过程中潜在的可能对赛事产生负面影响的不确定事件，对它们可能产生的影响进行评估，根据筹备阶段制定的相应风险处理的方案或制定应急计划采取措施，使它的可能性降低或者使其负面影响降到最低。及时识别风险，科学决策，果断处置，主动防范与转移相结合，是赛事风险防范的最主要和最有效的措施。社会体育赛事举办阶段可能发生的风险主要在接待工作、竞赛组织、医疗卫生、开闭幕式组织、安全保卫等方面，此外还有食品安全卫生方面的食物中毒风险。

（二）赛事收尾阶段与主要任务

社会体育赛事收尾阶段指按总体工作方案完成全部竞赛组织和相关主题活动的组织工作后，对赛事进行评估总结，并完成赛事全部后续工作的阶段。这一阶段直至交出总结报告和审计（财务）报告，转移人员，撤销赛事组织机构为止。通常当赛事比赛全部结束，闭幕式举行完毕，标志着赛事进入了收尾阶段。这一阶段工作完成后，本次赛事即告全部结束。具体工作如下。

1. 回收器材与设备，做好赛事财务决算

（1）回收器材与设备。

体育赛事器材与设备等固定资产，主要包括办公用品、竞赛器材与设备、活

动设备，赛事结束后，所有登记在册的设备、器材、办公用品，应该尽快得到妥善处置。按照"谁发放，谁回收"的原则负责清点回收，回收的固定资产应妥善保管。发现固定资产损坏、遗失的，应当注明原因，报管理层批准并依财务程序办理销账手续。回收固定资产由使用部门提出处理意见，报管理层审批后调拨有关部门使用。赛事结束后，赛事运作管理机构各部门负责经管物资的人员，必须在统一规定的时间内办理分管财产物资交接手续。

（2）做好赛事财务决算。

在赛事收尾阶段，对应收付款项应及时清理结算，避免经济损失或纠纷。在做好财务结算的基础上，制定赛事运作管理期间的全面财务报告，以使赛事运作管理机构及赛事主办单位，了解整个赛事运作的收支及营利情况。要达到这个目标不可能只依靠最后几天的加班加点，应依赖赛事运作管理机构日常健全的财务制度，来保证财务报表的定期更新，这样才能在比赛结束后的最短时间里得出准确详尽的财务报告。

2. 做好赛事工作总结

对赛事运作管理工作进行全面评估总结，是体育赛事收尾阶段中最重要的工作之一。它既是对体育赛事运作管理各个方面工作的整体回顾，也是对取得的成绩的肯定、对经验的探讨以及对教训的剖析，其最终目的是促进运作机构的完善以及机构人员素质的提升，使以后赛事或者其他相似活动的组织工作更上一层楼。

社会体育赛事评估总结工作，通常采取的是自下而上的方式：首先由赛事运作管理机构所属的各职能部门，进行部门工作评估总结；再由各部门逐级上报汇总，进行多层面、全方位、立体式分析；最后形成赛事的整体总结报告。

3. 表彰与答谢

体育赛事在收尾阶段，应该有赛事组织者向体育赛事运作管理的外部机构及人员致谢，而对于赛事运作内部机构及人员也应表示感谢并给予表彰。这样做的意义在于：维系内部与外部利益相关者的良好关系，保持运作管理机构的良好形象，肯定内部工作人员的价值与成就，激励他们在将来的工作中更加努力。

致谢和表彰的方式多种多样，包括物质和精神方面，应该从赛事的规模、规格、预算，以及致谢与表彰的对象等多方面，进行权衡和考虑，加以选择创新。无论何种方式的表彰和致谢，都要想到预期的良好效果，即让被致谢和被表彰的对象感到自身有价值、被认可并受到了重视。

4. 赛事相关文件的归档

在赛事结束阶段，需对赛事整体运作的各类文件进行整理、归档。这里所说的需要归档的文件指在赛事筹备和举行全过程中形成的、具有保存利用价值的、各种文字、图表、账册、音像、电子文件和实物等不同形式的历史记录。

无论何等规模、何种类型的赛事，都应该对文件归档范围及要求做出明确规定，以便各工作部门及人员在收集、整理、移交文件时有章可循。

5. 向审批者提交赛事总结报告，财务审计报告

赛事结束后，及时对赛事进行总结评估，撰写赛事总结报告，编制财务报告，财务报告经审计部门审核后，连同总结报告一起报主办单位审批备案。小型比赛无须审计，但要做到账目公开，商业性赛事财务盈利，则涉及合伙人的分成。

6. 人员转移与赛事机构的撤销

（1）人员转移。

体育赛事的成功举办是工作人员辛勤工作的成果，赛事收尾阶段应妥善安排工作人员的转移任务，让工作人员愉快而来、满意而归。在工作人员转移前，要明确人员转移的时间、范围与方式，大型综合性运动会通常采取分期分批的方式进行转移，在收尾阶段各专项工作完成后，就可组织无关人员转移。抽调人员返回原单位，招聘人员则按合同到期自动解除雇用关系。小型比赛工作人员大多来自举办赛事单位，人员转移相对简单，如学校的比赛，工作人员都来自本单位；社区的比赛除专业裁判人员，其他工作人员基本从本社区抽调而来。在赛事收尾阶段，外调工作人员完成工作交后便可转移，本单位工作人员按要求完成后续工作后，回原岗位。无论大型还是小型赛事，一定要做好人员转移的保障工作，包括总结、表彰、欢送及奖金和补助的发放等。

（2）赛事机构的注销。

社会体育赛事的运作组织一般是临时的机构，在赛事收尾阶段，在对任务完成过程进行总结、对组织成员进行表彰、对不同类型工作人员的流向做出合理的安排之后，便开始注销赛事的组织机构。大型综合性赛事，要按照当时组委会组建程序做好相关注销工作，包括停止公章的使用、注销账户等，向公众宣布组委会正式解散，以作为本次赛事的终结。小型赛事的组织机构，在完成赛事全部工作后，直接宣布解散。

（三）赛事举办与收尾阶段的注意事项

1. 赛事举办阶段应注意的问题

社会体育赛事的组织者在筹备阶段做了大量工作，付出了艰辛的劳动，如果在举办阶段出现颠覆赛事的风险，不仅不能实现赛事目的，而且也会使组织者的工作前功尽弃。因此，在举办阶段要特别重视赛事风险的控制，严把食品安全关，谨防食品中毒；加强安全保卫，谨防安全事故；做好保障工作，确保比赛场馆的正常运转，并准备好赛事风险的应急预案。此外，要注意举办阶段易出现的问题，如赛事参与者的变化、工作环节的失误、工作条件的变化等，一旦出现风险，应采取相应措施。在赛事参与者由于伤病或其他原因不能参加比赛时，应按竞赛规程与规则作弃权处理；工作环节出现失误，能弥补的马上弥补，不能弥补的做好解释和说服工作；工作条件发生了变化，如室外场地突遇暴雨等，应根据当时天气预报，是否有可替代的室内场馆等因素综合决策。

2. 赛事收尾阶段应注意的问题

严格财务收支管理，谨防财务超支。一旦财务超支，政府与企事业单位举（承）办的赛事，超出费用由单位主体承担；个人或合伙人举（承）办的赛事，超出费用由个人承担或合伙人分担。赛事应收款未收回，则由专人负责追款，债务方拒不付款时，则要诉诸法律程序。注重表彰的公平性、答谢的全面性与及时性。表彰公平，才能起到激励作用；答谢全面及时，让被致谢和被表彰对象感到自身有价值、被认可、受到了重视，这样才能真正做到赛事圆满。

社会体育赛事从选择到收尾阶段，赛事运作的主体通过行使管理职能，对赛事投入的人力、物力、财力和信息技术等进行合理使用和分配，有效地创造出竞赛产品和相关服务，从而达到举办赛事的目标。其中赛事选择阶段特别重要，因为选择是赛事运作的起点，正确的选择将是赛事运作成功的关键。赛事各运作阶段高水准的工作质量是赛事成功的保障，在社会体育赛事运作中，只有注重赛事的质量管理，抓好赛事细节的落实，提高工作人员的执行力，才能促使赛事取得成功。

第三节　社会体育赛事的物流管理

社会体育赛事物流指为了举办各种赛事所消耗的物品从供应地到接收地的实

体流动过程，以及根据实际需求提供的延伸服务。从工作内容看，社会体育赛事的物流规划与管理，主要涉及物资的运输、装卸、搬运、存储以及具体的配送等诸多环节，并根据需求方的要求提供各种延伸、增值服务。物流涉及整个大型体育赛事的物资供应与保障。因此，是否有一个完善的物流系统，是赛事成功举办的关键因素。

社会体育赛事物流的组织与管理的工作内容及其复杂程度，与赛事的规模（持续的时间长度和涉及的空间范围）及性质（单项还是综合）有关。小规模的赛事涉及的物流量小，工作环节与程序比较简单。大型体育赛事（尤其是像奥运会与世界杯这样的特大型赛事）的物流工作，则要复杂得多。

在现代信息社会，大型综合体育赛事的信息传播也是赛事的重要组成部分，赛事信息传播包含赛事信息、资料、图像、数据、视频、声音等各种形式的传播，这是大型综合体育赛事物流体系中值得我们重视的部分，构建大型综合体育赛事的物流体系应包括这两个方面的内容。

一、社会体育赛事物流的基本特征

社会体育赛事物流的组织与管理，有以下三个方面的基本特征。

（一）空间上的相对集中性

空间方面除了相对集中，由于不同的体育项目对比赛条件的要求不同，导致赛事物流服务的空间性比较强。

（二）时间上的集中性与时序性

对于大型体育赛事来说，物流不仅指赛会物资、装备、器械的运输传送，还指在赛事筹备、赛事举行、赛事结束后的整个赛事过程中，为保证赛事安全、稳定进行的一切相关的物流活动。虽然体育赛事举办的时间并不长，但物流服务的过程却远远不止体育赛事举办期间，而是贯穿赛事举办前后一个漫长的过程。

大型体育赛事物流从时间的角度来进行区分，可分为赛前、赛中以及赛后三种物流形式。赛前的物流管理主要是针对大型体育赛事比赛所需设施和设备的管理。这些设施设备，可以按照所有权的性质，分为购买类和租借类设备。购买类设备可以通过"交钥匙工程"由施工方负责安装、测试，最后由举办方负责验收，所以不需要考虑物流的组织和管理工作。租用类设备可由租方负责使用前的物流组织和赛后归还的物流组织工作。从工作重点来看，对于这些购买和租用的设施与设备，重点不是物流的管理，而是赛事举办过程中的日常生活用品和消耗品的供应、运输及存储。这一阶段物流管理的核心是供应链系统。供应链系统的功能是，根据比赛日程表和比赛项目所需物料清单表，对比赛项目按日程进行分解，得到每日比赛所需的配送清单，配送清单通过供应链管理系统送交各个大型体育赛事供应商或生产商。赛后物流主要是对赛事举办后的各种物资、设施等进行妥善的处理。

（三）不确定性

体育比赛，（尤其是那些竞技性强的竞赛活动）其结果具有不确定性。这会给赛事的物流活动带来不确定性。除此之外，体育赛事所涉及的诸多因素（如交通、居住、休闲与饮食等）均很难在赛前进行预测。实际上，赛事进行过程中能够预测的物品，通常只会占到总需求的60%。因此，这需要在物流服务中建立快速应急机制，及时提供应及物流服务。

二、社会体育赛事物流服务模式

（一）自我服务模式

这种服务模式需要赛事组织举办方自己提供相关的人力、物力与财力，成本相对较高。而且，赛后还容易导致大量的物流服务设施长时间闲置，造成资源浪费。从目前的实际情况来看，大型体育赛事一般较少采用这种模式，而一些小型体育赛事则比较适合这种模式。

（二）供应商提供物流服务模式

与第一种模式相比，这类服务模式在资源消耗与使用效率上有了很大提高，同时服务的可靠性和服务质量方面都较有保障，在资源配置方面也有一定的优越性。但是如同第一种模式之于赛事举办方一样，这对于供应商来说也需要耗费大量的物力与财力来构建自己的物流服务中心，这会给一些中小型企业带来巨大的压力。

（三）第三方物流服务模式

在社会体育赛事举办过程中，物流并不是赛事的主要方面。考虑到物流组织管理还需要投入大量的人力、财力以及物力，因此，现在赛事承办方开始越来越多地把物流外包出去。由此便有了第三方物流商业运作模式，第三方物流提供体育赛事中所有的物流服务业务，以确保赛事正常地进行下去。这是一种完全社会化的物流服务模式。提供物流服务的主体是一些拥有自己的专业物流服务设备和管理技术的专业物流服务企业。这一模式大大提高了物流服务设施和资源的利用率。目前，这种优质的第三方物流企业数量很少，运作也缺乏正规性，还普遍存在地方保护主义，资源不能自由流动。

（四）第四方物流服务模式

这是一种最新的社会化、集成化和信息化的赛事物流服务模式。简单地讲，这种模式集成了前三种模式的运营内容与程序，为体育赛事提供系统设计、采购、运输、配送、控制、客服以及信息等全方位的集成化体育赛事物流服务，从而实现体育赛事物流服务成本的降低和对体育赛事过程的有效控制。这种模式的物流服务企业需要有强大的资源实力、整合资源的能力以及服务链的管理能力，是未来发展的一个趋势。

三、大型社会体育赛事物流的供应链管理

企业供应链管理（supply chain management，SCM）是企业在满足客户服务水平的情况下，为了使整个供应链的成本达到最小，而采取的把制造商、供应商、物流配送服务商以及渠道商等各方进行有效的组织，进行产品的生产、运输以及销售的管理方法的总称。供应链是企业赖以生存的商业循环系统。统计数据表明，企业供应链可以耗费企业高达 25% 的运营成本。SCM 能为企业带来以下益处。

①增加预测的准确性。②减少库存，提高发货供货能力。③减少工作流程周期，提高生产率，降低供应链成本。④减少总体采购成本，缩短生产周期，加快市场响应速度。

供应链管理是大型社会体育赛事物流管理的重要内容，目的是通过对涉及大型社会体育赛事比赛的供应链各个环节内部和各个环节之间的信息流、物流和资金流的管理，最大限度地满足体育赛事的需求。

越来越多的企业开始利用网络和信息技术实现 SCM，将企业的上下游企业进行整合，以中心制造厂商为核心，将产业上游原材料和零配件供应商、产业下游经销商、物流运输商及产品服务商，以及往来银行结合为一体，构成一个面向最终顾客的完整电子集成化商务供应网链。

大型社会体育赛事对物资的需求量大而且很分散，变数多，供货周期短（反应时间较短）。实践表明，由于大型社会体育赛事的高潜在需求不确定性，大型体育赛事供应链有以下特点。

①供应链的平均预测误差较大，误差可达 40%~100%。②供应链的平均商品脱销率较高，脱销率可达 10%~40%。③供应链的商品边际效益较高。④供应链在

赛后因商品过期被迫造成的损失较高。

因此，大型社会体育赛事供应链应该是高反应能力型的供应链。反应能力强也意味着赛事供应链成本高。从生产角度来看，生产能力强则意味着反应能力强。因此，从战略角度出发，必须大力提高供应链的生产能力。降低大型社会体育赛事供应链成本的途径有多种，其中一种途径就是在大型体育赛事供应链上实行有效的库存控制。

大型社会体育赛事供应链管理系统应包括以下主要模块：比赛项目计划管理模块、比赛物料需求计划模块、采购管理模块、供应商/生产商管理模块、库存管理、物流配送管理模块。其中，比赛项目计划管理模块和比赛物料需求计划模块是核心模块。

"ERP（enterprise besource planning）"是企业资源计划（或规划）的简称，是由美国著名管理咨询公司高德纳公司（Gartner Group Inc）于 1990 年提出来的一种供应链管理思想。ERP 是建立在信息技术基础上，以系统化的管理思想，为企业决策层及员工提供决策运行手段的管理平台。大型社会体育赛事可以借鉴现代企业的 ERP 管理思想来设计规划供应链的功能模块。在 ERP 中，生产计划和物料需求计划是核心模块，对于大型社会体育赛事供应链管理也是如此。这两个功能模块决定着整个大型社会体育赛事供应链物流管理的准确性与合理性。

第四节　社会体育赛事流程管理的主要策略

社会体育赛事的运作与管理是一个有明确起始点的活动。作为阶段性的特殊事件，社会体育赛事运作管理受苛刻的时间资源约束。赛事的成功运营要求工作人员与管理人员必须在规定的时间内，有效完成不同阶段、不同性质与不同要求的任务，并确保各项工作之间的前后衔接。

赛事要在特定的时间与空间范围内完成。而且，社会体育赛事还是一个时间和空间动力（dynamic）过程，不同时段之间和不同功能区域之间有紧密的内在联系。某个时间点或某一个工作环节的小变化，都有可能导致赛事发生一系列的关键性变化。因此，赛事组织运营的策略工具，也可分为时间类和空间（mapping）类两部分。

一、赛事日程表

这是最简单也是最常用的赛事时间管理工具，一般用于活动项目少且历时较短的小型社会体育赛事，也适用于一些大型社会体育赛事的分项目（或活动）。常见的操作方法是编制以倒计时的形式制定"工作进度安排表"。

二、甘特表

甘特表也称甘特图，或甘特进度表，以发明者美国企业管理学家亨瑞·甘特（Henry Gantt）的名字而命名，常用于策划和编排工作。甘特表是一种线条图：横轴表示时间，纵轴表示要安排的活动。线条表示在整个期间各项活动完成的时间起始点和所需时间的长度。甘特表比较容易对任务计划与实际进展情况进行对比分析。

符合逻辑顺序是甘特表的最基本要求。在这个图表中，有时项目活动安排或工作要素是有严格的时序性，有时这些活动或要素之间会有部分甚至全部时间上的重叠。这些重叠（部分或全部）的活动通常要求不是在同一地点进行。

甘特表的制作基本程序如下。步骤一：将赛事的整体组织运营工作分解为方便管理任务或活动项目。步骤二：为每个任务或项目计划时间。步骤三：依据执行优先程度对任务或项目进行排列，以确定任务或项目的时序性。依据这个指标的活动程序安排的一个最基本的要求是合理的逻辑顺序（logical sequence）。步骤四：绘制网格（grids）。首先，绘制方框，横轴自左至右表示时间顺序，纵轴自上而下表示活动或项目的优先程度顺序（由大到小）。其次，设定合适的时间单位，可以以分钟、小时、天等为单位，每一个单位设置一列。最后，为每一项分解后的活动或项目设置一行。步骤五：完成图表。按照自左上到右下的顺序为每个项目活动或项目任务计划时间。需要强调的是，在这个图表中通常需要标示出一个或多个"标志事件（milestone）"。对于社会体育赛事来说，其中最为重要的"事件"是赛事的开幕式与闭幕式。标示这些事件的主要目的在于，使赛事管理人员对赛事的运营情况有一个重要的参考点，围绕重要节点及时灵活地调整各项活动的时间。

甘特表的最大优点在于，能够非常直观地规划和管理体育赛事的活动或项目。不足之处则在于，这些活动的重要性是平等的。

三、关键路径图

关键路径图这项技术是在甘特表的基础上经过改进形成的。相比甘特表，这一工具有以下三个方面的进步。①注重分析任务或项目之间以及各部门人员之间的关系或关联性。②所有拟计划完成的活动或项目，用严格的历时顺序安排。每一项任务的用时是在事件结束时间点"回推"的基础上设定的。这使得先后活动之间在时间上严格"咬合"，因此可以图示出最短的必要时间，以保证在有限的时间范围内完成计划的任务。③这一工具可以避免高成本的损失。

关键路径图以箭头连接任务或项目。这表示如果上一个工作没有完成，则沿着这个路径图的余下工作或任务，则均会受到影响或必须改变。因此，关键路径图是甘特表网络化的一个表现。"关键路径"意即完成某一项目所需的各项活动或任务最短的可能时间序列。

关键路径图的绘制程序如下。步骤一：识别完成某一项目的所有关键性活动或任务，并分析这一活动完成后希望达到的终极状态。步骤二：设定并对各目标或任务进行优先排列。步骤三：绘制时间路线并标示出关键日期。步骤四：创立关键路径。在这个路径图中，应清楚地看出，这些工作或活动是以什么顺序排列的，以及所有的关键性任务是如何以最短的路径联系的。

第五章 社会体育赛事的人力资源管理

第一节 社会体育赛事人力资源的人才类型与组织结构

一、社会体育赛事人力资源的人才类型

（一）雇用者

雇用者包括稀缺型人才（或称高级技术人才）、核心人才（或称高级管理人才）、辅助人才（通常是指专业工作人员）、通用人才（是指具体操作人员）。

（1）稀缺型人才：是指那些在某些领域里具有专长的专业技术人才。社会体育赛事组织中的稀缺性人才，多指那些在体育赛事及相关服务领域里的相对缺乏的高科技专业技术人才，例如，在体育赛事领域里的信息技术、计算机软件开发、通信技术、兴奋剂检测技术、体育法律、财务等方面的稀缺型人才，具有专业突出、技术层面要求较高的特点。

（2）核心人才：是指具有领导能力的组织型人才。社会体育赛事组织中的核心人才，多指具有控制和管理体育赛事及相关附属领域的人才，例如，体育赛事管理层面中不同层面的领导者、场馆管理者、项目管理者、各个体育赛事相关部门的负责人，具有素质全面、能力突出的特点。

（3）辅助人才：是指能够协助组织领导者完成工作的相关专业人才。社会体育赛事的辅助人才是指协助体育赛事管理者完成赛事所要达到的目标的专业工作人员，例如体育赛事管理运作过程中的信息通信技术、兴奋剂检测等方面的专业工作人员，各代表团和各项目以及各个比赛场馆的翻译与接治人员等，具有专业性强、操作技能明显的特点。

（4）通用人才：是指知晓不同层面、不同领域知识，但缺乏专业深度的人才。体育赛事的通用人才多指能够在体育赛事及相关服务领域进行较为一般性工作的具体操作人员，例如体育赛事管理运作过程中不同部门的具体办事人员、场馆具体工作人员等，具有相融度高、可调配性强的特点。

（二）志愿者

志愿者包括技术型志愿者和服务型志愿者两大类。

（1）技术型志愿者：是指在体育赛事相关部门参与技术工作服务的志愿者。例如比赛技术数据统计、比赛宣告、翻译、场馆联络员、场馆设施维护人员、官员联络员、随队联络员、媒体协调员等。

（2）服务型志愿者：是指在体育赛事及其相关服务领域参与服务工作的志愿者。包括体育赛事官员、贵宾、运动员的接待人员，颁奖司仪、升旗手、场馆引导员、场馆服务人员、专门为残疾人服务的志愿者等。

二、社会体育赛事人力资源的组织结构

社会体育赛事的管理思想在一定程度上会决定赛事的组织结构，同时，一个适宜的结构有助于管理思想的贯彻，也有助于体育赛事组织目标的实现。人力资源的组织结构是指在组织内关于职务及权力关系的一套形式化系统，它阐明了各项工作如何分配、谁向谁负责及内部协调的机制。

根据体育赛事的性质，可以将体育赛事人力资源管理的组织结构分为一次性的组织结构和连续性的组织结构，也可以划分为职能型体育赛事组织结构、项目型体育赛事组织结构和矩阵型体育赛事组织结构三种类型。

（一）职能型体育赛事组织结构

职能型体育赛事组织结构对于连续性的体育赛事较为适用，因为各工作部门的设置是按赛事专业职能和管理业务划分的。它的特点是分工较为固定并且比较明确，有利于长期管理。例如各种洲际或国家的联赛，多采取此种组织结构。

（二）项目型体育赛事组织结构

项目型体育赛事组织结构在一次性的体育赛事中较为多见。每个工作部门只有唯一的一个上级领导或上级部门，上级领导部门在其所管辖的范围内对直接下级具有直接的指挥权，下级部门必须绝对服从。

（三）矩阵型体育赛事组织结构

矩阵型组织结构适用于一次性的体育赛事和连续性的体育赛事，其特点是既有集中管理又有分散管理；既能够横向管理，又能够纵向管理。在这种组织结构中，工作部门可分为两大类：一类按照纵向设置，可以按照管理职能设立工作部门，实行专业化分工对所管理的业务负责；另一类按照横向设置，可以按照规划目标进行划分，建立对规划目标总体负责的工作部门。横向与纵向的结合管理形成矩阵结构。

第二节　社会体育赛事人力资源管理的运行机制与实施

一、社会体育赛事人力资源管理的运行机制

运行机制是指事物各要素之间彼此依存、有机结合和自动调节所形成的内在关联和运行方式。社会体育赛事人力资源管理的运行机制，主要通过牵引机制、激励机制、约束监督机制、竞争与淘汰机制来实现。

（一）牵引机制

牵引机制是指通过明确体育赛事组织对工作人员的期望和要求，使工作人员能够正确地选择自身的行为，将工作人员的努力和贡献纳入到帮助体育赛事组织完成其目标、提升其核心能力的轨道中来的机制。牵引机制的关键，在于向工作人员清晰地表达体育赛事组织和工作人员的行为和绩效期望。体育赛事的牵引机制主要依靠以下方式来实现。

（1）体育赛事组织的文化与价值观体系的建立。

（2）体育赛事组织职位说明书与任职资格标准。

（3）体育赛事组织培训开发体系。

（二）激励机制

激励机制是根据现代组织行为学理论，激励员工去做某件事的意愿，这种意愿以满足员工的个人需要为条件。激励的核心在于对员工的内在需求的把握与满足。社会体育赛事人力资源的激励机制是社会体育赛事人力资源管理的核心，在工作中通过对社会体育赛事工作人员和志愿者的激励，使他们增强自信，更好地

投入到工作当中。因此，激励机制主要依靠以下方式来实现。

（1）薪酬体系设计。

（2）对志愿者工作认可程度体系的建立。

（3）职业生涯管理与升迁异动制度的设计。

（4）分权与授权系统的设立。

（三）约束监督机制

所谓约束监督机制，其本质是对体育赛事工作人员的行为进行限定，使其符合体育赛事组织发展要求的一种行为控制。它使得工作人员的行为始终在预定的轨道上运行。约束监督机制主要依靠以下方式来实现。

（1）规章制度的监督约束。

（2）以任职资格体系为核心的职业化行为评价体系的设立。

（四）竞争与淘汰机制

社会体育赛事组织不仅要有牵引机制和激励机制，来不断推动工作人员提升自己的能力，而且必须有竞争淘汰机制，将不适合体育赛事组织成长和发展需要的工作人员释放于组织之外，同时将外部的压力传递到组织之中，从而实现对体育赛事组织中人力资源的激活，防止人力资本的沉淀或缩水。竞争淘汰机制主要依靠以下制度来实现。

（1）竞聘上岗制度与末位淘汰制度。

（2）人才退出制度（内部创业制度、轮岗制度、待岗制度、内部人才市场、提前退休计划、自愿离职计划、学习深造计划）。

二、社会体育赛事人力资源管理的实施

社会体育赛事作为一次性的项目活动，有着明显的时效性，赛事的人力资源管理有着十分具体的要求，因此，社会体育赛事人力资源管理计划的制订与实施，就显得尤为重要。社会体育赛事人力资源计划的实施，一般要经过招聘、培训、遴选、使用、储备和评价六个过程。

（一）赛事人力资源的招聘

人力资源的招聘对于赛事本身是十分重要的，力争通过人员的招聘达到管理活动的科学化，使人员更适合赛事本身的需要，最终达到合理的配置。体育赛事

人力资源的招聘是一个收集、分析、处理来自各方求职者信息的过程。信息的丰富和准确与否，直接影响招聘录用工作的成效。

1.赛事人力资源招募流程

社会体育赛事人力资源招募、录用的程序，是一套整体的运行方案。只有将每个步骤进行科学实施，才能保证体育赛事组织的人员调配合理化、专业化、系统化。

2.赛事人力资源招聘的人员分类

（1）赛事的雇用人员招聘。在小型体育组织中，环境审核或工作分析可能是由项目负责人、经理或中层经理进行的，招聘渠道的数目一般来说也会比较少。而在大型体育组织中，环境审核和工作分析一般来说是比较正式和全面的，招聘渠道比较正式，范围也比较大。社会体育赛事管理者和人力资源专业管理部门，可以运用一系列的方法从组织内部和外部招聘潜在的应聘者。社会体育赛事组织采用何种招聘方式，取决于所要招聘的职位特征、所能调动的招聘资源，以及工作的时间限制等因素。例如，通过拜访体育管理专业的毕业班方式（学院／大学校园）进行招聘对于寻找初级职员是非常有用的，但是对于招聘高级管理人才或是专业人才来说可能就不太恰当了；在主流报纸上刊登招聘广告是招聘高级管理人才的好办法，但同时也会花费不菲；在体育专业报刊中刊登广告的费用相对比较低廉，但是它的浏览量可能相对狭窄。现在较为广泛使用的是通过网站招聘体育赛事管理专业人才，这种招聘方式既节省开支，又能引起多方人士的关注。显然，招聘的形式与渠道具有一定的广泛性，招聘的方式与方法具有灵活性和多样性。

（2）赛事志愿者的招募。对于社会体育赛事志愿者的招聘与雇用人员的招聘也是有区别的。国际上每项大型赛事都需要数目可观的志愿者，参与赛事的整个过程。大型赛事都需要有周密的志愿者招募和培训管理计划。在招聘和选择志愿者过程中，要判断在哪里可以找到合适的申请人，以及如何把申请人吸引到体育赛事的组织中来，这是一个双向的过程。赛事本身想要满足其对人力资源的需要，同时潜在的申请人也在考虑自身能否满足工作的需要，是否愿意申请该职位以及能否在该组织中实现个人价值。

制订出社会体育赛事竞赛项目志愿服务人力资源开发和管理规划后，在开展志愿者的招募之前，需要准备各竞赛项目（如田径、体操、游泳、篮球、足球、射击等）志愿服务岗位的工作描述。书面的工作描述能够将适合的志愿者安排在合适的位置上，也可作为一个有效的招募说明材料，同时，它还是选择、培训和评价志愿者的标准之一。

3. 体育赛事人力资源的招聘程序

无论是雇用人员的招聘，还是志愿者的招聘，其基本程序都包括确定招聘规模、发布招聘信息、招聘测试和征选录用决策四个步骤。

（1）确定招聘规模：体育赛事的规模直接决定赛事人力资源招聘的人数。明确在赛事举办过程中哪些岗位需要多少人员，根据确定的人数合理地制定招聘工作预算。

（2）发布招聘信息：就是向可能应聘体育赛事管理及服务的人群传递所要举行赛事将要招聘的信息。发布信息的原则：面广、及时、多层次。

（3）招聘测试：运用笔试、面试、技能专长测试、心理测试、情景模拟测试等方式，对体育赛事应聘人员进行考核筛选。

（4）征选录用决策：经过粗筛、面谈、测试等程序，要做出是否录用的决定。这个阶段要对应聘者进行综合分析和评价，根据应聘者自身情况特点确定人员的配置。

（二）赛事人力资源的培训

社会体育赛事人力资源的培训，包括对雇用人员的培训和对志愿者的培训。社会体育赛事人力资源培训对于雇用人员和志愿者都是十分必要的。培训是为了获得从事某项体育赛事工作所必需的专业技能或工作技能。社会体育赛事人力资源的培训，可分为计划阶段、实施阶段、评估阶段。

社会体育赛事人力资源管理部门规划和控制培训之前，必须确认组织当前的培训需要。培训可能在三个层次上进行：组织层次、工作层次以及雇用员工的个体层次。在组织层次上，新战略、市场或者技术类型都可能要求员工学习新的和不同的技能；在工作层面上，如果一项具体的工作发生了改变，那么员工也必须接受培训来获得恰当的工作技能；在聘用员工的个体层面上，管理者和员工可能都需要某种具体的技能，以使他们能够胜任本职工作或者在职业生涯阶梯上不断进步。尽管技术性是个体所需要的培训内容之一，但是雇用人员同时也需要接受诸如冲突管理、建立人际关系以及管理技能等方面的培训。

动作技能、技术技能以及人际关系技能也要培训。尽管在培训中最受关注的技术性技能对于低层次的员工来说是非常普遍的，但是对于体育赛事的高级管理者也同样需要某些类型的技术性技能。人际关系技巧是非常重要的，因为在社会体育赛事组织中，多数人都在某类型的小组或工作单位中进行工作，成功常常是团队合作的产物。许多雇用人员掌握了良好的人际关系技巧，其他雇用员工也可以通过培训来掌握人际关系方面的技巧。

社会体育赛事管理雇用人员的培训方式，有集中式培训和岗位制培训。当今赛事管理方面的人员培训大多采取集中式培训，这可以节省很多时间和人力资源。岗位制培训是通过原存的员工或从事过体育赛事管理的人员，在相应的岗位工作中进行的实际操作的练习培训。

社会体育赛事志愿者的培训基本上包括基本培训、专业强化培训和针对服务岗位的专门培训。基本培训是所有体育赛事志愿者都要进行的培训。在培训之初，志愿者们已对自己所在组织和组织的发展目标等基本情况，有了一个大致的了解。这些基本情况可以通过发放培训手册和利用一些可视媒介（如电视、图书、报纸、期刊等）、广播，以及网络这一多媒体，刊载或播放有关体育赛事的资料、国际体育组织的概况、志愿服务，以及当地的历史文化、交通、旅游情况等内容，激发志愿者的奉献和团结协作精神，并帮助志愿者尽快且轻松地适应新组织。这其实就是志愿者的定位过程，基本培训可与定位相结合并同时展开。针对在培训手册中不能详尽阐述的内容和出于对一些可视媒体缺乏互动性的考虑，也可以组织大型集中性讲座和进行实地考察等。

专业强化培训主要针对服务各竞赛项目的志愿者进行。在这一阶段，通过讲座、小组讨论、自学等方法，在培训基地或其他地方开展培训，使各竞赛项目志愿者了解所服务竞赛项目的发展历程、现状及其相关知识，避免出现该领域的服务人员对服务对象一无所知的现象。

服务岗位的专门培训主要是根据竞赛项目不同，工作岗位所负的职责不同，要求志愿者熟练掌握本服务领域的交通和环境状况，以及本工作岗位的工作程序、内容和注意事项等的培训。这一阶段的培训强调实践性，培训方法多采用模拟、案例分析和角色扮演等形式，来加强志愿者对服务领域的了解，熟悉服务内容，以便更好地完成自己承担的任务。

社会体育赛事志愿者培训计划通常包括基础教育和专门部门培训，志愿者还要增加包括礼仪、语言、计算机等多方面的服务技能的培训。培训课中要增加一些实景模拟练习，并且要帮助培训人员树立信心，使其掌握紧急情况下帮助观众及参赛者解决问题的能力。对于雇用的专门性人员，应当给予他们体育相关背景知识的介绍，使之熟悉体育赛事的操作理念。

志愿者还要接受行为守则和职业道德教育的培训。例如规定从穿上志愿者服装起，便不准在公众面前吃东西、嚼口香糖、吸烟、喝酒，不准随意坐在观众的座位上，不得要求与运动员合影，不准使用粗俗的语言，不准开不适当的玩笑，不准为比赛的输赢打赌，收受小礼物要向上级报告，不得收受贵重的礼品，在岗位上不得打私人电话，不得做个人交易，与残疾人讲话要俯身而听，不要去注视对方的残疾之处，而是特别要关注他们的困难和要求，帮助前要先礼貌地征得对方的同意，以避免伤害对方自理、自立的自尊心等。

（三）赛事人力资源的遴选

社会体育赛事人力资源的遴选，是在人力资源培训后进行的人员选拔录用活动。它采用多种形式的考核，将优秀的人力资源吸收到赛事的管理中来。遴选的意义在于将面试通过后的这段时间的培训记录到考核范围中，这可以更为科学地检验即将被录用的人员是否能够胜任赛事管理的工作，之所以认为更加科学是因为在培训过程中所有的人员都对体育赛事及其相关知识了解后，可以进行更为客观的考核，挑选出最为适合的体育赛事人选。遴选的方式：答卷式遴选、现场测试遴选、在岗实习遴选、心理测试遴选等。

（四）赛事人力资源的使用

在社会体育赛事人力资源培训后的遴选中，赛事组织管理人员将被聘用的人员，根据各自的特点，安排到赛事管理的各个部门进行工作，每一位新上岗的人员要随各自部门的工作要求，调整自己的工作重点。

（五）赛事人力资源的储备

根据社会体育赛事组织管理的特殊性，在赛事申办、筹备、开始及结束的各个阶段，需要的人员是不同的，因此，赛事组织部门应尽可能地从招募的人员名单中选出与之相关的专业后备人才，以准备下一阶段的工作安排。另外，在体育赛事运作过程中，要考虑到重要岗位人员的流失情况。为了能够在人员流失后不至于对体育赛事本身产生很大的负面影响，组织部门要在招募的申请人当中保留一定比例的人员，作为人力资源的后期储备，以防止人员流失所带来的损失。

社会体育赛事的人力资源招聘、培训、遴选和使用，是社会体育赛事组织能否正常运行的重要环节，科学合理地使用相关专业人才，可以使每名工作人员的专长得到充分的发挥，为赛事运作提供良好的人力资源。

第三节　社会体育赛事人力资源管理的评估

一、社会体育赛事人力资源的考核

社会体育赛事人力资源的考核，是对雇用人员和志愿者的一种激励机制。通过对赛事管理和服务人员的综合考核，他们对各自的工作表现有一个清楚的认识，并且还可以通过考核，形成淘汰机制。为员工分配工作之后，赛事组织的管理层就要评估各员工的绩效。绩效考核显示了员工个人和他所在的团队，对体育赛事组织的整体目标的贡献程度。更为明确的是，绩效考核通过指导员工晋升、薪资水平及奖励分配等方面的决策而提高了组织的工作效率和工作效果。同时，绩效考核也能够发现那些在体育赛事组织中达不到工作标准的员工，对于这些员工可以通过解雇、处罚或者提供培训等方式，来矫正他们低效的工作。简言之，绩效考核是社会体育赛事组织奖惩体系的关键指标。绩效考核也为员工提供反馈，帮助他们做出职业生涯的相关决策。绩效考核能够产生的第三种好处是，辨识体育赛事组织所需要的培训的类型。最后，绩效考核能够辅助管理者，修正最初的雇用过程中使用的标准。

二、社会体育赛事人力资源的评价

社会体育赛事的人力资源评价可以分为：对赛事雇用人员的评价和对赛事志愿者的评价。

（1）对赛事雇用人员的评价：通过对体育赛事雇用者进行评价所得到的结果不仅可以为招聘、选拔雇用者提供可靠而有价值的依据，而且可以为雇用者今后的培训发展提供参考。

（2）对赛事志愿者的评价：分为诊断性评价、形成性评价和总结性评价三类。诊断性评价也就是选择的过程，即在招募和选择过程中，对志愿者的基本了解、评定和筛选，例如对志愿者个人历史背景和犯罪记录的审查就是诊断性评价。形成性评价在志愿者的培训过程中进行，是对志愿者的日常性评估，肯定他们取得的进步，找出各方面存在的不足，以期尽快改正，同时也是激励和保持志愿者的有效手段。总结性评价可看作是对志愿者完成志愿服务后的评价，也可在达到某一阶段性目标后对志愿者进行评价，例如在培训结束后、测验赛后等。将各阶段性目标的总结性评价，放在整个志愿者的学习培训和服务过程中来对待，它又可被认为是形成性评价了。

三、社会体育赛事人力资源的奖惩

人是体育赛事管理中的重要资源，将员工的绩效同体育赛事的效益直接挂钩，无疑能够起到激励员工为体育赛事所要达到的目标奋斗的作用。对于体育赛事人力资源的奖励，可以分为物质奖励、精神激励两种。奖励的作用如下。

（1）有效激励。物质奖励可以增加体育赛事管理员工的收入，体现体育赛事组织对员工工作结果的认可，因而能够有效刺激员工的积极性。

（2）提高效率。由于物质奖励更多的体现的是员工工作的结果对体育赛事组织的贡献，因而物质奖励是一种针对结果的考核方式。合理的物质奖励计划和精神激励机制的建立，能够促使员工注重工作效率，改善绩效水平。

（3）稳定人才。物质奖励和精神激励计划的实行，可以使体育赛事组织中一些能力卓著、表现不俗的员工在获得物质奖励的同时，还能感受到体育赛事组织对他的认可以及个人的成就感，使其对体育赛事组织更加忠诚，从而稳定组织人才，激励体育赛事组织人才的进步。

社会体育赛事人力资源的惩罚是通过对体育赛事组织的内部考核，对员工和志愿者进行多方面的评估，对于达不到工作标准的员工，可以通过解雇、处罚或者提供培训等方式来矫正他们低效的工作，在员工和志愿者中间形成一种激励和竞争的机制。通过对达不到体育赛事工作要求的员工和志愿者的惩罚，可以使他们及时发现自己的不足，并加以改正。对社会体育赛事人力资源的惩罚，从某种意义来说也是在激励体育赛事人才的进步。

社会体育赛事人力资源管理的中心目的是为体育赛事组织提供高效和高满意度的员工。人力资源管理在体育赛事组织中扮演着极其重要的角色，体育赛事组织如果缺乏人力资源管理工作的信息，将给其他的工作带来很多的不便，如果体育赛事组织力图成为高效率的组织，那么就必须认识到人力资源管理工作的重要性。

第六章　社会体育赛事的市场营销管理

第一节　社会体育赛事市场营销概述

"营销"译自英文"marketing"，是从"market"（市场）一词发展而来的。市场营销活动由来已久，但作为一项具有高级管理职能的现代企业经营活动和指导思想，仅有十几年的历史。而且，越来越多的非营利性组织也开始进行市场营销活动，以提高自身的知名度、影响力以及完善发展理念。随着市场经济越来越复杂化、市场分工越来越细和市场竞争日益激烈，市场营销的内涵、运作方式等都在经历着深刻的变化。

一、体育赛事营销管理的定义

（一）体育赛事营销

科特勒等人将市场营销定义为：个体与组织通过创造以及与他人交换产品和价值来实现他们自身需求的一种社会管理过程。识别消费者的需求是市场销售人员的重要工作之一，所有的营销战略都必须基于对消费者需求的认识。

体育市场营销是指体育组织通过为广大观众提供高质量的竞赛表演服务，为媒体、企业、学校和其他组织提供满意的竞赛产品，使赞助商获得良好的宣传沟通效果及经济利益。简而言之，就是指为满足体育消费者的需求而进行的各种活动的交换过程。体育市场营销主要包括两个方面：①向消费者直接提供体育产品和服务；②以体育为媒介间接地向消费者宣传其他产品的质量和功效。目前我国对体育赛事营销暂时还没有统一的定义，综合各种体育营销的概念与内容，可以将体育赛事营销定义为：个体与组织通过创造和与他人交换体育赛事产品以及赛事无形资产和价值，满足企业和消费者需求的一种交换过程。

（二）体育赛事营销管理

营销管理是在市场行为中，以营利为目标，把组织、人员、培训、绩效、考评、薪资等众多要素综合起来制订销售方案，并促使其优化实施的行为。营销管理的实质是需求管理，其目标是对需求的水平、时机和性质进行有效的调解。

体育赛事营销管理是指为了实现体育赛事组织的任务与目标，建立和保持与目标市场之间的互利交换关系，而对相关营销项目进行分析、规划、实施和控制的行为。在体育赛事营销管理实践中，赛事运营方通常需要预先设定一个预期的市场需求水平。然而，实际的市场需求水平可能与预期的市场需求水平并不一致。这就需要体育赛事营销管理者针对不同的需求情况，采取不同的营销管理对策，有效地满足消费者与赞助商的需求，确保体育赛事运营目标的实现。

二、社会体育赛事营销的内容

从社会体育赛事的特点和市场营销的基本理论来看，社会体育赛事营销是一种服务营销，主要包括三大要素。

一是赛事组织者提供赛事产品，即赛事产品的供给或来源。赛事产品的供给主要分为两类：第一类是有形产品的供给，如赛事纪念品提供等；第二类是无形产品的提供，如竞赛表演服务的提供等。

二是消费者对体育赛事的需求，主要是观众、赞助商和媒体的需求。消费者对赛事的需求是实现体育赛事成功营销的重要因素，市场的需求越大，赛事营销的成功率越高。

三是供给和需求之间的协调。这方面主要是指赛事营销的实施过程，包括吸引观众、寻找赞助商、吸引媒体等。

三、社会体育赛事营销管理的需求

社会体育赛事营销管理的实质是需求管理，其任务是通过调节各种需求的水平、时机和性质，更好地促进社会体育赛事组织目标的实现。在社会体育赛事营销管理中，赛事运营方应考虑到的需求是多方面的，一般来说包括观众的需求、政府的需求、赞助商的需求以及中介和经纪公司的需求。

社会体育赛事的观众包括直接前往现场观看比赛的观众，以及通过电视、互联网等方式间接观看比赛的观众。社会体育赛事观众的需求是体育赛事营销管理过程中必须予以关注和考虑的，无论是现场观众还是间接观众都是该体育赛事的顾客。

社会体育赛事的主办方接受政府的资金支持及监督，意味着主办方必须重视政府对赛事的需求。各级政府部门对体育赛事的监控通常是不以体育赛事的意志为转移的，对体育赛事予以资金支持的各级政府部门通常也是相对固定的。在体育赛事营销管理中，政府的支持也是体育赛事主办方最强有力的支持之一，其需求是不容忽视的。

赞助商是指可能对体育赛事进行资金赞助、实物赞助或以其他方式进行赞助的机构。它们为体育赛事的运营提供资金与物资。赞助商的需求是复杂多样的，对体育赛事赞助金额的差异也很大。体育赛事主办方应该针对体育赛事运营的需求，做出选择满足那些赞助商需求的战略决定。

赛事中介、经纪公司常见于商业性赛事中。它们是商业性赛事成功举办的重要媒介，会在赛事主办方、场馆所有方、赞助商甚至是举办地政府等多方之间，起到沟通与联络的纽带作用，是赛事商业性运营中不可忽视的力量。

第二节　社会体育赛事的目标市场

目标市场选择的准确与否直接影响体育赛事的市场定位，选择正确的目标市场有利于赛事活动最大限度地实现目标市场营销策略，满足市场需求。因此，赛事的组织者应在市场细分的基础上，结合自身的特点与资源条件确定目标市场，明确具体服务对象，并实施相应的目标市场策略。

一、社会体育赛事的市场细分

消费者的需求总是千差万别的，没有一个体育赛事能满足市场上（或行业中）所有的消费者需求，只能满足其中一部分需求。在产业分工越来越细、市场竞争也越来越激烈的环境下，也没有任何一家企业或组织，可以面对某一地区或某一行业的整体市场开展营销活动，而是必须实行明确的市场差异化战略。因此，市场细分过程对于体育赛事来说，是一个十分关键和重要的前提与基础工作。市场细分是指营销组织在市场调研与分析研究的基础上，依据一系列指标将整体市场分为若干个在特质上具有相对一致性的分市场，并选择一个或几个作为自己营销对象的过程。

这一过程为体育赛事举办组织的产品或服务的专业化与定制化提供了条件，以帮助定位市场并实行非常有针对性的营销活动。在市场营销实践领域，有一个经验数据：某一企业或组织 80% 的产品或服务通常是被 20% 的市场消费的，因此称为"八二定律"。其中，这 20% 的市场也习惯上称为"忠诚"市场。

（一）体育赛事的市场细分指标

1. 地理变量

这类变量包括自然环境、人文地理环境、空间距离与位置等。

2. 人口统计变量

这类变量包括年龄、性别、教育、职业、收入水平、家庭结构、民族构成等。表6-1基于典型职业，对发达国家节事活动参与者进行了社会经济等级划分，对体育节事的市场细分有一定的参考价值。

表6-1　基于职业的发达国家节事活动参与者社会经济等级❶

组别	社会经济团体	典型的职业	可能参加的节事活动	所占人口比例/%
A	中上阶层	高级管理者或高级别行政人员，职业：律师、医生、牙医、行业主管、高级公务员、高级军官、教授	募集歌剧演出、传统音乐节等活动	3
B	中等阶层	中级管理者和中级行政人员，职业：大学讲师、药剂师、中层经理、记者、建筑师	购买便宜座位票的节事活动、饮食节、历史节日、艺术和工艺节、社区节日	15
C	中下阶层	主管、职员、基层管理者、基层行政人员、店员、销售代表、护士、教师、店铺管理者	大多数流行的演出活动、体育活动、社区节日	24
D	技术工人	有技术的蓝领工人：建筑工人、装配工、码头工人、警察、巡警、个体户	汽车节、体育活动、社区节日	28
E	工人	半技术工人和无技术工人、体力施工人员、工厂工人、清洁工、货运司机	体育节日、宗教节日	17
F	接受社会保障的人群	生活水平最低、领取补助金、从事临时工或业余工作	几乎没有，偶尔参加免费的社区活动	13

❶ 李颖川. 体育赛事经营管理 [M]. 北京：人民体育出版社, 2008.

3. 心理变量

这类变量中最为重要的是赛事的参与动机。另外，消费者的个性心理特征与性格等，也是经常用到的心理细分指标。

4. 行为变量

这类指标主要包括体育赛事的参与程度、参与时机、参与频次以及品牌忠诚度等。

5. 社会文化变量

体育亚文化会对体育赛事的消费选择偏好产生重要影响。体育亚文化是这类细分指标中最为重要的一种，是指体育社会文化环境内由特定的社会群体所创造、信奉和推行的特有体育消费价值观或对某些体育品牌、体育赛事活动和体育活动的共同身份认同感。体育亚文化的形成是一个演进过程，是个体将特定的体育活动与其个人的态度、信仰和价值观相互渗透的一种社会化的过程。在体育亚文化中，个体在群体中对自我进行描述，或者通过对群体的参照来描述别人。

（二）社会体育赛事的市场细分过程

1. 选定市场范围

这一过程即确定社会体育赛事产品或服务的范围，基本原则是根据产品或服务的内容来确定基本的服务对象（市场），即市场定位。在此基础上，还有可能包括根据潜在市场的消费水平确定是高端市场还是大众市场，以及客源市场的所处空间范围是以国内为主还是以国际为主等。为选定活动市场营销产品的市场范围，组织者必须明确活动本身的优势和劣势，根据自身的资源条件在产品线的宽度、顾客类型、地理范围等方面做出决策。

2. 了解潜在顾客的需求

在选定市场范围的前提下，赛事组织者严格按照市场细分的标准，估算潜在顾客的需求或利益诉求。活动组织者还需要在分析潜在顾客需求的基础上，对不同类型而具有鲜明特征的潜在顾客进行调研，以了解他们较为迫切的需求，加以归类并选出几个作为市场细分的标准。

3.排除潜在顾客的共同需求

针对粗略划分的市场，其共同需求固然重要，但是不能作为设计市场细分的基础，因而可以排除这些共同需求，选择具有鲜明特征的需求作为市场细分的标准。

4.划分不同的子市场

根据潜在顾客基本需求上的差异，可将其划分为不同的群体或子市场，并赋予每一个子市场一定的名称。

5.分析各细分市场需求与购买行为特点

进一步分析各细分市场需求与购买行为特点，并分析其原因，以便在此基础上决定是否可以对这些细分出来的市场进行合并，或做进一步细分。

二、社会体育赛事的目标市场定位

所谓市场定位，是指企业根据目标市场上同类产品的竞争状况，针对顾客对该产品某些特征或属性的重视程度，为本企业产品塑造强有力的、与众不同的鲜明个性，并将其生动形象地传递给顾客以赢得顾客的认同。对于体育赛事这样的特殊产品，市场定位就是使潜在参与者能正确认识，并理解本活动有别于其他活动的特征，并在心目中形成独一无二的位置。因此，体育赛事目标市场定位的本质就是挖掘自身竞争优势、选择竞争优势并展示竞争优势，以达到将自己与竞争对手区别开来的目标。

社会体育赛事组织举办方在进行目标市场的定位时，通常需要回答五个方面的基本问题：

（1）市场的规模，也即目标市场的数量是否可以满足利润目标。

（2）目标市场的空间特征，包括市场所在的地点位置（或空间距离）和所分布的空间范围及其分布特征。这一特点会直接关系是否有利于或适合产品和服务的流通，也会影响产品或服务的流通以及市场（客户）的管理。

（3）市场的需求与利益诉求。这是最为根本的问题，也即赛事所提供的产品与服务是否是符合目标市场的需要和需求，包括给消费者（市场）带来的有形和无形利益。

（4）目标市场与赛事形象的契合问题。赛事组织者要在目标市场消费者的心目中为活动创造一定的特色与个性特征，赋予活动一定的鲜明形象，以便消费者和社会公众识别。总之，目标市场要与活动的形象定位相一致，否则将不能对目标市场构成吸引力。

（5）目标市场需符合组织者的目标。赛事组织者选择目标市场，必须具备开发该市场所需的人力、财力、物力等资源条件，同时还必须符合活动的最终发展目标。只有选择那些有条件进入、能够充分发挥自身资源优势的市场作为目标市场，活动才能增强竞争力，从而获得最佳效益。

三、目标市场的消费决策过程

社会体育赛事组织举办方要对选定的目标市场进行研究与评估，首先必须了解市场的消费决策过程。一般来说，这一过程会遵循以下五个步骤。

（一）市场需要的识别

从根本上讲，这一环节是消费者研究的逻辑起点。社会体育赛事的参与也是基于人类的需求。这些需求应是各类具体动机产生的原动力。人类有两种最为基本的需要：补偿匮缺和自我实现。人类所有的动机及行为，无非都是为了满足其中之一，或同时满足这两个最为基本的需要。

（二）市场的动机与利益诉求

动机的形成来源于需要。赛事活动参与者通常有五类基本的（或类属性）动机。

（1）社会化（socialization）

这个过程是指社会互动（social interaction）。一些个体参与体育赛事的动机在于，想通过与其他赛事参与者的外部互动，来达到提升社会关系的目的。

（2）展演（performance）

体育赛事能给观众提供机会，以享受体育运动带来的美感、技能，以及心理上的快感。在体育赛事市场中，有相当一部分人是为了观看和欣赏赛事活动参与者的展演，旨在获得一种美学的身体方面的愉悦。

（3）兴奋或刺激（excitement or thrills）

体育竞技运动结果的不确定性和现场人员相关活动创造出来的"壮观景象"（spectacle），能给观众带来一种强烈的刺激与兴奋。获得这种心理感受与体验，是体育赛事参与者最为重要的一种动机。

（4）自尊（esteem）

体育竞赛活动是对参与者的一种挑战。同时，对某一项运动技能的掌握也可以让人产生成就感，提升个体与集体的自尊心和自我价值实现感。

（5）消费或对现实生活的逃避（diversion or escape）

参与观看社会体育赛事，可以让人们暂时逃避日常生活的压力或枯燥感，而获得一种身体与精神上的放松。

上述这五类社会体育赛事的参与动机可以简称为 SPEED，从另一个侧面体现了体育赛事消费者的期望（expectation）。依据消费者行为学理论，体育赛事消费者的期望是营销沟通（marketing communication）与消费者个人的先前赛事（同一或类似）相关体验、口碑效应（word-of-mouth recommendation）以及赛事本身的品牌或形象（brand or image）综合作用的结果。从"需要"到"动机"再到"期望"是一个连续的心理过程。社会体育赛事的市场营销人员，必须清楚了解潜在消费者的这个过程，以便影响他们的决策，并最终提供让他们满意的产品或服务。

动机在一定程度上反映了消费者的利益诉求（或期望）。体育赛事消费者的利益诉求由外到内可分为三个层次，如图 6-1 所示。首先是基本利益（essential service）。从供给角度看，这是指任何节事活动组织举办者必须提供的最为基本的产品或服务。这些产品或服务的缺失或不足会导致消费者的不适（uncomfortable）或不满意。其次是一般（或类属）利益（generic benefit）。这是指体育赛事的不同类型或风格（style）给消费者带来的利益。最后是目标利益（targeted benefit），指体育赛事组织举办者，给目标市场所提供的独特的体验机会。这种机会可以通过使赛事及相关活动的与众不同和提供高出同类或竞争对手质量的产品或服务来实现。前者可通过节事活动的主题设计来完成。

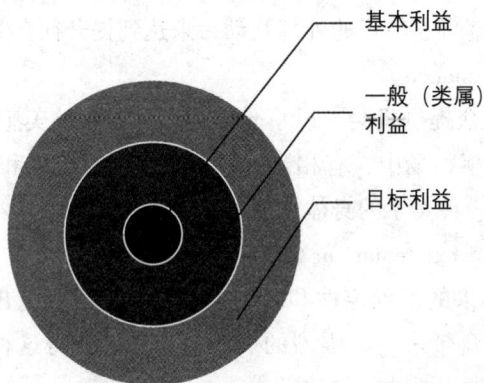

基本利益

一般（类属）
利益

目标利益

图 6-1　社会体育赛事消费者利益诉求层次结构

（三）信息收集

当今社会已步入高度信息化的时代。社会体育赛事消费者可通过各类传媒或信息渠道广泛收集信息。了解目标市场的信息收集方式与特点，是体育赛事营销人员的一项至关重要的工作。

这项工作的完成质量不仅关系到营销活动的成本，也可直接影响营销沟通的效果。概括地说，消费者的信息来源可分为四种：一是人际来源，指通过家庭成员、朋友、邻居或同事等所获得的信息；二是商业来源，指消费者从旅行社、旅游交易会等处获得的信息；三是公共来源，即从大众传播媒体获得的信息；四是个人经验来源，即从自己以前参加过同一或类似的体育赛事活动获得的经验。在这四种渠道中，一方面，消费者最多的信息来源是商业来源，也就是赛事营销人员可以控制的来源；另一方面，最有效的信息来源是个人来源。

（四）谈判与协商

在市场经济背景下，消费者的需要或利益，可以通过不同的产品或服务得到满足。在这样一个"信息爆炸"的时代，消费者可以很轻易地接收到这些具有竞争性和可替代性的产品或服务的信息。因此，消费者必须对这些信息进行"甄别"与分析评估，然后再做出取舍。这是一个基于消费者的体验、社会文化背景、期望利益，以及个性心理特征等的自我谈判或协商过程。对于体育赛事消费者来说，不仅要在不同赛事之间进行选择，还需在体育赛事与其他休闲娱乐活动之间进行协商，以选取最能满足自己利益的活动来参与。

消费行为学认为，消费者进行决策时，总是会面对各种阻碍因素的制约作用。体育赛事的参与者同样也会受到这些因素的影响。这些作用因素有来自消费者个人方面（需求）的因素（如收入、受教育程度、时间、社会关系等），也包括体育赛事本身（供给）的因素（举办地点、赛事举办地的可进入性等），还包括文化（如文化信仰和价值生活方式等）、社会（社会阶层、家庭与生活与社会交往圈子）等环境因素。

（五）决策

这一步骤可以看成是前述四个步骤的结果（outcome）或产出（output）。从构成内容上看，产出包括心理和行为两个部分。心理方面的结果即态度。心理学研究表明，个体的态度也是由认知、情感和行动这三个层次的评估性反应（evaluative response）构成。具体到体育赛事的消费，认知维度的态度指个体基于知识性的信念对某一体育赛事是否能够满足需求和提供期望的利益而值得参与进行评判。情感维度的态度则是指个体对社会体育赛事及其相关活动等客体，在感情（feeling）、情绪（emotion）和心境（mood）等方面的反应与评价。行动维度的态度实际是一种行为意向（behavioral intention），是个体决定参与或不参与某一体育赛事或其中的某些活动项目的一种"准备状态（readiness）"。态度的这三个维度具有线性结构，由认知到情感再到行动，对最终行为结果的影响越来越大，越来越直接。

行为方面的结果也即可以观察到的个体针对某一客体的行为反应，依据时间顺序包括购买（或不购买）行为、后购买阶段的活动以及后体验阶段的行为等。这些结果为市场营销策略组合的实施提供了直接的信息。

与产出过程与结果相对应的是"投入（input）"。从内容上看，"投入"信息来自消费者内在心理（psychological）因素、个人（personal）因素和外部环境（environmental）因素。内在心理因素指前述的需要、动机、感知、记忆期望及利益诉求等。个人因素则包括性别、体形、生命周期、种族、生活方式、个人先前的相关体验以及个性心理特征等。外部环境因素则包括赛事组织举办方针对市场的营销活动和赛事消费者自身，以及所处的自然、经济与社会文化背景（或环境）因素。体育赛事消费者决策过程如图 6-2 所示。

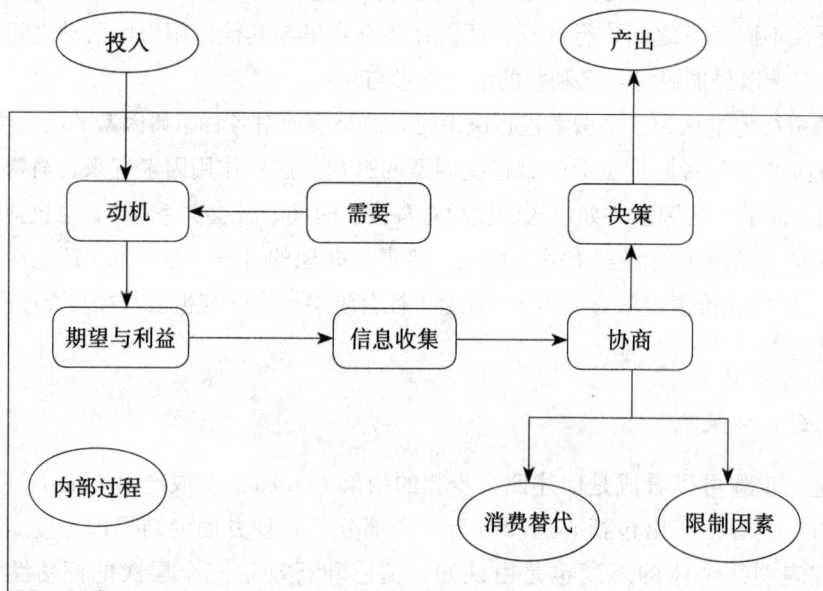

图 6-2　体育赛事消费者决策过程示意

第三节　社会体育赛事的营销管理过程

社会体育赛事的市场营销管理过程，指为了实现体育赛事运营的目的和满足消费者需求所进行的市场营销的选择、计划、组织、控制的过程。它不仅需要赛事市场营销人员努力工作，也离不开赛事运营各部门的共同努力。

一、社会体育赛事市场营销管理的步骤

社会体育赛事市场营销管理，分为四个主要的步骤：分析市场机会、确定目标市场、设计市场营销组合和管理市场营销活动。

（一）分析市场机会

寻找和分析、评价社会体育赛事的市场机会，是市场营销管理人员的主要任务，也是市场营销管理过程的首要步骤。随着市场的不断变化，每一项体育赛事都会有其特殊的生命周期，体育赛事营销人员必须经常寻找、发现新的市场机会。

发现市场机会的方法是多样的，最基本的方法是通过阅读报纸、参加展销会、研究竞争者的产品、召开献计献策会、调查研究消费者的需要等途径，来寻找、发现或识别未满足的消费者需要的信息，并从相关信息中发掘新的体育赛事市场机会。其次，还可以通过分析产品/市场发展矩阵来寻找、发现市场机会，如图6-3所示。例如，某体育赛事的营销人员可以考虑是否采取一些措施，在现有市场上增强该体育赛事的赞助力度（市场渗透）；或者考虑采取一些措施，扩大该体育赛事赞助的涉及范围（市场开发）；还可以考虑是否有其他与体育赛事相关的资源，吸引更多的赞助支持（产品开发）；甚至可以考虑是否将赛事投入其他相关行业，进行多元化的经营。这是企业寻找、发现市场机会的一个有效的方法。

	现有产品	新产品
现有市场	1 市场渗透	3 产品开发
新市场	2 市场开发	4 多元化经营

图6-3　产品/市场发展矩阵

进行市场细分，也是发掘社会体育赛事市场机会的有效方法之一。例如，山东举办第十一届全运会时，充分发挥其农业大省的特色，利用全运会参赛人员众

多、大量媒体关注、涉及区域广泛的特点，将整个全运会市场需求进行细分，组织有针对性的推广。芒光蔬菜、得益牛奶、好当家海洋食品等产品，分别成为全运会的赞助企业或供应商，不仅满足了全运会的举办需求，同时也贴近了不同类型企业的营销策略。

市场机会评价是分析社会体育赛事市场机会的最后步骤。不是每个市场机会都适合赛事的运营与组织，营销人员要善于对所发现的市场机会加以评价。评价市场机会，不仅要看这种市场机会是否与该赛事举办的任务与目标相一致，还要看该赛事是否具备利用这一市场机会的条件，或者该赛事组织方是否在利用这种市场机会上比其潜在的竞争者有更大的优势，能享有更大的"差别优势"。此外，还要进一步评估对体育赛事运营有吸引力的市场机会，进一步研究该市场机会的消费者、消费者的购买力，分析竞争对手。

（二）确定目标市场

在分析社会体育赛事市场机会之后，体育赛事运营方需要根据一定的变量或依据对市场进行细分。此后，还要决定选择哪些子市场作为体育赛事赞助的目标市场。这是市场营销管理的第二个主要步骤。

在选择社会体育赛事目标市场之前，需要依表 6-2 中的内容对细分市场进行评估，判断其市场潜力、市场结构的吸引力及商业优势是否符合要求。首先，赛事组织方应收集分析有关数据，研究目前市场的销售额、年增长率和期望利润。一般来说，体育赛事的组织方会对有较大规模及具有发展潜力的子市场较为有兴趣，特别是一些大型体育赛事的组织方，更注重销售量大、增长率高、利润率高的子市场。一些小型体育赛事可能会根据自己的特色发掘某些专业化的市场，选择一些小的，不特别有吸引力，但对公司来讲更有利可图的子市场。

在满足了社会体育赛事成功营销所需的外部条件后，还应结合社会体育赛事运营方的内部条件，对市场机会进行分析。若子市场与社会体育赛事的组织目标相偏离就要坚决抛弃。这样的子市场本身可能具有很强的吸引力，但是它会分散赛事组织的注意力与资源，使社会体育赛事的组织偏离目标。

表6-2 评估细分市场的主要项目及内容

项目	内容
市场潜力	当前销售价值 预计销售增长率 预期的利润

项目	内 容
结构吸引力	竞争者 替代产品 购买者讨价还价的能力 供应商讨价还价的能力
商业优势	长远发展目标：环境、政治及社会责任 市场能力：市场占有率、市场增长率、产品独特性、良好的声誉 生产能力：低成本优势、技术优势 赛事资源优势：营销技术、管理优势、向前或向后一体化、人力资源优势、 资金实力

（三）设计市场营销组合

市场营销组合是企业市场营销战略的一个重要组成部分。它包括两个不同而又互相关联的部分：目标市场和市场营销组合。所谓市场营销战略是指企业根据可能的机会，选择一个目标市场，并试图为目标市场提供一个有吸引力的市场营销组合。市场营销组合中所包含的可控制的变量很多，可以概括为四个基本变量，即产品（product）、价格（price）、地点（place）和促销（promotion）。

市场营销组合中的产品，是为了目标市场而开发的有形物质产品与各种相关服务的统一体，产品的关键是要符合顾客的需要。体育赛事运营方，必须设计和生产适应目标市场需要有形或无形产品，供消费者购买。

市场营销组合中的价格，代表顾客购买商品时的价格。产品的定价必须考虑到目标市场的竞争状况、法律或政策、顾客的承受能力，同时也要考虑折扣、让价、支付的期限、信用条件等相关因素。价格应对目标市场有吸引力，如果价格得不到顾客的认可，市场营销组合的所有努力都必然是徒劳的。

市场营销组合中的地点，指产品从进入目标市场到到达消费者手中所经过的途径。大量的市场销售只能在市场销售渠道中完成。在销售渠道领域中，需要考虑产品在什么地点、什么时候，由谁提供销售。有些产品的销售渠道相当复杂，也有些产品的销售渠道十分简单。体育赛事运营方，应善于拓展赛事产品的销售渠道，扩大销售范围。

市场营销组合中的促销，是体育赛事运营方在市场和社会上广泛宣传产品的优点，促进其销售的活动，包括广告、人员推销、营业推广和公共关系等。体育赛事运营方应把合适的产品，在适当的地点，按照适当的价格出售的信息，通过促销活动传递给消费者，说服目标顾客来购买。

（四）管理市场营销活动

社会体育赛事市场营销管理过程的第四个主要步骤，是管理市场营销活动，即市场营销的计划、组织、执行和控制。这是整个市场营销管理过程中的一个带有关键性的极其重要的步骤。如果体育赛事没有周密的市场营销计划，营销工作就失去了方向和目标。市场营销计划制订后，还要靠有效的组织系统去执行和实施，否则就成了"纸上谈兵"。正如彼得·杜拉克所说的那样：计划等于零，除非将它转化成工作。因此，制订市场营销计划仅仅是市场营销管理工作的开始。企业制订市场营销计划之后，还要花很大力气去执行和控制市场营销计划，对体育赛事的市场营销活动进行管理。

案例：第六届全国城市运动会资源开发的市场细分与市场定位❶

与以往历届综合性体育赛事相比，第六届全国城市运动会所面临的社会环境和时代特征已经产生了深刻变化。随着市场经济体制的日臻完善和人们对体育产业认识的加深，充分开发和利用六城会的无形资产，调动社会各方力量，吸引企业赞助城市运动会，需要对资源开发所面对的市场进行准确的细分，在此基础上确定出目标市场。这样才能有的放矢地开展各项工作，准确地确定资源开发的目标，推进资源开发各项工作的进行。

一、全面分析评估六城会资源开发所处的环境、存在的机遇与挑战

（一）六城会面临的机遇

（1）这是 2008 年北京奥运会前的全国大型综合性运动会，本届城运会不仅是对我国体育队伍的一次大练兵、大检阅，同时也是为备战 2008 年北京奥运会的适龄选手提供展示和锻炼的舞台。许多被人们所熟知的体育巨星，都是通过城运赛场这个平台，一步步迈向奥运冠军领奖台的。

（2）这是武汉市乃至湖北省有史以来承办的规模最大、规格最高、影响最广的一次体育盛会。各级政府部门将给予高度的关注和大力的支持，举全市之力办好六城会。区别于以往各届城运会由省政府承办的惯例，这是第一次由省会城市独立承办的城运会。因此本届城运会，在政府支持的力度上、在赛事的筹备组织上拥有了更多的自主选择权。

（3）武汉是我国唯一一个连续培养出六届奥运会冠军的城市，是名副其实的

---

❶ 陈林祥. 体育市场营销[M].2 版. 北京：人民体育出版社，2010：154-159.

冠军摇篮。以办好六城会为契机,培养一批能在国际大赛上斩获桂冠的武汉籍选手,也是我们的目标之一,这必将吸引更多本土企业参与进来,挖掘出青少年体育中的潜在的财富。

(4)借助国家中部崛起战略的机遇和武汉城市圈的发展战略,武汉正成为我国中部地区发展的一个战略支点,成为我国经济快速增长的地区之一,吸引着越来越多的企业进入武汉。届时,武汉市将借六城会之良机,依托独特的区位优势,辐射和带动周边地区实现跨越式发展,将六城会的综合效益发挥至最佳。

(二)六城会面临的挑战

(1)与奥运会和全运会相比,城运会的品牌价值不高,受到的关注度有限,市场认知度有限,能给赞助企业的回报有限,赞助效益的可持续性较低。由于举办地不断变化及知识产权不断变更,缺乏持续增值的功能,价值得不到应有体现。这种相对短期的赞助行为,不利于城运会市场开发的长远发展。而且,目前城运会的推介主要在举办地,还没有形成报纸、电视、广播、网络等立体推介的态势,品牌认知度较低。

(2)六城会的举办时间,距离2008年北京奥运会仅有不到一年的时间,当前国内外奥运经济持续升温,北京奥运会能给予企业的赞助回报十分优厚,赞助行为的延伸效益更广,企业更愿意投资赞助奥运会。

(3)2007年是武汉的节事活动年,"四城同创"活动、第三届世界植物园大会、华创会、女足世界杯、六城会、八艺节等活动陆续在武汉举办,招商引资和宣传推广活动层出不穷,在一定程度上也对六城会的市场开发造成了冲击。

(4)六城会首次由省会城市独立承办。相对于以往历届城运会举全省之力举办,六城会的筹备、组织工作主要依靠武汉市委、市政府开展,影响力和辐射力有所减弱,所能提供给企业的回报也有一定程度的削减。由于城运会品牌价值多体现在举办地,因此,城市独立承办也在一定程度上对市场开发造成了影响。

因此,在对六城会进行资源开发时,对六城会赞助市场应有一个准确的定位,那就是立足于武汉市乃至湖北省市场,深入挖掘武汉体育产业资源优势,同时注意突显城市体育盛会的独特意义与资源平台,全方位开展营销活动。

二、准确把握近年来我国综合性赛事企业赞助动态

通过对九运会、十运会和五城会主要赞助企业进行调研分析,我们认为,在我国大型综合性运动会市场开发过程中,企业的赞助意向、赞助行为受到行业、规模、所有制形式、地域特色等因素的影响。

(一)赞助企业的行业特征分析

赞助企业的行业特征是指企业所处的行业、市场状况和产品特性等。企业的

市场行为必然会受到行业特征的影响和制约。

　　由表6-3可见，我国大型综合性运动会赞助企业在行业上分布比较广泛，涵盖了21个不同行业，而从行业的集中度来看，在信息传输、计算机服务和软件业、交通运输设备制造业、饮料制造业、体育用品业、金融业和服装、鞋帽制造业相对集中，占到了总数的54.7%。

表6-3　三届运动会赞助企业行业分布

行业类别	九运会	十运会	五城会	总计
电力生产	0	0	1	1
电子信息产品	2	0	1	3
房地产	1	0	1	2
服装、鞋帽制造业	2	3	2	7
化学原料及化学制品制造业	1	2	1	4
工艺品	0	4	0	4
家用电器	2	1	0	3
建筑及工程机械制造	0	0	4	4
交通运输设备制造	3	4	4	11
金融业	2	1	5	8
饮料制造业	4	5	1	10
信息传输、计算机服务和软件业	5	5	4	14
石油化工	0	1	1	2
体育用品	3	3	3	9
文化、体育和娱乐	0	1	4	5
烟草制造业	0	1	2	3
冶金业	0	0	6	6
造纸及印刷业	0	1	1	2
仪器仪表及文化办公用机械制造	4	1	0	5
住宿餐饮业	0	1	1	2

行业类别	九运会	十运会	五城会	总计
租赁和商业服务	0	1	2	3
总计	29	35	44	108

（二）赞助企业的规模分析

按照从业人数、销售额和资产总额三项指标，企业的规模被划分为大型、中型和小型三种类型。企业的规模是企业经济实力的一种显现，企业规模的大小决定了企业在体育赞助中可能的投入有多少。企业在决定进行体育赛事赞助时，难免会考虑自身的赞助需求、经济实力与体育赛事的匹配度，匹配度越高，赞助的积极性就会越高。在表6-3中列出的三届运动会赞助企业统计中，大型企业占77%，中型企业占16%，小型企业仅占7%。

（三）赞助企业的所有制形式分析

我国现阶段的企业按所有制形式不同，分为国有企业、集体企业、私营企业和三资企业。通过对表6-4中列出的三届运动会赞助企业所有制形式的分析，我们认为，赞助我国大型综合性运动会的企业以国有及国有控股企业为主，其雄厚的经济实力、强烈的社会责任感，以及政府行政干预的程度，决定了国有企业在我国大型综合性运动会市场开发中，成为赛会营销的重点对象。

表6-4　三届运动会赞助企业所有制形式分布

届别	九运会	十运会	五城会	总计	占比（%）
国有企业	7	12	24	43	44.3
集体企业	1	0	0	1	1.0
私营企业	5	8	3	16	16.5
三资企业	12	19	6	27	38.2

（四）赞助企业的地域特色分析

按照赞助企业注册地是否为运动会举办地，我们将赞助企业分为本土企业（注册地为举办地）和外地企业（注册地为非举办地）两大类。从表6-5中我们可以看到，本土企业在数量上是大型综合性运动会赞助企业的绝对主力军。

表6-5　三届运动会赞助企业地域分布

届别	九运会	十运会	五城会	总计
本土企业	16（55.2%）	20（57.1%）	37（84.1%）	73（67.6%）
外地企业	13（44.8%）	15（42.9%）	7（15.9%）	35（32.4%）

由此，我们可以看出，在我国大型综合性运动会市场开发过程中，资源开发的重点应以本地企业为主，尤其是，大型国有企业为主。应根据企业自身的特点寻找与赛事的结合点，从而成功达成赞助意向。

三、六城会市场细分与目标市场确定过程

通过对三届全国性运动会赞助企业的特征进行分析，结合六城会自身的特点、武汉市体育赞助市场的状况及企业特点，在六城会市场开发过程中，组委会根据赞助额度的不同，将赞助企业分为合作伙伴、赞助商、供应商等层级，对于赞助企业的回报，制定了一系列相对固定又可供选择的"套餐"，同时还可以"点菜吃饭"，即依据企业要求选择不同的回报内容，按照赞助企业行业特点，组成若干项目小组，与省内外1000多家企业进行广泛接洽。

（一）从市场细分的地理标准进行细分

根据六城会所面临的机遇与挑战，我们认为六城会虽然是综合性体育赛事，但有赞助意向的企业大都是本地企业或有意进军武汉市场的外地企业。因此，应当立足本地企业，尽量吸引外地企业。

（二）从企业的规模和性质进行细分

根据近年来我国综合性体育赛事企业的规模分析，由于城市运动会赞助有等级标准要求，合作伙伴、赞助商的标准分别为1000万元、600万元，一般的中小企业难以达到此要求，应以大企业为主。为此，我们重点锁定2004、2005年武汉市利税前100家企业进行开发，主要包括钢铁、烟草、石化、汽车、金融、保险、地产、通信、交通等行业的企业。从企业性质来看以国有或国有控股企业为主。

（三）从企业赞助的行为动机进行细分

（1）市场需求动机，如提高产品知名度、提高企业形象、促进产品销售；

（2）社会参与动机，带有一定的社会责任意识，同时兼顾一定的市场需求。

考虑到竞争对手所采取的策略，为了维护在武汉地区市场的形象，参与了六城会的赞助。

根据以上三个细分标准，我们将目标市场（合作伙伴和赞助商）主要确定在武汉本地国有或国有控股企业上；以社会赞助为主，兼顾市场需求，体现赞助企业的社会责任感；重点考虑烟草、钢铁、汽车、通信、地产、金融与保险、食品等行业。

二、社会体育赛事营销的计划

为达到社会体育赛事组织的总体目标，确保各项市场营销战略的有效实施，就必须科学合理地制订一整套社会体育赛事市场营销计划。社会体育赛事市场营销的内容包括计划实施概要、目前营销状况、机会与威胁分析、赛事营销目标、赛事营销战略、营销行动方案、赛事营销预算、赛事营销控制八个方面，如图6-4所示。

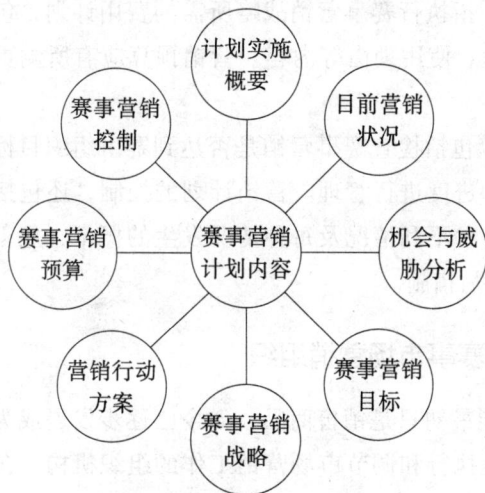

图6-4 社会体育赛事市场营销计划的内容

计划实施概要是指在体育赛事市场营销计划的开始部分，对该赛事的主要目标进行简短的概述，使赛事组织管理层能快速阅览整个计划的内容。

目前体育赛事营销状况应包括目前的宏观环境、目前市场的基本情况、产品目前趋势、分销渠道和竞争者等。

机会与威胁分析是要尽可能地列出体育赛事运营过程中面临的机会和威胁，按照时间与程度进行分类，使重要及紧迫的信息得到应有的关注。

赛事营销目标是指赛事组织与运营的任务及完成时间的要求。如扩大体育赛事资源的市场开发率，增加体育赛事现金赞助收入等。体育赛事的营销目标不能只是概念化，应转化为便于衡量的指标，便于赛后的评估。

赛事营销战略包括目标市场战略、定位战略、营销组合战略三个方面。目标市场战略是对体育赛事运营的市场进行细分，并根据不同的消费者的偏好、对营销行为的反应及盈利潜力的差别，识别该赛事的首要目标市场、次要目标市场，并在精心选择的目标市场上，分配资源与力量。定位战略是体育赛事运营方通过提供给消费者区别于竞争者的利益和价值，来向目标市场显示其更值得信任及购买。定位的实质是产品的差异化，是吸引现有或潜在顾客购买的基础。营销组合策略是对选定的细分市场，根据定位的要求，分别制定产品、价格、分销和促销等营销策略并加以整合。

营销行动方案是将体育赛事组织的活动安排，变成日程表上的内容，是营销行动方案应考虑营销战略实施中所涉及的所有因素。可以运用图表的形式将具体的战略表现出来，使战术行动方案一目了然，便于执行和控制。

赛事营销预算，指执行赛事营销战略所需的费用计划，包括赛事营销所需的资金概算、资金用途、使用理由等内容。营销预算应有所侧重，以确保重点战略目标的实现。

赛事营销控制应包括检查赛事营销是否达到赛事组织目标的要求，主要说明如何对计划的执行和进度进行管理。营销计划的控制，还包括赛事营销的应急方案。对可能发生的各种不利情况及每种情况发生的概率、危害程度进行预测，并准备好预防措施和善后措施。

三、社会体育赛事市场营销组织

市场营销的职能最初只是销售商品，如今已逐步发展成为多种复杂职能的集合。市场营销部门是执行和调节市场营销工作的组织机构，在公司中具有十分重要的地位。

社会体育赛事市场营销的组织机构及人员设置，是随着赛事的规模、性质、历史传统、主办方等因素的差别而有所变化的。若是公司性质的体育赛事运营方，一般会在公司内部设立市场开发部；若是由政府行政部门组成的组委会，则可能另设接受组委会领导的市场开发公司。设置体育赛事市场营销组织，有利于通过专门的机构负责体育赛事资源的市场开发，提高体育赛事市场营销的水平，如图6-5所示。

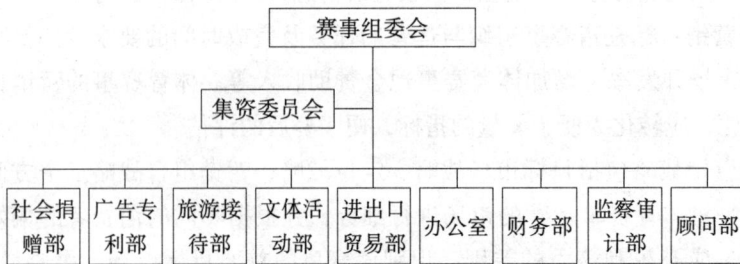

图6-5 某赛事市场开发公司组织结构

四、社会体育赛事营销控制

社会体育赛事市场营销控制是指赛事管理者经常检查市场营销计划的执行情况，通过采取适当的措施和正确的行为，保证市场营销计划完成的过程。在执行市场营销计划的过程中，可能会出现许多意外情况，赛事运营方必须行使控制职能以确保营销目标的实现。即使没有意外情况，为了防患于未然，或为了改进现有的营销计划，赛事运营方也要在计划执行过程中加强控制。体育赛事市场营销控制包括项目计划控制、盈利能力控制、效率控制、战略控制四种类型。

（一）项目计划控制

项目计划控制，旨在发现并及时予以纠正体育赛事营销计划执行中出现的偏差，保证体育赛事营销计划顺利执行。

一般来说，体育赛事营销计划控制的内容，包括销售分析、市场营销费用对销售额的比率分析、财务分析和消费者态度追踪等内容。销售分析是要衡量并评估在体育赛事运营过程中，实际销售额与计划销售额之间的差别。营销费用率分析，指体育赛事的营销费用与销售额之间的比率，还可以进一步细分为人力推销费用率、广告费用率、销售促进费用率、市场营销调研费用率、销售管理费用率等。财务分析主要，指通过一段时间内的销售利润率、资产收益率、资本报酬率和资产周转率等指标，了解体育赛事运营的财务状况。消费者态度追踪，指体育赛事运营方通过设置服务亭或问卷的形式，了解消费者对赛事运营及组织的要求及态度。

（二）盈利能力控制

盈利能力控制，旨在测定体育赛事不同产品、不同地区、不同消费者群体、不同销售渠道的盈利情况的控制活动。它包括各营销渠道的营销成本控制、各营销渠道的营销净损益和营销活动贡献毛收益（销售收益—变动性费用）的分析，以及反映体育赛事组织盈利水平的指标考察等内容。盈利能力控制是体育赛事营销管理的基本要求。没有严格的市场营销成本和体育赛事运营成本的控制，赛事运营要取得盈利和经济效益是很困难的。

（三）效率控制

体育赛事的效率控制，包括营销人员效率控制、广告效率控制、销售促进效率控制。营销人员效率控制，是对体育赛事市场营销人员，平均每天的销售访问次数、营销访问的平均成本和收益、营销访问的执行成本、每百次营销的成功率等指标的了解与控制。体育赛事运营管理者，通过对体育赛事营销人员工作情况的控制，了解赛事营销的最新成果及成本，并根据实际情况进行相应的调整，提高营销人员工作及资金的效率。

广告效率控制，是针对每一类型媒体的资金投入、消费者对每一类型媒体的关注度、广告前后消费者态度的转变、广告前后赛事询问的次数等情况的了解与控制。通过广告效率控制，可以更为有效地进行产品定位、确定广告的目标、广告媒体的确定及广告后效果的测定，有利于提高广告资金投放的效益。

销售促进效率控制，是对由优惠政策引起的销售增长率、由促销产生的成本等信息进行统计，并对促销的措施进行及时调整。对销售促进效率的控制，有利于促销活动效益的最大化。

（四）战略控制

战略控制是体育赛事市场营销管理控制中最重要的一部分，是总体性与全局性的控制活动。它是保证体育赛事市场营销的实际工作与原战略计划的规划，尽可能保持一致的控制行动。在进行战略控制时，应不断地通过评估与信息的反馈，连续地对战略进行修正。战略控制更关注未来，要不断地根据最新的情况修改计划并重新评估计划的进展。

第四节　社会体育赛事营销信息管理

当今的时代是"信息爆炸"的时代，社会体育赛事的组织者要面对各种各样的组织内外部营销信息。怎样才能使这些信息得到恰当的管理，并及时、准确地提供给体育赛事的各级管理运营人员及其他相关人员，实现更有效的体育赛事营销管理是一个非常重要的问题。

一、社会体育赛事营销信息管理的概述

社会体育赛事营销信息管理是指赛事营销人员通过收集、分析、评估和分配、及时和准确的信息，为赛事市场营销管理人员改进市场营销计划、执行和控制工作提供依据的行为。社会体育赛事营销信息管理是赛事营销所有信息与资源的集合，直接关系到赛事营销信息的存储、维护与管理，对于社会体育赛事的营销具有重要的作用。

赛事营销信息管理是赛事营销管理决策者进行正确营销决策的基础。决策与计划的正确与否，是社会体育赛事营销活动成败的关键。而在赛事营销管理中，要做出正确的决策与计划，就要把握最佳决策时机并找出解决问题的最佳方案。所谓把握最佳决策时机，就是要求赛事营销管理决策者能分辨在什么时候和什么情况下需要做出决策。就赛事营销活动而言，现实的市场情况往往非常复杂，且时常发生变化，所以赛事营销管理决策者很难每次都能把握最佳决策时机。因为个人的思维能力是有限的，谁也无法随时、全面地了解各种可能出现的情况，并迅速地做出正确判断。科学的营销信息管理，能使赛事营销管理决策者得到大量的且能反映赛事市场状态和发展过程的信息，并帮助决策者分析问题、判断机会，从而找出解决赛事实际营销问题的最佳方案。

　　赛事营销信息管理，是监督调控赛事营销活动的依据。赛事的营销决策和计划方案在确定以后就要进入实施阶段。营销计划的实施是一个系统工程，制订营销计划并不代表营销目标的实现，还需要有必要的监督和调控手段。赛事的营销活动受到目标市场、营销渠道、竞争赛事、观众，以及经济、政治法律和社会文化等诸多因素的影响。科学的赛事营销信息管理，能在原有赛事营销计划的基础上，及时、准确地向赛事组织者反馈计划执行过程中产生的新情况，或者指出原计划中需要进行的必要调整，并监督、控制整个赛事营销活动按调整后的新计划运行，以保证赛事营销决策切实可行。

　　赛事营销信息管理是赛事营销活动效益提高的源泉。赛事营销信息是赛事组织者和社会的无形财富。赛事组织者若能善于捕捉有利信息并迅速付诸实践，就会容易在赛事市场中占得市场先机。整个体育市场营销活动是一个多结构、多层次的庞大系统。如果各个部门之间缺乏有效的沟通与协调，体育市场的有效营销显然会受到严重的影响，当然也会由此而波及具体赛事营销目标的实现。

　　科学的营销信息，管理不仅能高效地为体育赛事的组织提供营销信息，提高赛事的营销管理水平，还可以通过科学管理形成体育赛事营销信息的网络，成为协调整个赛事运营的四通八达的"营销活动神经系统"，充分提高体育赛事组织和社会的营销效益。

二、社会体育赛事营销信息分类

　　市场营销信息，就是组织对所处的宏观营销环境和微观营销环境的各种要素特征和发展变化所做出的反应，是对各种营销环境的实际情况、基本特征、相关关系进行认识，而形成的消息、资料、数据、图片等的总称。

　　社会体育赛事营销信息，从广义上讲就是一切与赛事营销工作相关的信息，主要可以从以下几个角度来进行分类。

（1）按营销信息的范围划分，可以分为内部营销信息和外部营销信息。内部营销信息是赛事内部所产生和流通的营销信息的总和，它是赛事内部门票、赞助、调研、决策等多部门信息的集成；外部营销信息是指反映赛事外部环境变化的信息，包括赛事市场需求信息、其他竞争性赛事的信息、体育法规信息、社会经济状况信息等。

（2）按营销信息的特征划分，可以分为常规性营销信息和偶然性营销信息。前者是按照一定的程序，持续不断地收集和处理，并按有关制度和规定的渠道传递的营销信息，如该项赛事的历届上座率、历年的广告赞助金额、观众对赛事的满意度回馈等。后者指体育赛事营销管理中特殊的突发的偶然事件的信息，如新增的分赛区的调研信息、体育竞赛方面新的法规的修订信息等。

（3）按营销信息的性质划分，可以分为原始营销信息和文献营销信息。原始营销信息，指体育赛事组织者对赛事营销活动最初的数字、文字等信息的直接记载，这种信息在总信息量中所占比例较大，是最广泛、最基本也最常见的信息资料，是信息工作的必要基础。但是，要使数量庞大的原始信息，成为可用于体育赛事营销管理的信息，还必须对信息进行进一步的处理与加工。文献营销信息是各种报纸、杂志、书籍、报告书等公开发表的资料信息，及赛事组织者内部对原始营销信息经过汇总处理的资料信息。

除了上述几个分类方法以外，还有其他一些分类准则也可以运用于体育赛事营销信息工作实践中，主要包括赛事营销信息的来源、信息的时间特征、信息的载体形式、信息价值层次等。

三、社会体育赛事营销信息的调研管理

（一）赛事营销信息调研的内容

尽管赛事营销信息调研的内容十分繁杂，但其主要任务是侧重特定问题的解决，即对某一特定问题收集和挑选适当、及时和准确的原始信息，并加以深入分析和研究，再提供结论报告，以支持赛事营销管理者制定正确的决策。比如，某赛事通过对潜在赞助市场偏好调查发现，各个行业的企业对该赛事赞助的关注点有显著的差异。体育用品行业的领军企业关注的是，通过赞助该赛事在观众心目中更持久地树立良好的健康形象；一些在行业中新兴的企业，则更关注能否通过赞助赛事打响品牌知名度，进而打开消费市场；而另一些企业，则注重是否能通过赞助与举办地的其他组织机构建立沟通与联系。赛事组织者应根据调查结果，

调整宣传重点，针对不同目的的企业制定相应的赛事赞助产品与计划。

赛事内部报告和环境情报管理的赛事营销信息通常是客观存在的，可满足赛事营销决策和赛事营销管理的常规需要。但对于赛事营销决策所需要的某些特殊信息，则需要通过组织专门的市场营销调研项目，比如赛事产品偏好试验、地区广告效果研究等来收集。

（二）赛事营销信息调研管理的程序

赛事营销信息的调研管理，在整个赛事营销活动中具有非常重要的地位和作用，具体项目的调研可由赛事组委会自己组织力量进行，也可以委托赛事外部的专业组织进行。有效的营销调研有 9 个步骤：确定调研目标，拟订调研项目；确定收集资料的范围和方式；调查表和抽样设计；制订调查计划；对调查人员进行培训；实地调查；资料的整理与分析；编写调研报告；追踪与反馈。调研的各阶段可以采取层次渐进的方式往复进行，即在一轮调研完成后修正问题，然后再进行第二次调查，如此反复，以达到最佳效果。

四、社会体育赛事营销信息管理的主要方法

（一）形成赛事特定的营销信息体系

对具体的赛事营销活动而言，必须形成有自身特色的赛事营销信息体系，否则很难提高整体营销效率。一般的赛事营销信息体系主要包括以下三个部分。

1.计划信息

这类信息主要来自赛事的外部环境，与体育赛事一定时期的目标确定、战略和规划制定、资源分配等情况有关，主要包括政府部门的方针政策、法令、计划与相关文件、市场竞争情况、市场需求状况等内容。一般可以通过赛事营销信息系统中的赛事营销情报系统、赛事营销调研系统获得相关信息。

2.常规信息

这类信息通常具有相对稳定性，在一段时间内可以供赛事相关部门重复使用而不发生质的变化，是赛事计划与营销实务工作的重要依据。包括定额标准（赛事产品的种类结构比例、赞助招商流程、赞助定额、门票定额、各类台账等），计划合同（计划指标体系、合同文件等），查询信息（国际标准、国家标准、专业标准、人事档案、固定资产档案等）三方面的内容。

3. 实务信息

这类信息主要来自内部环境，反映赛事日常营销活动的实际状况，是控制和评价赛事营销业绩，及时调整薄弱环节的重要信息。它主要包括会计报表、赞助营销进度、门票销售进度等内容。一般可以通过营销信息系统中的内部报告系统获得实务信息。

（二）保证营销信息的有效性和适用性

对赛事营销信息系统进行科学管理，主要是要使该系统能向赛事相关部门提供高质量的信息服务，即确定信息需要、搜集信息、处理信息、使用信息。科学的营销信息系统必须保证所提供的营销信息的有效性和适用性。

1. 对营销信息有效性的保证

科学的赛事营销信息系统，要求对信息进行又快又精确的搜集、加工、检索、传递。如赛事目标客户的需求信息，尤其是对赛事赞助价格、数量、赛期改动等特殊的要求，必须尽快将准确的内容传递给赛事营销相关部门，以便他们及时决策。一个有效运转的赛事营销信息系统，还必须能及时记录那些事后无法再现的重要信息，如赛事营销环节的检验、重要会议的发言和最后的决议等。

2. 对营销信息适用性的保证

不同的赛事、赛事的不同部门，对信息的种类、范围、内容、详细程度、精确性和需要频率等方面的要求是各不相同的。如果不分对象而向所有需求方提供同样的信息，不仅会造成大量的重复信息，增加信息处理工作的负担和费用，还会影响查找真正有用的营销信息的效率，造成不必要的浪费和损失。科学的赛事营销信息系统应该具备对赛事信息进行有效加工的能力，能在系统的基础上通过数理统计法等方法，对基本数据、原始消息进行处理，形成真正有用的营销信息，对赛事的营销活动做出实质性的贡献。

五、社会体育赛事营销信息管理的主要工具

社会体育赛事营销信息管理系统，是赛事营销信息管理的主要工具，它指在整个赛事营销管理中，利用现代信息技术构建的营销信息平台、设备及程序，为赛事营销决策者收集、挑选、分析、评估和分配需要提供及时和准确的信息。其运行管理，主要包括日常运行的管理、运行情况的记录，以及对系统运行情况的检查和评价。

（一）赛事营销信息系统的日常运行管理

社会体育赛事营销信息系统的日常运行管理，主要包括三方面的内容，即数据的收集、校验、录入；在保证基本数据的完整、及时和准确的前提下，完成理性的信息处理和信息服务工作；系统硬件的运行、维护以及系统的安全管理。●

（1）数据的收集、校验、录入。赛事相关机构要尽可能搜集内部资料、外部市场情报，以及经过市场调查和信息分析与加工，而形成高层次信息。因为详尽的信息收集是赛事营销信息系统的核心部分，它直接决定着赛事营销信息系统的质量和效果。

（2）在保证基本数据完整、及时和准确的前提下，体育赛事营销机构应对所收集的信息进行理性的分析和处理，提供优质的信息服务工作。如例行的数据更新与完善、各类数据的统计分析、各种与赛事相关报表的生成、数据的复制及保存以及与外界的数据交流等。做好这一部分的工作，可以帮助赛事运营机构发现营销工作中存在的问题并进行纠正，有利于及时抓住宝贵的市场机会，实现赛事营销优化。

（3）系统硬件的运行与维护。硬件的维护也是不容忽视的问题。为了能够顺利地完成上述所列的数据录入、信息处理和服务等工作，必须要求各种信息设备始终处于正常的运行状态。一般情况下需要配备专业人员，负责对信息硬件设备的运行、维护，以确保整个系统能正常稳定地运行。

（4）系统的安全管理。系统的安全威胁不仅来自系统外部众多不同客户，还有可能存在内部用户对信息系统的恶意破坏、对敏感和关键数据的非法篡改，以及非法越权操作等情况。因此，营销信息系统往往需要对用户进行身份识别和授权，或在系统内部设计从文件检查到修改字段的安全机制等各层安全机制，来保证系统的安全运行。

2. 对赛事信息系统运行情况的记录

在实际的赛事营销工作中，仅仅完成营销信息系统日常管理工作是不够的，还应该对信息系统的工作运行情况进行详细的记录。这项工作主要内容可以分为以下五项：一是有关系统运行工作方面的数据信息，如每月或每个赛事周期提供的报表、量表的数量，数据使用、更新及交流的频率等项目的统计数据；二是工作效率的评价，主要是对为完成既定的工作任务所耗费的人力、物力和时间等项

● 李颖川. 体育赛事经营管理 [M]. 北京：人民体育出版社，2008:65-68.

目进行评价；三是对系统所提供的信息服务的质量进行记录和评估；四是对系统的维护情况和数据修改情况进行记录；五是对系统的故障情况进行登记。

3. 对系统运行情况的检查与评价

赛事营销信息系统在其运行过程中，除了进行大量的管理和维护工作，还要定期对该系统的运行状况进行审核和评价，以确保其良好运行。

第七章　社会体育赛事的竞赛管理

第一节　社会体育赛事竞赛管理概述

一、社会体育赛事竞赛管理的界定

社会体育赛事的竞赛管理是整个赛事运作的核心，是整个赛事管理的关键和主要内容，"一切以竞赛为中心"是体育赛事运作的主要理念，体育赛事工作必须围绕竞赛工作来展开。无论是大中型体育赛事，还是群众性体育赛事、小型单项社会体育赛事，竞赛组织工作都是一个复杂的系统工程。虽然中小型社会体育赛事的组织工作相对简单一些，但是，竞赛工作力求精简、统一、高效的要求却是一样的。

赛事运作的所有内容最终都要汇总到赛事期间的竞赛管理中来，围绕竞赛管理，实施各个赛事的运作任务。社会体育赛事竞赛管理是社会体育赛事管理的核心部分，竞赛组织得好坏直接影响赛事的举办过程，竞赛管理过程是一个规范化、程序化的综合管理过程。所以，社会体育赛事竞赛管理是指在赛事举办期间，以竞赛为核心，在符合竞赛规则和有关赛事规定的原则下，实施的全面、规范的管理过程。

二、社会体育赛事竞赛管理的特点

（一）具有相对规范性

根据国际单项委员会的相关项目的竞赛规定和竞赛指南，社会体育赛事竞赛管理都有相对完整的竞赛组织的相关规定。在赛事组织期间，竞赛管理过程是严格按照规范性的文件进行操作的。

（二）具有周期性

竞赛管理是从赛事的前期筹备开始运行的，从派发有关竞赛的参赛通知、回收参赛运动员反馈，到运动员、官员制证，再到进行竞赛编排等，贯穿整个赛事的筹备过程。在赛事举办期间对运动员参赛过程和竞赛成绩的统计、发布等工作都具有周期性。

（三）具有项目性

竞赛管理的每一个环节都具有项目的典型特征，综合性运动会的特征更为明显，要将所有的竞赛项目根据实际要求进行项目分类，并指派专门项目组成员进行统一管理，分工合作。

三、竞赛组织管理的流程

（一）竞赛组织管理及竞赛组织管理流程概念

竞赛组织管理是为了有效地实现运动竞赛的系统目标，由组委会竞赛部统筹管理，通过赛事竞赛委员会对竞赛活动进行计划、组织、控制和协调的过程。竞赛组织管理主要包括赛前拟定竞赛规程、选定竞赛规则、成立竞赛机构、编写竞赛方案，以及组织运动员报名等；赛中检录、比赛成绩处理、颁奖等；赛后编制成绩手册、撤销竞赛机构等，但不包括为竞赛提供保障的医疗、安全等后勤保障服务工作。竞赛组织管理是体育赛事组织管理核心工作中的核心，体育赛事组织机构管理、服务保障管理和相关主题活动管理都要服务于竞赛组织管理。

竞赛组织管理的流程是根据竞赛组织内容的先后顺序和主要工作时间节点的先后顺序，采取流程化管理思路编制而成的管理模式。小型单项社会体育赛事的竞赛组织管理流程与大型综合性运动会一样，也可分为三大阶段流程，即赛前阶段、比赛阶段、赛后阶段。相对来说，小型单项社会体育赛事竞赛组织管理流程比大型综合性运动会简单，程序相对简化，阶段性时间相对较短。

（二）竞赛组织管理的流程

竞赛组织管理流程的制定要以竞赛组织任务主体和竞赛组织内容先后顺序为依据，采取流程化管理思路编制而成。简单地说，小型单项社会体育赛事竞赛组织管理就是竞赛组织依据竞赛工作计划在运动队报到后召开裁判长、仲裁、领队、教练员联席会议，对规程及补充规定和执行规则进行解释，对比赛相关事宜做出相应说明。在裁判员、仲裁裁判的参与下，组织运动员按竞赛日程进行比赛，对比赛成绩进行统计和颁布，对获胜队伍及人员进行颁奖的一个过程，如图7-1所示。

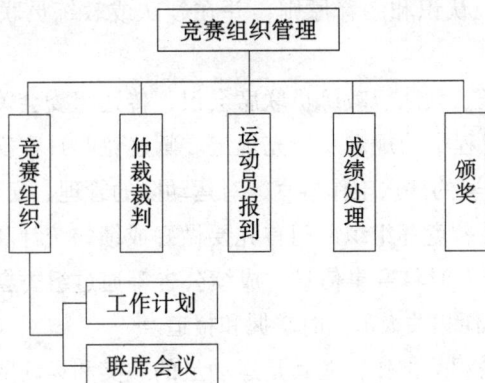

图 7-1　竞赛组织管理流程

（三）竞赛组织管理的具体流程

1. 赛前阶段

（1）竞赛组织部门要依据竞赛计划确定竞赛目的、任务、名称、规模、日期、项目、地点、参加办法、比赛办法、录取名次和奖励办法等竞赛规程，一般小型单项社会体育赛事提前一个月下发竞赛规程。

（2）完善竞赛机构，确定竞赛及场地器材处岗位和人选，并根据工作计划安排，及时安排人员到位到岗。

（3）做好赛前竞赛组织准备工作，如落实比赛和训练场地，检查专业器材和通用器材到位情况，做好运动队、运动员报名工作，做好选聘仲裁、裁判、辅助裁判人员工作，做好编排竞赛日程和比赛秩序册等工作。

2. 比赛阶段

（1）竞赛组织部门要做好赛事的报到工作，包括工作人员、仲裁以及裁判人员、领队、教练员、运动员和随队人员的报到工作，发放参赛指南并做好场馆路线等相关后勤保障工作。

（2）全面检查落实场地器材等各项竞赛准备工作，补充参赛须知并发放到仲裁、裁判、各领队和教练员手中，做好各方面的协调工作。

（3）开好裁判员学习会议、仲裁与裁判长协调会议。强调裁判员在临场的执法作用，对裁判员提出高标准、严要求，学习规则的各项规定和补充规定，研究裁判工作方法，进一步统一判罚尺度。组织仲裁学习规程和竞赛规则，制定申述程序和方法，统一认识和解释原则，并在领队或教练员联席会议上进行阐述说明。

（4）开好裁判长、领队、教练员联席会议，传达组委会关于竞赛方面的决议和规定，明确竞赛规程中的规定及补充规定。阐述竞赛日程安排、宣布运动队和运动员体育道德风尚奖的评选工作事宜，对运动队的管理、安全保卫等提出要求。

（5）比赛开始后，竞赛组织部门首先要做好成绩的统计和公布工作，尤其要做好每日成绩公告，及时将赛事信息、成绩公告等通过组委会办公室发送给相关部门和新闻媒体，以便相关人员及时掌握和报道。

（6）做好赛事的颁奖工作，尤其是运动员的颁奖和运动队的体育道德风尚奖的颁奖工作，颁奖嘉宾的邀请、志愿者的安排等都要求提前做好相应的颁奖程序工作。

3. 赛后阶段

（1）编制好各代表队运动成绩手册，做好运动队和裁判员的离会工作。

（2）做好竞赛工作总结，竞赛相关资料整理、汇编并报组委会办公室存档等。

（3）撤销竞赛组织机构。

在体育竞赛中，裁判员、仲裁人员和参赛人员是运动竞赛的主要参与者，为确保体育赛事有序地进行，达到竞赛目标并取得良好的综合效益，要求体育竞赛部门对其进行必要的管理，这也是体育赛事成功举办的关键。

第二节　社会体育赛事竞赛组织机构与人员管理

一、社会体育赛事竞赛管理的分析

（一）赛事竞赛管理理念分析

社会体育赛事管理是围绕竞赛的中心任务而展开的一系列完成竞赛分任务的

管理活动，涉及计划、组织、协调和评价。体育赛事的性质和规模不同，体育赛事管理的表现形式和贯穿始终的竞赛管理理念也就不同。树立正确的竞赛管理理念将有助于提升实际操作水平。

随着体育赛事管理科学化水平的不断提高，社会体育赛事竞赛管理理念也在悄然发生着变化。首先表现在从有利于工作开展的角度来确定分支部门的划分和归属。随着赛事准备工作的不断深入，体育部进一步细分成四个拥有特定职能区域和负责人的独立部门，即竞赛处、竞赛技术（竞赛服务）处、政策和运作处、竞赛管理处。但是，这种安排既有利又有弊。有利的一面是能够更加有效地管理如此大规模的工作领域，便于获取信息，不同分支部门职责明确。不利的一面在于其他部门可能因不理解这样的工作结构而难以协调，降低工作效率，因为体育部的工作领域可能和其他部门有重叠和交叉的地方。

（二）赛事竞赛管理资源分析

社会体育赛事的竞赛管理是对其体育资源的管理。体育资源包括人、财、物、信息，其中决不可忽视的是财政预算的规模和对人力资源的配备。

1.财务预算的规模

财务预算直接决定了竞赛管理任务完成时的规模和顺利程度，预算的申请、批准和最终的支出有时不以竞赛组织者的意志为转移，会受到多方因素的影响。

2.人力资源的配备

各项竞赛管理任务的完成必须配备相应的人力资源，这些人员要有丰富的实践管理经验。

二、竞赛组织机构的设置与职责

竞赛组织机构是体育赛事竞赛组织活动开展的组织依托和竞赛组织管理的关键环节。就竞赛而言，大型综合性运动会的竞赛组织机构，包括竞赛部和各运动项目的单项竞赛委员会。而社会体育赛事的竞赛组织机构仅包括竞赛场地器材部（处），负责具体的竞赛组织与管理工作，对其工作人员的管理显得尤为重要，会直接影响体育赛事的成功举办。

（一）竞赛组织机构的设置原则

竞赛组织机构是竞赛运作管理目标的组织单位，也是体育竞赛的具体实施单位。按照科学运作体育赛事竞赛工作的要求，设置竞赛组织机构应遵循如下原则。

1. 精干效能原则

社会体育赛事通常只进行单个或几个项目的比赛，比赛时间较短，工作任务繁重，涉及面也比较广，但工作人员相对较少。因此，组织机构的设置要尽量精干而且突出效能。

2. 服务赛事原则

社会体育赛事涉及的工作职能、工作种类与综合性运动会一样，有竞赛业务、活动业务、综合保障业务等。竞赛业务相对综合性运动会而言层次较低、规模较小、范围集中。尤其是小型单项社会体育赛事无须设置综合性运动会相应的职能部门，要突出重点，抓住主要业务进行组织管理，如社会体育赛事规程的制定、组织比赛、颁奖仪式等，将这些业务实行职能归并，以做到更好地服务社会体育赛事的竞赛工作为原则。

3. 统筹协调原则

社会体育赛事一般是由行业组织、协会或民间社团等体育社会组织主办的，其组织机构不同于综合性运动会设立专门的执行委员会。因此，社会体育赛事要坚持统筹协调原则，综合考虑人力、物力、财力等各方面因素，其竞赛组织机构要最大限度地做到统筹兼顾、协调左右，整合和挖掘力量，办好赛事。

（二）竞赛组织机构的设置

竞赛组织机构的设置没有固定的模式，与竞赛的规模、规格、复杂程度、历史传统及主办单位的要求有关，也与承办单位所拥有的人力、物力及财力资源情况有关，主要要求机构设置合理，职能分工明确，人员专业有效，信息沟通畅通。社会体育赛事按规模可以分为大型社会体育赛事和小型单项社会体育赛事，大型社会体育赛事的竞赛管理组织机构通常设置为"委、部、处"结构，即赛事组委会下设竞赛及场地器材部，竞赛及场地器材部下设各职能处，如图7-2所示。

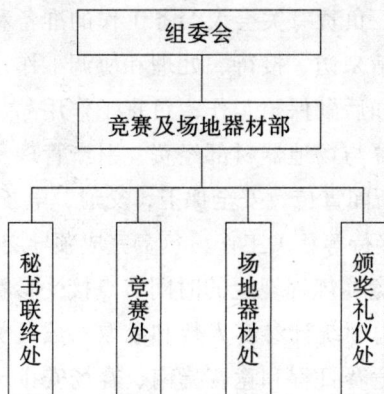

图 7-2　大型社会体育赛事竞赛组织机构

　　小型单项社会体育赛事的竞赛组织机构通常设置为"委、处"结构，即赛事组委会下设竞赛及场地器材处，根据赛事规模和要求，竞赛及场地器材处可下设各职能组或岗，如图 7-3 所示。

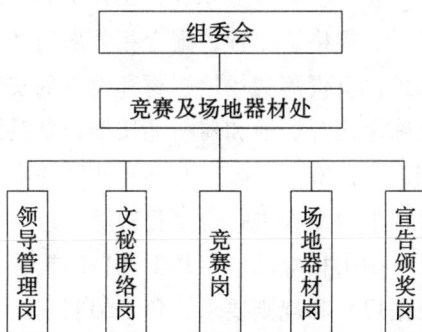

图 7-3　小型单项社会体育赛事竞赛组织机构

（三）竞赛组织机构职责

1. 大型社会体育赛事竞赛组织机构职责

　　竞赛组织机构设置应根据实际情况而定，一般大型社会体育赛事竞赛及场地器材部下设秘书联络处、竞赛处、场地器材处、颁奖礼仪处，由竞赛及场地器材部进行直接指导和管理，竞赛组织机构各职能部处的主要职责如下。

　　（1）秘书联络处。负责绘制竞赛与场地器材部工作方案和工作流程图；负责文件、报告、简报、会议纪要、总结等资料的拟写、校审、编印、分发及资料的收集、整理和归档工作；负责有关会议会务工作的准备和落实以及印章管理；负责上下和内外联络、来信来访、接待、处理和协调工作；负责竞赛与场地器材部经费预算、审核、报批和后勤保障工作；负责工作用品、礼品、纪念品配置、保管和分发工作；负责竞赛与场地器材部经费、财产管理和购置所需工作人员；协助办公室、后勤接待，新闻宣传，安全保卫，交通，电子技术等部门做好运动队、裁判员参赛证件制作和接待等相关工作；负责完成领导交办的其他工作等。

（2）竞赛处。根据竞赛规程规定的时间节点接受参赛队伍的第一、第二次报名工作；负责接受、汇总、统计参赛人数和录取人数及奖励数；拟制相关竞赛表格，设计、编制、校审竞赛日程和竞赛指南、赛场安排示意图、比赛秩序册和成绩册；根据有关规定，协助组委会对参赛运动员进行资格审查；制定抽签办法和比赛编排方案；负责竞赛仲裁委员、裁判长、裁判员和辅助裁判员的选拔、聘用和培训工作；对仲裁、裁判员的学习和培训进行检查指导；组织并安排好各代表队赛前训练和参加比赛；负责收集、汇总、审核竞赛成绩，编印每日成绩公告；编制成绩册，并把体育道德风尚奖名单编入成绩册中。

（3）场地器材处。根据竞赛规程要求，提出比赛和训练场地要求，提出比赛和训练器材的数量、型号、规格、品种，配合相关部门及早订货购入，按规定逐项落实并检查验收与维护；负责落实场地器材和设备的安装、质量管理及保养工作，从技术上、功能上确保比赛场地和器材能按期正常投入使用；负责对比赛场地和灯光、音响等设施进行检查、验收；赛前对比赛的专业器材设备和通用器材设备进行检查，比赛过程中由专人进行全赛程跟踪，以便及时了解器材设备的使用情况和运转情况，及时做出相应的应急预案和保障措施，赛后对器材和设备进行清点并负责回收；根据规程和规则要求，负责编制赛场安排示意图；制定场地器材的管理规定、细则、制度等具体措施；要对场地器材管理人员进行检查、监督并及时反馈情况，进行相应整改、提高；赛后会同场馆工作人员对器材、设备进行清点，根据赛后物产清理办法提出处理意见。

（4）颁奖礼仪处。负责竞赛奖杯、奖牌、证书的管理和发放，制定颁奖实施方案和颁奖仪式程序；负责统计奖品种类及各类奖品数量，准备颁奖辅助用品；提出奖杯、奖章、证书等各类奖品的设计方案，进行制作及验收；负责制定颁奖时间表及颁奖嘉宾邀请方案；负责颁奖礼仪小姐的选用、培训和分派工作；负责颁奖礼仪小姐服装的设计和导购；负责制订闭幕式发奖方案；赛后撰写工作总结。

有关大型社会体育赛事兴奋剂检测的说明：大型综合性体育赛事设有兴奋剂检测处，其根本目的是保护运动员的身体健康，维护体育竞赛的公平竞争，维护公平竞赛的体育道德。社会体育赛事一般不进行兴奋剂检测，但如果是大型社会体育赛事、国际性的单项社会体育赛事和国际性的群众体育竞赛，为维护公平竞赛的竞争原则，如有需要，组委会可以邀请国家、省市兴奋剂检测中心采取抽样检测的方式进行检测，竞赛组织机构不设兴奋剂检测职能处。

2. 小型单项社会体育赛事竞赛组织机构职责

小型单项社会体育赛事由于比赛规模较小，参赛人数较少，竞赛组织机构设置相对大型社会体育赛事而言，相对简化。竞赛机构根据赛事需要，可设置与竞赛相关的各职能岗，一般竞赛及场地器材处可下设领导管理岗、秘书联络岗、竞赛岗、场地器材岗和宣告颁奖岗，各职能岗由竞赛及场地器材处直接领导和管理，竞赛组织机构各职能岗的主要职责如下。

（1）领导管理岗。竞赛及场地器材处应设置相应的领导岗，对社会体育赛事的竞赛工作进行全面具体的组织领导；负责竞赛工作计划的制订和对与竞赛相关的各类文件的审批，负责竞赛工作会议，管理竞赛经费使用，管理本部门工作人员。

（2）秘书联络岗。负责与竞赛有关的各种报告材料的撰写和修订，负责与竞赛有关的各种文件的发放和会务工作；负责对组委会的联络、上传下达和各平行部门的综合协调工作，负责比赛秩序册的印制和发放工作；负责与竞赛有关的各种文件的分类、整理和归档工作等。

（3）竞赛岗。负责社会体育赛事规程的编写和修订，负责参赛队的报名工作和比赛的编排工作；负责对参赛人员的资格审查，负责仲裁、裁判员的选拔和聘用工作；负责竞赛的抽签、成绩统计和成绩公告；对竞赛工作进行业务指导和监督；负责竞赛的经费预算工作等。

（4）场地器材岗。负责对比赛场地和通用器材的检查落实工作，负责对比赛专业器材的检查落实工作；负责比赛期间对场地器材的保障工作，负责赛后场地器材的回收工作。

（5）宣告颁奖岗。负责比赛的宣传和比赛现场的宣告工作，负责比赛成绩的宣告工作；负责参赛队、参赛运动员的颁奖工作。

竞赛及场地器材处各岗位工作都在本部门主管负责人的领导下实行岗位分工责任制，每个岗位都有其相对的独立性，每个岗位工作人员都具有实质性的独立运作权利。因此，各岗位工作人员必须责任心强，具有吃苦耐劳的精神和良好的个人素质，以保证竞赛部门成为一个业务能力强、作风优良的竞赛组织与管理团队。

三、竞赛组织机构工作人员的管理

竞赛组织机构是体育赛事组织工作中专业性很强的办事机构，在体育赛事中处于核心地位，其工作效率和工作质量的高低，决定着体育赛事举办的成败。因此，对竞赛组织机构工作人员的管理是否到位，就成了决定体育赛事是否成功的关键。对竞赛组织机构工作人员的管理主要有如下几点。

（一）确立工作目标

第一步，编制竞赛工作总体方案，一切以竞赛工作总体方案为工作目标并进行相应管理，从而构建提高体育赛事竞赛组织机构工作人员运作效率的机制。第二步，将竞赛组织机构各部门的工作职责和任务分解、细化到岗位，责任到人。第三步，根据工作方案和目标确定每个工作人员的量化目标和责任目标，每项工作的安排要明确做什么、怎么做、何时完成、有何要求，完善反馈和检查渠道，以便监督检查和提高竞赛组织机构工作人员的工作效率。

（二）建立工作制度

目标管理的实现要有制度管理的配合，才能发挥更高的工作效率。因此，竞赛组织机构要围绕自身工作特点制定相应的工作管理制度和工作机制，如竞赛规程及规则，竞赛颁奖办法，竞赛器材管理办法，场地器材安全管理制度，岗位责任及责任追究制度，考核、奖惩管理制度。建立这些相关的管理制度和工作机制，使竞赛工作人员做到按章办事、有章可循，认真完成和落实具体的竞赛工作。

（三）制定工作规范

竞赛工作所涉及的工作内容及目标方案要建立一个有时间节点的完成标准，并建立相应的考核制度，从而制定一系列的工作规范，以提高体育赛事竞赛组织工作科学化、规范化的管理水平。竞赛组织机构工作人员要增强岗位责任意识，高标准、严要求，认真履行本职岗位职责，严格按工作规范的竞赛工作时间、地点、主要内容、竞赛工作流程，按时、保质、保量、规范地完成各项工作任务。如因特殊情况不能按时完成的，需说明原因。

（四）学习业务知识

在执行规章制度和纪律规定的同时，要加强业务学习，使竞赛组织机构工作人员懂得业务知识，熟悉业务技能，了解竞赛流程，如通过对工作人员进行业务培训，提高工作人员业务能力，进一步提高工作人员的工作主动性和积极性，使各项竞赛工作按竞赛规律、时间节点落到实处，从而提高工作人员工作效率。

四、裁判员、仲裁人员与参赛人员管理

（一）裁判员的管理

裁判员是保证体育赛事顺利实施的不可缺少的重要组成部分，对裁判员的管理，要把"公正、准确、严肃、认真"八字方针贯彻裁判员的组织工作始终，重点抓好职业道德教育，建立工作规范和职业行为准则。

1. 裁判人员的组成

我国的裁判员都是由业余而非职业的人员构成的，他们来自社会的各行各业。要管理好裁判员，首先要选拔好裁判员。小型单项社会体育赛事的裁判员大多采用聘请的方式进行，要聘请责任心强、有丰富执法经历的裁判员担任裁判工作。

2. 组织裁判员学习

组织裁判员学习各项规章制度和行为准则，学习裁判法和竞赛规程、规则，熟悉小型单项社会体育赛事的特点和规律，提高裁判员的业务水平和职业操守道德，向裁判员提出具体、严格的职业要求。介绍赛事日程和生活安排，了解裁判员的思想和业务水平，合理进行人员分工。

3. 组织裁判员临场实践

组织裁判员熟悉场地器材的全面情况，组织裁判员讨论裁判工作细则并进行临场实践。统一判罚尺度，研究比赛中可能出现的问题，并提出处理与解决问题的预案。

4. 参加比赛

（1）组织裁判员召开赛前准备会，认真研究重要或关键场次的比赛，做好裁判员临场工作安排，对裁判员的精神风貌做出要求。

（2）裁判员执裁时要参与对运动队的管理，对比赛中哪些是运动队伍不能做的事要予以说明，并对比赛进行管理。

（3）在每场比赛后，管理人员要及时组织裁判员进行总结和讲评，裁判员要在每场比赛后进行小结，虚心听取仲裁、裁判长、教练员等提出的意见和建议，

调整工作方法和手段，提高裁判工作质量。

（4）比赛过程中要随时检查场地和裁判员器材设备情况，发现问题要及时启用备用方案并向有关部门反映情况，以便及时维修。

（5）裁判员要做好临场成绩的相关工作并在成绩表上签字确认，报竞赛部门发布成绩公告。

5. 做好裁判员的保障工作

（1）安排好裁判员的接待工作。

（2）准备好裁判员的服装、器材和设施。

（3）做好裁判员差旅费的报销和劳务费的发放工作。

（4）安排好裁判员的离会工作。

（二）仲裁人员的管理

在小型单项社会体育赛事的比赛过程中，隐瞒真实身份、弄虚作假等违反体育竞赛规则、规程和体育道德的情况，严重地违背了公平竞争的体育精神，造成了恶劣的影响。体育仲裁是解决此类纠纷的主要方式。仲裁委员会是竞赛的临时性仲裁机构，仲裁人员的任务是复审比赛期间执行竞赛规则、竞赛规程中发生的纠纷，处理各项抗议，裁决有关事宜，保证竞赛规则、竞赛规程的正确执行。

1. 仲裁人员组成

根据小型单项社会体育赛事的比赛规模和工作需要确定仲裁委员会的人数，仲裁委员会通常由1~3人组成，人选由组委会聘请。其职责为根据竞赛规则的规定和其他有效的证据，处理各项抗议，同时对比赛中提交仲裁委员会的其他相关事宜做出裁决。

2. 组织仲裁人员进行培训

认真学习竞赛规则、竞赛规程和仲裁委员会条例等文件，制定各参赛队伍在竞赛中提出申诉的程序和方法，统一有关技术问题的认识和解释原则，并将有些具体规定在联席会议上予以阐述，研究比赛中容易出现的问题及其原因，明确工作的重点和难点，制定工作计划和有关预案。

3. 组织仲裁人员进行临场实践

（1）全面了解比赛的准备工作，重点了解比赛场地、器材、设备以及裁判工作安排等方面的情况，为工作时便于清楚地观察提供帮助。

（2）检查仲裁人员的工作席位，以便于观察全场比赛为原则来设置仲裁人员的工作席位，并应有明确的标志。

（3）参加临场裁判技术会议，掌握技术会议的有关内容和决定。

4. 参与比赛的管理

（1）仲裁委员会应深入比赛现场，及时了解比赛中发生的争议和纠纷，掌握第一手材料。

（2）接受抗议申诉。①抗议申诉必须以书面形式提出，由代表该运动员的负责人（领队或教练员）签名，并交纳大会规定数额的申诉费。②凡上交仲裁委员会的申诉，必须在正式宣告有关裁判长的裁决之后的30分钟内提出；如果抗议涉及比赛的成绩和名次，则应在正式宣告该项目成绩后的30分钟内提出，否则不予受理。

（3）仲裁委员会一旦受理抗议，应立即开展调查工作，向有关的裁判长、裁判员和其他人员了解具体情况，同时结合收集的其他有效证据分析申诉情况，加以综合研究。召开仲裁委员会会议进行讨论，依据事实和规则精神做出裁决。仲裁委员会的裁决结果，应以书面形式通知有关人员，并上报组委会备案。

（4）仲裁委员会的裁决为最终裁决，但是当有新的确切证据出现时，若产生新的裁决结果仍有实际意义，仲裁委员会可考虑重新进行裁决。

5. 做好仲裁人员的保障工作

（1）做好仲裁人员的接待工作。
（2）准备好仲裁人员的服装、器材和设施。
（3）做好仲裁人员差旅费的报销和劳务费的发放工作。
（4）做好仲裁人员的离会工作。

（三）参赛人员的管理

运动队的参赛人员是体育竞赛活动的主体，为保证体育赛事如期、顺利、有序地进行，保障运动员在比赛中发挥出良好的竞赛水平，以取得优异成绩，必须对参赛人员进行管理。小型单项社会体育赛事，由于缺少单位的组织约束和成员系统的组织管理，更要加强对参赛人员的管理。为使管理落到实处、切实有效，组织者一般采取分级管理的办法，即大会组委会主要抓各参赛队的管理，各参赛队的领队、教练员负责管理好自己的参赛队员。

1.参赛队伍的人员组成

各参赛队伍人员由领队、教练员、运动员和随队人员组成。

2.组织好赛前联席会议并提出相关要求

（1）组委会组织好赛前领队、教练员、裁判员联席会议。通过联席会议，各参赛队的领队、教练员明确规程精神，全面理解规程中的参赛时间、地点、参加办法、参赛资格、竞赛办法、奖励原则以及规程补充规定等各项技术规定，全面了解比赛执行的规则情况，统一对规则的理解和认识，了解并理解临场的判罚尺度。

（2）组委会对各参赛队伍提出统一要求和具体规定，如医务管理规定、安全管理规定等。

（3）组委会要对各参赛人员购买的体育保险做出规定，运动员在参加体育赛事活动中面对激烈、紧张的比赛环境，易出现由于兴奋过度、动作变形或其他多方面原因而造成的意外身体损伤或运动创伤，赛事组织者按规定要求运动员出示身份证件，并提供个人的人身保险及人身意外事故险的凭证。

3.参赛队伍的赛前练习

参赛队伍的赛前练习要考虑到时间、天气、场地、器材等多种因素的影响，尽可能为各参赛队伍做出合理的安排，为运动员比赛创造优异成绩提供保障。

4.参赛人员比赛期间的管理

（1）各参赛队的领队、教练员要告知运动员、随队人员遵守比赛的各项规章制度，服从大会统一指挥和竞赛日程安排。

（2）各参赛队的领队、教练员必须要求运动员、随队人员遵守赛场纪律，尊重并服从裁判，尊重对手，争取优异成绩并争创精神文明运动队。

（3）各参赛队的领队、教练员必须要求运动员、随队人员遵纪守法，外出时要请假，注意个人人身安全。

（4）各参赛队的领队、教练员必须要求运动员、随队人员在比赛期间爱护公共财产，损坏要照价赔偿。

（5）组委会要定期召开领队、教练员联席会议，听取意见、处理问题并改进工作。

5. 做好参赛人员的保障工作

（1）做好比赛场地、器材的保障工作。
（2）做好参赛人员的接待工作。
（3）做好参赛人员的医疗保障工作。
（4）做好参赛人员的安全保障工作。

第三节　竞赛工作现场组织与服务保障

竞赛是体育赛事的核心内容，竞赛工作的现场组织与保障是体育赛事管理的重要组成部分，同时也是竞赛顺利进行的重要基础。本节主要从场地器材的准备、信息通信保障和医疗卫生保障等方面，分别从赛前、赛中、赛后三个阶段进行分析。

一、赛前的现场组织与保障

赛前的现场组织任务就是根据各项工作要求检查落实筹备情况。赛前准备期是整个竞赛的基础环节，这一阶段是能否顺利举办比赛的关键。

（一）赛前场地器材的准备

场馆、设备与器材是实现竞赛管理必备的物质条件。场馆包括竞赛场地、训练场地和备用场地。各类场馆必须符合竞赛规则所规定的标准。场馆的功能性设备主要包括指挥高度系统、比赛显示及控制系统、计时计分及比赛成绩处理系统、仲裁录像系统、网络与通信系统、计算机信息系统、现场录像采集及回放系统、消防报警系统、温控系统和安保监控系统等。对器材进行准备时，要求制订器材规格、数量、品牌和型号方案以及备用器材计划，制订器材使用、保管和分配方案。

（二）赛前接待保障

负责接待的部门要提前与酒店进行沟通，为需要提供住宿的教练员、运动员和赛事组织与管理人员安排好住宿、餐饮和接送车辆。

（三）赛前综合保障

1. 赛前信息通信保障

体育赛事的通信保障工作是指赛事运作管理机构协调邮政、电信、移动通信等邮电通信服务商，为赛事比赛场馆、宾馆住地及周边地区提供通信服务，保证赛事相关人员内外部沟通的渠道顺畅，确保赛事顺利进行。在建设初期要按照相关网络管理部门的技术规范组织施工。做好新闻中心的电视信号传输，网络管理与维护。在赛事举办前应完成相关基础设施，包括光线、电缆等的铺设，尽可能满足赛事直播和转播工作的需要。体育赛事通信保障工作的主要目标是满足参加、参与赛事的人员及私人方面的通信要求，提供及时、优质的市内通话、国内外长途通话及信件包裹递送服务。

2. 赛前医疗卫生保障

体育赛事的医疗卫生保障工作是在赛事的运行管理过程中，以提供安全、卫生的赛事环境为目标，开展有关食品卫生监督、医疗救护、医疗保健等方面工作的集合。医疗卫生保障工作是体育赛事综合保障体系的重要组成部分，是赛事举办的重要保证。医疗救护主要包括院前急救与院内救治工作的有机结合。医疗救护的主要地点为赛事开/闭幕式及其他相关重要活动现场、比赛和训练场馆、接待对象的驻地宾馆等。

在活动现场适当位置设置急救医疗站，标志必须醒目，现场需配置医疗救护资源，保证足够数量的救护车和医务人员。在比赛和训练场馆设置医务室，根据比赛日程和比赛项目的具体情况，配备医疗救护资源。在驻地宾馆根据实际情况设置医务室或派驻医务组，实行24小时值班制。定点医院要委派固定的联络员，要做好充分的人员、物资、设施和设备的医疗救护准备工作。

3. 赛前后勤保障

体育赛事的竞赛与大型活动是体育赛事的中心工作，为了确保中心工作目标实现和体育赛事的顺利举行，赛事承办地的相关部门需要为体育赛事提供全面的保障，必须构建完整的后勤保障工作体系。后勤保障工作主要包括供水、供电、供热、气象保障等。在赛事筹备阶段，要统筹、监控水力、电力工程的新建、改造和维护，制订赛事筹备与举行期间的供电方案。要积极组织供热供气安全专项检查。对供热供气的重点部位、薄弱环节认真检查检修，确保设备安全稳定运行。

在气象方面，赛事举办之前需要进行天气预测，向赛事主办单位建议合适的赛事日期，同时为竞赛和相关活动提供气象服务。

4. 赛前安全保卫工作

安全保卫工作是指对体育赛事的所有参与者、体育赛事的承办城市及比赛场馆、重大活动现场、驻地及其他场所提供安全、交通管理和消防应急等服务。安全保卫工作既是体育赛事成功举办的根本保障，也是赛事成功的主要标志之一。

在体育赛事的筹备阶段，应始终把安全检查作为各项工作的重点，贯穿于安全工作的全过程。对体育赛事的场馆和驻地，要进行全面、彻底的安全检查，特别是比赛场馆、宾馆驻地、重要活动场所。对存在的安全隐患，应督促其进行整改，跟踪并掌握整改情况，直至整改到位。另外，安保部门需结合闭幕式预演，做好安保工作演练。

证件是体育赛事的各类注册人员及车辆通行比赛场馆和重要活动区域的有效凭证，也是对参与体育赛事工作的人员和车辆进行管理的一种必要手段，是体育赛事为其参与者提供的形式统一的身份标识。安全保卫部可将证件的制作交给专业的制证公司或公安部门。负责证件制作的单位必须严格按照安全保卫部的要求进行制证工作。

5. 赛前志愿者的组织与保障

为了招募到合适及足够数量的志愿者，志愿者工作部在实施招募计划前，需要对赛事进行宣传。简而言之，要使赛事对于志愿者人选富有吸引力。通常情况下，志愿者工作部对以下几个方面进行强调有利于志愿者的招募。①可以成为一个精彩赛事的亲身参与者，拥有和来自其他地区、城市和国家的人交流的机会。②可以学习自身所欠缺的技能，获得宝贵经验，为自己所在城市做出贡献，体现个人价值。

做好志愿者的服务保障工作是志愿者为赛事提供服务的基础和前提。志愿者的保障工作指的是赛事运作管理机构为志愿者工作提供就餐、交通、证件、服装等一系列服务的集合。志愿者工作部牵头，协调办公室、行政接待部、安全保卫部、市场开发部等相关部处，安排志愿者的就餐、交通等问题。通常情况下，就餐由志愿者所在的部室负责协调、安排。

二、赛中的现场组织与保障

（一）赛中场地器材的准备

赛事进入举办阶段，场地器材的准备是比赛能否顺利举办的重要因素。赛事进行过程中，安排人员在赛场巡视，处理一些由于器材而产生的突发状况；赛事间隙，对器材进行检查维护，以保证后续比赛能够顺利进行。

（二）赛中接待保障

竞赛管理部门要为运动员提供良好的物资环境，保障运动员的饮食条件与饮食安全，为运动员提供良好的住宿环境，以便于运动员休息。交通方面，应集中安排车辆接送，以确保相关人员的交通安全。

（三）赛中综合保障

1. 赛中信息通信保障

在赛事举办过程中，媒体能否顺利地把赛事的最新消息发布出去，与赛事相关人员内外部沟通的渠道是否顺畅密切相关，信息通信保障工作是重中之重。在赛事举办过程中，应做到以下几点。

（1）电视信号传输、网络管理与维护。

电视信号传输、网络的管理与维护是确保体育赛事各类信息、图像、信号得以及时、准确向外界传输的必备条件。在比赛期间应有专业的技术人员全天候值班，并留有适当的设备、器材的备件。一旦发生故障，专业技术人员要快速做出反应，及时地、高效地、专业地进行抢修。新闻中心将提供给前来采访的电视媒体和网络媒体临时租用。现场维护人员要与这些媒体的技术人员进行良好的工作对接，使租用人员了解设备和设施的技术性能。

（2）各类媒体现场采访报道区域服务。

除比赛的主新闻中心外，在竞赛现场都应有媒体采访报道区。该区域由两部分组成：一部分是直接采访区，另一部分专设媒体工作用房。各类媒体进入上述两个区域进行采访，应使用不同的证件。赛事承办单位主要负责媒体采访区域的控制工作、设施设备的维护工作和现场的基本服务工作。

（3）新闻发布服务。

新闻发布会是体育赛事运作管理机构借助媒体手段直接向外界发布赛事相关

信息，解释或说明组织重大事件而举办的活动。新闻中心一般都设有新闻发布室供赛事组织者使用。新闻发布室应具备背景板、茶水服务、音响设备和桌椅等。通常情况下，赛事的组织者在召开新闻发布会时，应向媒体记者提供新闻通稿和相关背景资料，并做好发布会现场的基本服务。

（4）开闭幕式的广播、电视报道。

体育竞赛的开闭幕式是体育赛事广播电视转播工作的一项重要内容，应确保开闭幕式视听信号得以及时准确传播，将体育赛事开闭幕式的精彩内容清晰、完整地呈现在观众面前。负责广播电视转播的团队，要与开闭幕式导演团队、现场服务保障团队充分对接。对广播电视设备的现场安置工作，要尽可能提供方便，同时要在确保用电安全的基础上提供电力保障。

（5）直播、转播各项比赛。

对比赛项目进行直播、转播是体育赛事广播电视工作的主要工作。各转播团队要根据赛程的安排，提前到转播现场全面考察，要将相关的技术设施要求及时提供给赛事组织者以确保赛事直播和转播工作顺利完成。

2. 赛中医疗卫生保障

医疗卫生保障工作是体育赛事综合保障体系的重要组成部分，是赛事顺利举办的重要保证。赛中医疗卫生保障工作主要有：

（1）医疗救护。赛事进入举办阶段，各项比赛和活动全面展开，医疗卫生保障工作也全面进入具体的实施阶段。按照训练、比赛日程安排医务人员到现场开展医疗救护工作，并实行"随队工作制"。配备于训练、比赛场馆的医务人员、救护车辆，须在训练、比赛活动开始前30分钟进场，比赛完全结束后方可撤离。驻地宾馆饭店派驻医疗组，实行24小时值班制，当驻地宾馆有人员患伤病时，医疗组应就地进行处理，当伤病员需要入院救治时及时呼叫急救车，就近转送至定点医院救治。

（2）卫生督查与食品卫生监督。卫生督查工作要求保证所有赛事相关人员的饮食、住宿及赛事公共场所的安全卫生，至少需要制定《赛事食品卫生方案》《赛事饮用水卫生方案》《赛事公共场所卫生方案》，依据工作计划和方案开展卫生检查工作。协同赛事接待部门，与负责向赛事提供餐饮、住宿服务的饭店、宾馆、食品饮料商等签订卫生管理责任书，并对提供餐饮、住宿服务的人员进行卫生知识培训。接待宾馆的相关部门同时要做好饮食、住宿、场馆的卫生监督工作。

（3）医疗保健。组委会需要向部分接待对象提供医疗保健服务，旨在通过良好的医疗保健服务进行有效的公关、商务交流及外交活动。提供医疗保健服务的保健医生要求具备精湛的医术、强烈的责任感及一定的沟通水平。在定点医院设立的医疗保健点，在条件许可的情况下，应提供绿色通道服务。

（4）突发事件应急准备。一是制定预案，医疗卫生部研究制定突发事件的应急预案，明确突发事件应急处理的组织指挥体系、部门和单位职责、物资供应和人员安排、应急措施和实施步骤等。预案考虑要尽量周全，做到全面系统、有备无患。二是做好应急准备，体育赛事所涉及的各级卫生行政部门、疾病预防控制机构、定点医院都要根据预案的要求，做好突发事件的应急准备工作。疾病预防控制机构要做好队伍、检验检测设施等各项准备工作。各定点医院要组建一支由专家组成的应急医疗救治队伍，处于备战状态；要确定一个病区，做好腾空病床的准备，以应对突发事件抢救大规模伤病员的需要。三是沉着应对，一旦发生突发事件，要按照预案的规定，及时上报情况，启动应急预案，沉着调度指挥，把损失和不良影响降至最低。

3. 赛中后勤保障

明确赛事对后勤保障工作的需求，各工种之间与后勤保障部门建立沟通与协调机制，熟悉工作环境，明确工作流程，及时地与组委会相关部门进行对接，按照赛事和活动的安排提供后勤保障服务，如遇到突发事件按预案执行。

（1）供水供电的保障。体育赛事的供水供电保障工作是指赛事运作管理机构组织和协调供水、供电单位，对比赛场馆、人员驻地、办公场所及赛事相关重大活动场所的供水、供电设备进行更新、改造和维护，并对供水、供电运作进行调度和调试，保障赛事期间的用水、用电安全及供水、供电的充足稳定，确保赛事的顺利进行。

（2）供气供热的保障。供气供热保障主要是指为体育赛事的场馆、接待宾馆等区域提供燃气、暖气等的服务保障。在赛事举办阶段，要积极组织供热、供气安全的专项检查。实行24小时值班制，确保信息的准确、及时。

（3）气象保障。体育赛事的气象保障工作是指通过对赛事举办地历史气象数据的分析，对于大型综合性赛事而言，可以在适当的条件下通过科技手段，对天气进行人工影响，以保证赛事重大活动（如开幕式）的顺利进行。体育赛事气象保障工作的主要目标是向赛事各项比赛及相关活动提供及时、准确的气象预报服务，协助选择赛事重大活动的举行时间，并尽可能保障重要活动和比赛当天没有降水。

4. 赛中安全保卫工作

安全保卫工作是指对体育赛事的所有参与者、体育赛事的承办城市以及比赛场馆、活动现场、驻地及其他场所提供安全、交通管理和消防应急等服务。在比赛进行中要确定赛事安全保卫的关键环节和重要区域，明确安保工作责任人，定时开展各项安全检查，认真检查证件，安排安保人员在赛场、驻地、活动场所巡逻以应对突发事件。另外，安保人员需做好出席开闭幕式嘉宾的安保工作。

5. 赛中志愿者的组织工作

赛事进入举办阶段，志愿者的服务工作也全面进入了实质性的工作阶段。志愿者按派遣计划到达服务岗位熟悉工作环境，及时与其他部门的工作人员进行沟通，按照工作规范提供志愿者服务，同时做好志愿者本身的后勤保障，及时反馈服务信息以达到更好的服务效果。

6. 赛中现场观众的管理

现场观众是比赛的重要参与者，特别是当比赛处于紧张激烈的比赛时，若对现场观众的组织管理不当，很可能影响比赛的顺利进行。加强对观众的组织管理，既是保证比赛顺利进行的必要措施，又是充分发挥竞赛积极功能的客观要求。竞赛组织者应该从人们的社会心理承受能力和赛场的特殊氛围出发，建立防患于未然的观众预警系统。另外，应设立多个应急出口，如有紧急情况，要正确引导及疏散观众。

三、赛后的现场组织与保障

（一）赛后场地器材等固定资产的处置

1. 固定资产清点

体育赛事的固定资产主要包括办公用品、竞赛场馆、竞赛器材与设备、活动设备等。对体育赛事固定资产进行清点是回收和处置的前提。所有登记在册的固定资产，在赛事结束后，应按照"谁发放、谁回收"的原则进行清点，要求分类明确、数据准确、实事求是，认真编制、整理固定资产账本。

2. 回收与处置

对固定资产清点完毕后，开始进行回收与处置。发现固定资产损坏、遗失应注明原因，报告管理层批准并依财务程序办理销账手续。回收的固定资产由使用部门提出处理意见，报告管理层审批后调拨有关单位使用。大型综合性体育赛事固定资产处置的方式通常有两种：一是无价调拨；二是拍卖。赛事运作管理机构各部门负责管理物资的人员，必须在统一规定的时间内办理分管财产物资的交接手续。

（二）赛后接待保障

竞赛结束后，竞赛管理部门欢送来自各地的运动员、教练员，以及赛事的参与人员，为离会人员中需要去往机场、火车站的人员安排好车辆，保证其安全离开。

（三）赛后综合保障

1. 赛后信息通信保障

（1）协助广播、电视台搬运转播器材设备。

（2）欢送广播、电视记者返程。

（3）指定专人撰写本部门工作总结报告，做好人员鉴定、评比工作。

2. 赛后医疗卫生保障

（1）做好赛事相关人员离会期间的医疗保障工作。

（2）上交档案资料、医疗卫生用品和设备等。

（3）上报医疗卫生部工作总结，做好人员鉴定、评比工作。

3. 赛后后勤保障

（1）做好赛事相关人员离会期间的后勤保障工作。

（2）上交档案资料、后勤保障设备等。

（3）上报后勤保障部工作总结，做好人员鉴定、评比工作。

4. 赛后安全保卫工作

（1）做好各类人员的返程安保工作。

（2）指定专人撰写部门工作总结报告，做好人员鉴定、评比工作。

5. 赛后志愿者的组织与保障

（1）协助新闻宣传部做好社会宣传工作。

（2）与大型活动部、安保部等协调，落实闭幕式志愿者服务工作流程。

（3）将闭幕式及各类来宾离会送站服务流程下发至各分队，传达到每一位志愿者。

（4）组织本部门人员进行总结，做好人员鉴定、评比工作。

（5）向提供志愿者服务的各单位发出感谢信致谢。

（6）向本部门工作人员所在单位致谢，发出感谢信。

第八章　社会体育赛事的财务管理

第一节　社会体育赛事的财务预算

财务管理是企业组织财务活动和处理财务活动中所发生的财务关系的一项经济管理工作，是企业管理的一个重要组成部分。随着经济的发展和改革的深化，财务管理的作用在企业管理中显得越来越重要。企业的财务活动是企业各项财务收支的资金运动的总括。企业在生产经营中必须运用各种方式，通过不同的渠道，筹集一定数量的资金，用于必要的投资和生产经营的各个方面，以求获得一定的经济效益，并将其实现的利润，在投资人之间进行合理的分配，以保证投资人的合法收益。所以，筹集资金、运用资金和收益分配是企业财务管理的主要内容。财务管理本身所具有的职能是组织、调节和监督。组织就是组织企业资金运动的正常运行，建立各种委托代理关系和同一层次各责任人的协作关系，构建信息沟通的渠道，保证财务活动的连贯性和有序性，以求达到预期的理财目标。调节就是调节资金运动的流向、流量、流速，协调企业各方面的财务关系，随时解决各部门、各层次、各管理环节可能出现的矛盾、冲突，使不确定性事件发生时，财务活动仍能按既定的理财目标发展。监督就是从合理性、合法性、有效性方面，对企业财务活动的运行和财务关系的处理进行监督，通过激励机制和约束机制对各级各部门财务行为施加影响。财务管理应该注意资金合理配置原则、收支平衡原则、成本效益原则、收益风险均衡原则、分级分权管理原则、利益关系协调原则等 ❶。

社会体育赛事和其他任何公司经济行为的运作一样，需要合理而有效地进行

---

❶ 刘清早. 体育赛事主题活动运作管理 [M]. 北京：人民体育出版社，2013:25-29.

管理才能得以良性运转，获得好的效益，其中财务管理的重要性日益显著。对社会体育赛事进行财务管理其实就是以赛事经营价值最大化的方式来获得并运用资金。财务管理决定了发展的进程，社会体育赛事活动的管理人员应当利用它来保护债权人和投资者的利益，并使赛事活动得以运转下去。结合体育赛事的特点来说，社会体育赛事的财务管理主要是通过财务预算、财务规划、财务控制、财务评价等一系列手段来促使赛事活动的顺利进行。预算的行为因素是财务管理最重要的一个组成部分，而财务管理则极大地维持着市场和组织的财务工作在信用流动性方面适当的平衡，以便获得快速的市场渗透。

　　财务管理和预算是活动管理的重要内容。不论体育赛事活动的大小，体育赛事活动管理人员都要培养并具备控制收支的有效技巧和策略。预算不能只是创造收入和控制成本的手段，它还应当包括行为因素的内容。为了实现活动管理者既定的预算目标，编制预算时还应当考虑到如何增强工作人员信心的问题。

一、社会体育赛事中财务预算的重要性

　　社会体育赛事管理的复杂性和经常监控财政状况的需要使得预算和财政成为赛事管理成功的核心。预算是指为下个清算账目周期制订收入和花费计划的过程。对于赛事来说，一个账目周期通常是计划、组织和运作将来临赛时必需的时间段。预算包括成本计算、收入评估和财政资源分配。体育赛事预算被用来比较实际成本和花费与计划中的成本和花费。由于大规模赛事的下级部门众多，因此，可以由每一个部门单独预算，计算出可能的最大花费。预算对于赛事管理十分重要，因为赛事中许多与成本有关的方面是先有支付后有收入的。许多投资或赞助商都要先看赛事的预算才会履行承诺。当赛事发生变化和掌握有关新信息时，就需要对预算进行调整。

　　从这里可以看出，预算编制的所有因素都会影响到活动管理者的行为，使他们控制好其商业活动，并在预算内而非预算外进行工作。如果那些工作要求必须考虑预算问题的个人也参与预算编制，那么就能形成一种富有激情的劳动力，他们能够更有效地管理好预算控制，并确保活动中所有成员都朝一个相同的目标努力。

　　此外，预算控制是一个活动组织内整个财务管理会计制度的组成部分。预算编制是按照财务管理条款来评估收支状况的一种会计制度。预算控制制度为活动管理者提供了一个清楚而简洁的反馈，并使他们能够修正活动当前的操作以实现最初设定的目标。当目标未能实现时，不能指责那些预算编制人员。预算培训是为了使雇员们了解预算的内容和目标。

二、预算编制的目标

预算编制是规划未来并实施这些规划和进行监督的活动。特许会计师管理学院（CIMA）将"预算"解释为"以资金进行说明的一个规划，在规划前，它就得以准备和通过，因而它可以显示出被利用的收入、支出和资金"。艾伦等人评论说："一个活动预算就是用来比较实际收支和可以利用收支两者之间的差别的。"

因此，预算活动给管理者提供机会去认真协调组织目标和实现目标必需的资源两者之间的关系。预算的信息向负责组织各部分的人员传达了其职责内容。精心挑选实施方法是为了激励个人或团队去实现既定目标。

三、赛事活动组织内的预算编制

预算是活动组织者在进行有效决策时管理财务的最重要的组成部分。预算是每个活动的关键内容，为监督整个活动及其各组成部分朝既定目标进展提供了一个严谨的依据。因此，活动管理者一定要了解预算编制活动，并熟悉下面的一些预算。

（1）弹性预算：一项预算应当区分固定预算、半固定预算和可变预算，并随活动达到的规模而进行调整。弹性预算能将实际支出和一个现实的预算进行有效的比较，弹性预算为活动管理者在改变活动时提供了更广阔的视野。

（2）现金预算：可以说明在特定活动时间内所需要的现金收支。对于任何活动的管理者来说，现金预算都是最重要的手段，它为管理者提供了使用活动收支的指南。现金预算能及时地显示出活动的盈利或亏损。

现金预算常常会出现某种程度的松懈，它可以通过调整收支安排来达到最终的平衡。此外，预算编制也是一个有效的手段，它为活动管理者提供了一个总方针去为每个活动编制出有效的预算。

（3）体育赛事预算的具体项目：①非组委会预算。通常是指对赛事配套公共事物的投入，如可以给当地政府带来社会效益或经济效益的赛事活动所需的配套公共设施建设等，有时可以使用政府公共资金。一般体育赛事包含以下预算：基础设施，场馆设施（含改造、维修费用），服务项目等投资。②组委会预算。通常包括比赛设施费用、竞赛费用、赛事组织的行政管理费用、赛事活动的宣传推广费用、贯穿体育赛事的相关大型活动费用以及一些不可预见事件的费用六个项目的支出。

第二节　社会体育赛事的资金筹集

社会体育赛事的资金筹集，是指社会体育赛事的运作管理部门根据赛事运作的需要，通过筹资渠道与资本市场，运用筹资方式有效地筹集社会体育赛事运作所需资金的财务活动。资金筹集是社会体育赛事运作的重要环节，是赛事成功举办的重要保障。因此，赛事的管理应科学合理地进行资金筹集。资金筹集要遵照国家法律和政策的要求，从不同渠道，用不同方式，按照经济核算的原则筹集资金，从数量上满足社会体育赛事经营的需要；同时，要考虑降低资金成本，减少财务风险，提高筹资效益，以实现社会体育赛事财务管理的目标。

一、社会体育赛事资金筹集的主要方式

赛事的成功举行需要投入相当的人力、物力和财力，这就构成了社会体育赛事资金筹集的必要性。社会体育赛事本身存在着大量可以被开发与经营的资源，可为赛事组织者和企业等不同的组织所用，这就构成了社会体育赛事资金筹集的可行性条件。

（一）政府拨款

在我国现行体制下，由于体育事业的公益性特点，政府拨款就成为体育赛事资金筹集的一种重要方式。政府拨款的主要来源是各级政府（包括中央财政和省市各级地方财政等）对体育赛事的拨款和赛事的主办与承办单位（如国家体育总局、各部委、行业体协、承办地政府等）的拨款。

我国体育彩票的发行，使体育赛事政府拨款的渠道进一步拓宽，体育彩票的公益金在政府拨给的体育赛事经费中，占了较大比重，体育彩票为体育事业的发展起到了积极的支持作用。政府拨款是非商业筹资的主要来源之一，但是随着体育赛事资本市场的成熟，政府对于体育赛事的拨款将越来越少。

（二）企业赞助

随着我国市场化程度的提高和市场经济的逐步完善，赞助体育赛事作为一种有效的市场营销手段日益受到企业的重视。企业逐步成为体育赛事市场开发的主要对象，企业赞助逐步成为体育赛事资金筹集的主要来源之一。

（三）社会捐赠

根据《中华人民共和国公益捐赠法》，捐赠是指自然人、法人或者其他组织自愿无偿对公益事业提供的财产，主要特点是公益性和无偿性。特定的体育赛事由于其公益性的特点，如果进行成功的宣传和包装，将会吸引一部分社会捐赠，主要是国内社会各界、海外华人、国际组织和国际友人的援助或捐赠。

（四）基金会拨款

体育基金主要来源于社会各界资助体育事业发展的捐赠基金。既有政府支持的、企业组织的基金会，也有海外侨胞、港澳台同胞捐赠建立的体育及其他基金会，如中华全国体育基金会、霍英东体育发展基金，以及各个省市的体育基金会等，通常对特定的体育赛事（如残疾人运动会等）进行拨款。

（五）金融机构融资

通过金融机构筹集资金的行为称为融资，通常分为直接融资和间接融资。直接融资是指通过证券市场发行股票和到投资人市场直接寻找投资人的方式。由于国内体育赛事筹备（组织）机构大都不具有长期法人资格，因此，除非这些机构具有法人资格，否则用直接融资方式一般不可行。

间接融资是指通过银行、投资公司、信托公司或者证券公司等金融机构，寻求贷款或者投资的方式。贷款需按事前商定的一定利息率还本付息；而投资则是在赛事盈利后可以分得红利，如果亏损则须承担风险。间接融资是体育赛事资金筹集的一种非常重要的趋势，尤其是作为体育赛事筹备的启动资金。

二、社会体育赛事资金筹集的机构与人员

对于大型综合性赛事和商业性赛事而言，赛事资金筹集的机构一般由赛事的市场开发部承担。对于大众体育赛事或小型体育赛事而言，组委会一般不设市场开发部，其赛事资金筹集的任务就由组委会承担，组委会负责集资的人员通过运用赛事一切可利用的资源，通过各方渠道为赛事的成功举办筹集资金。

三、社会体育赛事资金筹集的流程

（一）组建赛事筹资机构

建立赛事的筹资机构是为赛事筹资的起点，社会体育赛事的筹资机构与人员

往往根据赛事的规模、性质、历史传统等不同而有所区别。赛事运作管理机构如果是公司性质，一般会在公司内部设立筹资部门；如果是由政府行政部门组建的组委会，则可能会另设直接受组委会领导的筹资公司；有些小型单项赛事的组委会则安排专人负责赛事资金的筹集。

（二）全面分析赛事

不同的赛事，其筹资的途径也不尽相同，商业性体育赛事更多地采用企业赞助的方法进行筹资，公益性赛事则更多地采用政府拨款的形式筹集资金。因此，在组建完成赛事的筹资机构后，应全面分析赛事的性质以及价值，全面了解该赛事的利益相关者，从而选择符合实际的筹资方式。

（三）确立筹资目标与制度

资金是确保各类体育赛事成功举办的重要因素，过高的筹资目标难以实现，过低的筹资目标难以维持赛事正常运作。因此，应根据赛事的规模以及资金预算，合理确定赛事的筹资目标。同时，筹集活动要严格执行国家有关政策和法律、法规的规定，做到依法办事，取之有道，严禁乱集资、乱摊派。

（四）制订筹资方案并实施

在确定赛事筹资的总体目标后，接下来最重要的工作就是根据赛事的不同性质及其利益相关者制订相应的专项实施方案。这些专项方案包括企业赞助方案、社会捐赠方案、政府拨款方案等。同时，应有计划、有针对性地实施这些筹资方案。

第三节　社会体育赛事的财务控制

控制是指监视各项活动以保证它们按计划进行，并纠正各种重要偏差的过程。财务控制是在生产经营活动过程中，以计划任务和各项定额为依据，对资金的收入、支出、占用、耗费进行日常的核算，利用特定手段对各单位财务活动进行调节，以便实现计划规定的财务目标。财务控制是落实计划任务、保证计划实现的有效措施，所有的管理者都应当承担控制的职责。一个有效的控制系统能够保证各项行动都向着组织的目标方向进行。控制系统越完善，管理者实现组织的目标就越容易。控制过程分为三个步骤：衡量实际绩效、比较实际绩效、采取管理行动纠正偏差或不适当的标准❶。

一、财务控制的原则

有效地进行财务控制必须注意职责分离、收支两条线的基本原则。财务控制要适应管理定量化的需要，抓好以下几项工作。

（一）制定控制标准，分解落实责任

按照责权利相结合的原则，将计划任务以标准或指标的形式分解落实到各负责人、部门以至个人，即通常所说的指标分解。这样，赛事活动组织内部每个单位、每个员工都有明确的工作要求，便于落实责任，检查考核。通过计划指标的分解，可以把计划任务变成各单位和个人控制得住、实现得了的数量要求。对资金的收付、费用的支出、物资的占用等，要运用各种手段（如限额领料单、费用控制手册、流通券、内部货币等）进行事先控制。凡是符合标准的，就予以支持，并给予机动权限；凡是不符合标准的，则加以限制，并研究处理。

（二）确定执行差异，及时消除差异

按照"干什么，管什么，就算什么"的原则，详细记录指标执行情况，将实际同标准进行对比，确定差异的程度和性质。要经常预计财务指标的完成情况，考察可能出现的变动趋势，及时发出信号，揭示赛事组织过程中发生的矛盾。此外，还要及时分析差异形成的原因，确定造成差异的责任归属，采取切实有效的措施，调整实际过程（或调整标准），消除差异，以便顺利达成计划指标。

（三）评价单位业绩，搞好考核奖惩

在一段时间后，赛事组织者应对各责任单位的计划执行情况进行评价，考核各项财务指标的执行结果，把财务指标的考核纳入各级岗位责任制，运用激励机制，实行奖优罚劣。

财务控制环节的特征在于差异管理，在标准确定的前提下，应遵循例外原则，及时发现差异，分析差异，并采取措施调节差异。

---

❶ 陈林祥 . 体育市场营销 [M].2 版 . 北京：人民体育出版社，2010:31-35.

二、财务控制的方法

（一）成本核算

成本核算是指对运作过程中成本的预计、分类和分配。成本核算有两种类型，即固定成本和变动成本。固定成本是指使体育赛事发生而不论有多少人参加所必需的不变花费；变动成本是指与参加人数有关的花费，如食物和饮料花费等都会随人数的变化而不同。成本与体育赛事规模有关，体育赛事成本取决于使赛事发生的基本条件的建立和赛事的营销推广。

（二）收入核算

社会体育赛事收入与赛事的类型和赛事规模有极大的关系，赛事的类型直接决定了赛事的收入来源状况，同时赛事收入也会限定赛事的目标和计划过程。赛事收入可分为基本资金收入和营销收入两方面，具体包括：拨款/贷款、集资、门票销售、赞助、报名费、媒体（报道权）、商品销售、其他营销收入。

根据预算的性质和作用，赛事预算与财务管理过程应该是：首先弄清楚赛事的目标和环境、赛事任务，然后建立赛事预算，对赛事现金流动控制和对最后结果进行评价和反馈。

赛事预算和财务管理直接关系到赛事管理效果，赛事预算和财务管理工作应该围绕赛事的目标和环境情况而有效率和有效果地展开。

（三）财务报告

通过财务报告，相关的各方能够获得会计信息。体育赛事运作机构外的人们只能得到这一类的报告。体育赛事运作机构每年年底应制作财务报表来说明赛事经营状况。根据法律，体育赛事运作机构必须公开一份财务内容广泛详细的年度报告。这里说明一下两种基本的财务报告。

（1）赢利和亏损报告。该报告显示了一段时间内的收入、支出和纯利润。标题应包括体育赛事运作机构名称、报告类型及报告所跨的时间范围，该报告还包括特定时间内的现金交易和贷款交易，并被看作判断和推测销售、成本、费用及利润的经营状况的凭证。它还清楚地勾画出了体育赛事运作机构在一年内的纯利润水平。此外，管理财务信息是经营决策活动很重要的一部分内容，它还能反映出一个活动组织的水平。

（2）资产负债报告。该报告显示了体育赛事运作机构在某个特定日期的财务状况，如资产、债务和物主产权等。标题应当包括体育赛事运作机构名称、报告类型和报告的确切日期。资产负债报告能防止现金消耗殆尽这一类问题的发生，因为体育赛事运作机构的快速发展有赖于必要的财务资源。因此，资产负债报告可以确保现金流入商业营运中，而不被其他的体育赛事运作机构公司随便地利用。现金通过资助债务人或允许顾客一定额度的透支等方式得以紧缩并避免短期投资的出现或债务偿还能力的降低。此外，其主要目标是争取到充足的年度资金以能够利用市场同对手进行竞争。有效地处理好资产负债状况对于经营的增长是非常重要的。

（四）财务比例分析

监督活动的执行情况和财务状况对于企业是非常有意义的。比例分析是一种比较方法，它采用一种易于理解的形式（常常是百分比）来比较各方面的重要关系。

比例采用各种易于同其他活动相比较的方式来体现某个活动的实施情况。体育赛事运作机构一定要制定出其财务比例分析报告，因为它能清楚地指出那些需要进行长期和短期改进的地方。为了支持这一观点，艾伦等人提出："通过实施一系列相应的比例分析，活动管理公司就能清楚地了解组织的生命力并发现需要更加严格控制的地方。"❶

三、社会体育赛事财务控制的过程

社会体育赛事的财务控制是始终贯穿于赛事的。例如预算是赛事最重要的控制，而赛事运作过程中要有财务报告、财务比例分析、收支核算等，赛事结束要有财务结算及评价，也就是说，财务控制在事前、事中、事后都要严格执行。

（1）事前控制：在财务活动发生之前所进行的控制活动。例如，对指标进行分解，将各项指标分解后落实到各归口部门，使各项指标的实现有切实可靠的保证；规定计划执行的标准和制度，如现金的使用范围、费用开支标准等，以便事前加强内部的控制能力。

（2）事中控制：对经营过程中实际发生的各项业务活动按照计划和制度的要求进行审查，并采取措施加以控制。例如，为了控制短期偿债能力，随时分析流动比率，在发现不合理的情况时，采取措施加以调整。

（3）事后控制：在计划执行后，认真分析检查实际与计划之间的差异，采取切实的措施，消除偏差或调整计划，使差异不致扩大。

---

❶ 顾小霞，杜秀芳，马俊文.体育赛事的经营与管理 [M].太原：山西人民出版社，2009:85.

第四节 社会体育赛事的财务评价

一、社会体育赛事评价的原则

对社会体育赛事的综合评价，不应局限于直接的经济效益，要综合考虑其对社会文化、交流、就业及其他产业等方面所带来的推动作用。

1. 科学合理原则

科学合理原则是指所选择的财务评价指标既能符合社会体育赛事的特征，又能全面地反映赛事财务的客观状况。

2. 可比性原则

可比性原则用于社会体育赛事和其他企业的财务指标在概念和计算方面，包括计算口径和计算时间等方面具有一致性。可比性原则通常包括横向可比和纵向可比两个方面。横向可比是指某一相同的财务评价指标在行业内具有的可比较程度，纵向比较是指同一职业体育赛事的同一财务评价指标在联赛的不同时期间具有的可比较程度。

3. 适用性原则

适用性原则是指对社会体育赛事财务指标进行设计时，应从我国目前社会体育赛事的市场开发和运作的特点出发，本着简便且可操作性强的特征，如指标数据容易获得且计算简便等。在实际操作中，我们可以首选日常统计和财务会计分析中常用的指标，或依据评价的对象对一些常规指标进行修订来形成最终的评价指标。

4. 重要性原则

重要性原则是指社会体育赛事财务指标体系的设计，要选择那些能够反映我国社会体育赛事财务运行特点并具有一定代表性的评价指标。只有这样，确定的最终财务评价指标才真正具有有效性和可靠性。

5. 符合评价主体的需要原则

社会体育赛事的财务运行是评价的主体，因此所有的评价工作都应该围绕主体来进行，应依据目前我国社会体育赛事的融资方式来设定相应的财务评价指标体系。

二、社会体育赛事评价的方法

（一）成本效益

（1）直接经济效益的评价：是否有直接的经济效益，这在成本及收入核算中应该能得到明确的答案。但是，有一些赛事的经济效益并不直接体现在赛事组织过程本身的核算上。

（2）就业效应：一项大型的体育赛事的举办可以提供很多就业机会，例如建筑、餐饮服务、交通运输、文化宣传推广等方面的岗位。

（3）政府收支：对政府来说省去救济相关就业人员失业的费用就等于是一项收入。体育赛事所带来的公共设施的建设对政府来说也是一件极其有利的事情。

（4）隐性收支：在对城市声望的提升及对旅游业的带动等方面都有一些长期的、隐性的收入推动。

（二）社会效应

好的体育赛事的推广对社会体育的推动、大众健身的影响、人民文化层次的提高、社会的安定都有一定的正面影响，而这种效益往往是无法从具体的数据上得到反映的。

三、基于BSC的体育赛事绩效评估指标体系构建研究

社会体育赛事是体育运动中最活跃、最有影响力的组成要素，在展现城市形象、增进对外交流、丰富公民生活、拉动经济增长、扩大社会就业等方面发挥着巨大的作用，具有其他活动所难以比拟的优势。但是在我国，社会体育赛事的价值尚未真正凸显，其中很重要的原因是社会体育赛事并没有建立起综合性的评估体系。仅靠单一的经济指标、获奖率、刷新率等惯有指标来分析判断体育赛事举办得成功与否，已不能适应新时期社会体育赛事的运作方向。因此，在社会体育赛事管理中，从经济、社会、环境等各方面全面系统地构建社会体育赛事评估指标体系，评估体育赛事的成败，已成为当前我国社会体育赛事管理中面临的重要

课题。鉴于此，基于平衡计分卡（BSC）理论构建社会体育赛事绩效评估指标体系，旨在为社会体育赛事的评估、管理工作提供参考。

（一）赛事绩效评估指标体系构建的理论基础

1. 赛事绩效内涵

从管理学的角度看，绩效是组织期望的结果，是组织为实现其目标而展现在不同层面上的有效输出。社会体育赛事绩效就是社会体育赛事活动所产生的成绩与效果，是社会体育赛事管理中一个综合性的考核范畴，不仅仅是经济层面的概念，还包括社会体育赛事的公众满意度及其引发的一系列社会效应。它注重的不仅仅是社会体育赛事本身的质量和经济价值，更关注社会体育赛事与社会、体育赛事与公民、体育赛事与环境的成绩和效果。

2. 赛事绩效评估

社会体育赛事绩效评估是指在明确赛事发展目标的前提下，对举办社会体育赛事一定时期内所取得的综合影响力进行分析和判断，从其展现在不同层面上的有效输出进行综合考量，以促进社会体育赛事发展目标的有效实现。在借鉴绩效管理相关理论的基础上，试图将成熟的组织绩效评估方法引入社会体育赛事管理领域，其目的是在社会体育赛事综合影响框架体系下发展一套评估指标体系，并在此基础上通过定性与定量相结合的分析方法，对赛事做出综合评价。

3. 平衡计分卡

绩效评估体系是一个由评估主体、评估指标、评估标准、评估模型与评估方法等要素构成的有机系统。构建社会体育赛事绩效评估指标体系，首先应该把握社会体育赛事绩效考核指标体系构建的理论基础。本文中社会体育赛事绩效评估主要基于绩效管理理论的一种主要应用工具——平衡计分卡（BSC）。

哈佛大学教授罗伯特·卡普兰和复兴方案公司咨询顾问人卫·诺顿创建了平衡计分卡的（BSC）理论，主要是从财务、客户、内部运营、学习与成长四个角度，将组织的战略落实为可操作的衡量指标和目标值的一种新型绩效管理体系。它的重要价值并不仅在于从财务、客户、内部运营以及学习与成长四个方面综合衡量和评价组织的经营业绩，更重要的是打破了传统绩效评价方法以单纯的财务指标为唯一衡量标准的局面，创造性地以组织的战略为基础，将财务指标与非财务指标有机结合，构建了多维度绩效评价指标体系，可以以更全面科学地衡量组织绩效。

（二）赛事绩效评估指标体系的设计原则

社会体育赛事绩效评估指标指的是用于衡量赛事产出或成果的具体价值和是否达到赛事目标的参考标准，是进行社会体育赛事绩效评估的基本要素。合理绩效指标的设计是社会体育赛事绩效评估指标体系科学构建的基础。

社会体育赛事自身的特殊性和涉及主体的多元性，使得社会体育赛事绩效评估指标体系的设计变得纷繁复杂。基于平衡计分卡来建立社会体育赛事绩效评估指标体系除了要遵循一般的目标一致性、可操作性、系统性、定量与定性相结合、系统内部指标相对独立性的原则外，还需要基于平衡计分卡全面指标的理念，结合社会体育赛事自身特点来坚持以下原则。

1. 平衡性原则

基于平衡计分卡评估理念的绩效指标设计应该遵循平衡性原则。与一般工程项目相比，体育赛事具有空间上的广泛性和时间上的延续性。一次大体育赛事的举办通常会涉及政府部门、体育组织、社会团体、企业（包括赞助商和中介机构等）、媒体、观众、举办地居民等多个关联主体，其审批及组织过程通常要涉及体育、交通、安保、市容环卫等多个部门；而绝大多数赛事，尤其是重大体育赛事的举办往往是周期性延续举行的。为了对社会体育赛事所产生的各方面的效益进行完整评估，在设计指标的时候，无论从横向还是从纵向都需要注意各类因素间的平衡。包括赛事所获得的经济和非经济利益的平衡、赛事举办结果和过程的平衡、赛事管理业绩和经营业绩的平衡等，以衡量赛事所取得的综合效应，反映赛事价值。

2. 导向性原则

绩效评估真正的价值不仅局限于评估本身，更重要的是通过科学化的评估手段来实现更好地提升。社会体育赛事绩效评估也是如此。将绩效评估引入社会体育赛事，其主要目的不在于评价本次比赛的成败，更重要的是期望通过科学化、系统化的评估，来引导社会体育赛事的健康快速发展。因此，社会体育赛事绩效评估指标的设计也应该具有导向性，除了注重对赛事本身的财务收入、奖牌数、破纪录量的评价外，更重要的是通过各种社会效益指标的设计，如公众满意度、生态效应等，导向对体育精神内涵的升华和体育赛事真正价值的回归。

（三）基于平衡计分卡的体育赛事绩效评估指标体系的设置

平衡计分卡的四个维度并不是一成不变的，在实际应用于体育赛事绩效评估过程时，应按照体育赛事的发展目标及发展战略，调整和整合平衡计分卡的内部结构和指标。结合体育赛事的特殊性，这里在其原有四个维度（财务、客户、内部运营、学习与成长）的基础上，增加社会与环境两个维度，以全面评估赛事绩效。社会体育赛事绩效评估指标体系的构建建立在这六个维度的基础上，如图8-1所示。

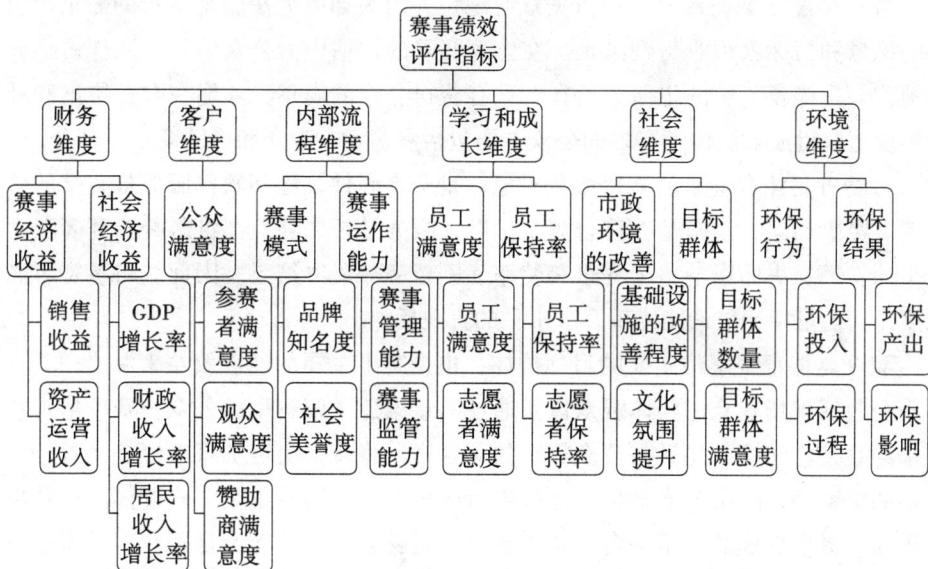

图8-1　体育赛事绩效评估指标体系

1. 财务维度

　　黄海燕认为体育赛事的经济影响是指由于体育赛事的举办而引发的举办地基础设施投资、宾馆餐饮消费、商业贸易等需求的变化，并通过直接效应和乘数效应对举办地的产出、收入、就业水平等经济指标产生的影响。对社会体育赛事经济效益的评估，大体可以分为赛事经济收益和社会经济收益两方面。

　　赛事经济收益是指从赛事承办之日起到赛事结束，赛事组织或经营者在一次赛事中的资产运营和财务收益方面的经营成果。不仅包括销售收益，例如赛事期间出售门票产生的收入、各类纪念品销售带来的收入等；还包括资产运营收入，如出售赛事的电视转播权产生的收入、各层次赞助商的赞助等。对于社会体育赛事的组织者来说，赛事经济收益是承办一场赛事最根本和最直接的动力，也是赛事成功与否最直接的衡量指标。

　　社会体育赛事的社会经济收益是指体育赛事的举办给举办地带来的社会经济贡献以及对整个经济建设的促进程度。既有境内外的观众和游客因食宿、观光旅游等各类消费带来的直接经济收益，也有因赛事举办而带来的其他相关产业发展所创造的利益。这些收益最终体现在当地 GDP 数字的增加、政府财政税收收入的提高和居民收入的增加上。

2. 客户维度

客户维度在平衡计分卡中占据核心地位，因为如果无法满足客户的需求，组织的愿景和目标就很难得到满足。在体育赛事的评估中，公众满意度同样占据核心地位，是体育赛事的生命力所在。只有获得公众的满意，才能在财务维度和社会维度上取得成果。体育赛事的公众主要包括参赛者、观众和赞助商三个部分。

参赛者是体育赛事的直接服务对象，是赛事硬件设施和软件服务最直接的体验者。赛事场馆、设施是否符合规定标准，服务是否周到，都将影响参赛者正常水平的发挥，进而影响整个赛事获奖率、刷新率等最终结果。因此，将参赛者满意度作为衡量指标是最能体现赛事水平的直观反映。

观众是体育赛事最主要的目标群体，也是赛事主要的经济效益来源之一。赛事观众包括现场观众、媒体观众以及通过间接渠道了解赛事的公众。赛事给观众带来的直接、间接的感受与观众需求的契合度，将直接决定赛事的经济效益。对赛事的赞助商，除了充当赛事产品提供者的角色外，同时也是客户群体。而赛事能否为其提供良好的展示平台，是否吸引了足够多的消费者，是否获得了所期待的收益，都会影响到赛事的口碑和继续合作。

3. 内部运营维度

平衡计分卡对内部维度的改善被认为是其相对于传统的绩效评估方法最具有突破性的方面。为了获得经济维度上的高收益以及客户维度的高满意度，体育赛事需要不断完善其内部管理和运作流程。而这部分绩效的评估需要通过赛事模式和赛事运作能力来评估。

社会体育赛事运作模式依赖于体育赛事品牌知名度与社会美誉度的建立，商业化程度低是制约我国体育赛事甚至整个体育产业发展的一个瓶颈。对赛事运作模式进行评估，正是为了在总结经验的基础上，借鉴吸收国内外成功赛事管理模式，有效适应市场规律运作，形成"政府主导、市场运作、社会参与"的新型赛事管理体制。

赛事运作能力的评估包括赛事管理能力的评估、监督能力的评估。从社会体育赛事的筹办到赛事顺利进行，再到赛事善后事宜的完成，机构设置是否合理、规章制度是否可行、办事效率是否高效，都会影响到赛事的最终结果，对这一指标进行评估将使主办方更清楚地认识到组织内部运营的优势和不足，以更好地改进。此外，社会体育赛事的成功举办不仅需要严密的组织和管理，也需要有效的监督。社会体育赛事的经营活动涉及财务、人事行政、策划等众多部门，各部门运作效率是否高效、规章落实是否到位、资源使用是否有效与组织的监督能力是密不可分的，这就需要组织采取必要的监督措施和手段以保证运作效率。

4. 学习与成长维度

如果说平衡记分卡的前三个层面揭示的是组织的实际能力与实现突破性业绩所必需的能力之间的差距，那么学习与成长维度则是为了弥补这个差距，组织投资于员工技术的再造、组织程序和日常工作的理顺。体育赛事学习和成长维度的评估是组织者为顺利完成赛事而针对组织内部成员的发展做出的投资所带来的收益，如员工培训机会的增加、工作设施的完善等。其最终对象除了赛事主办方聘请的工作人员外，还包括赛事志愿者。这些收益最终体现在员工满意度和员工保持率上，包括工作人员的满意度、保持率以及赛事志愿者的满意度、保持率。

5. 社会维度

社会维度的评估主要是针对体育赛事所取得的社会效益来衡量的。有学者提出社会效益是指体育赛事的举办对实现社会发展目标（直接的经济评价以外的社会发展目标）的影响与贡献。其评估要从市政环境的改善程度和社会效益目标群体的满意度来权衡。

市政环境的改变主要包括城市基础设施的改善和文化氛围的提升。体育赛事尤其是大型体育赛事的举办，除了会催生一大批高质量和功能齐全的体育设施及场馆外，道路、交通、餐饮等配套设施也会同步跟进，都将直接推动着城市市政基础设施的改善。而体育赛事所包含的"公平、公正、平等"的良好行为规范，体育明星的榜样示范，体育精神更高更快更强的追求都会对广大市民的精神文化生活起到潜移默化的影响，营造良好的文化氛围。这些作用究竟有没有发挥、发挥的程度如何，都需要从评估中找到答案。

体育赛事带来的社会效应所针对的是人群即赛事的社会效应目标群体，在赛事效应的评估上他们是最具发言权的群体。体育赛事会带给部分群众除直接经济收益外的资源和服务享受。但是任何一项体育赛事的举办都会受到地域、资源、政策等各种因素的限制，它所带来的社会效益不可能辐射到所有人，因此，体育赛事能让多少群众直接或间接享受到所带来的社会效应，就成为衡量赛事对社会所做出贡献程度的一个标准。此外，在社会效益实现过程中各种设施的修建、各种资源的调度都可能带来各种负面效应，影响群众正常生活，甚至损害到部分人的部分利益。赛事是否为减少损失做出了相应的努力，并将损失降到最低，效益发挥所呈现出来的最终状态是否达到理想目标，是否能得到不同层次、不同职业的人基于不同角度、不同利益的认可，则需要通过目标群体的口碑去检验。理想目标群体数量和目标群体满意度就成为评定社会效应价值实质的重要标杆。

6. 环境维度

赛事举办是一个赛事组织与自然环境相互作用的过程，赛事各个环节都可能对环境造成影响。而环保作为世界各国普遍关注的话题，对体育赛事所取得的环保成效进行评估，也成为衡量赛事品质的一项重要内容。具体包括环保行为评估和环保结果评估。

环保行为是指赛事主办方为解决现实的或潜在的环境问题，协调人类与环境的关系，有意识地保护自然资源，节约能源，使其得到合理利用，以保障经济社会持续发展而采取的各种行动的总称。可以细分为环保投入和环保过程。环保投入是为实现环境保护而使用的资源，包括财力、物力、人力资源的各类投资。环保过程则是促成环保投入向环保结果转化的管理、组织和政治的活动。环保投入的适当与否，环保过程中各种制度、管理、监督是否可行、有效、及时都会影响到最终的环保效应。

环保结果是指赛事主办方通过各种环境投入和环境过程而取得的和环保目标有关的收益，其评估包括对环保产出和环保影响的评估。环保产出是目标群体和受益者所获得的与环境保护直接相关的服务或者环保资源。环保影响是由环保产出所引起的人们在环保行为和态度方面的实际变化。基于平衡计分卡平衡行为和结果的理念，体育赛事环境维度的评估除了要考虑采取的行为外，也要考量通过这一行为所获得的实际产出。一系列环保行为的实践，并不一定能带来预期的结果。体育赛事是否采取了足够有效的行为，该行为造成了怎样的结果，都是综合评价体育赛事举办成功与否不可或缺的绩效指标。

平衡计分卡不只是一种绩效评价工具，更是一种战略管理工具，是将组织的战略落实为可操作的衡量指标和目标值的一种新型绩效管理体系。基于平衡计分卡理念设计体育赛事绩效评估指标体系的目的，就是要通过建立"战略指导"的绩效管理系统，来指导体育赛事的健康运行和发展。但是由于体育赛事绩效评价是一个高度抽象、难以判断的概念，每一场赛事所期望的目标也不尽相同，因此各组成指标权重的确定，应结合定量和定性分析，再借助 SPSS（统计产品与服务解决方案）软件，依据各赛事中各因素对所测算的总指标的贡献度，在将各种指标的数据带入模型来确定权重的基础上，根据数据得出的结果，再经过"专家评估法"的修正，将客观赋权法和主观赋权法结合在一起，使指标的权重更具效度和信度。

第九章　社会体育赛事的风险管理

第一节　社会体育赛事风险的界定与分类

随着我国体育事业的不断发展，国际、国内体育赛事的不断举办，参与各种社会体育赛事已经成为人们生活中的常态。但是，无论是大型职业体育赛事还是社会体育赛事都由于其不确定因素的影响，存在诸多风险，而这些风险的存在又可能给体育赛事的成功举办带来不利影响。当前，我国的体育事业正朝着全民参与、商业化、市场化的方向高速发展，市场经济下的社会体育赛事运作也呈现出更加复杂的特点，体育赛事风险事件的发生率不断加大，实施赛事风险管理就变得十分重要。

一、风险管理概述

（一）风险

人们对风险的研究始于19世纪初的世界经济危机大爆发时期。因为经济危机对国家和民族具有很强的破坏性，所以各国政府和学者先后展开了大量的关于规避经济危机风险的研究。关于什么是风险，不同的人分别从不同的角度给予了描述，呈现出百家争鸣的态势。

美国学者海尼斯等人认为"风险意味着损失的可能性"；有学者认为风险是行为目的所不能实现的可能性，是遭受不幸或灾难的可能性；美国另一位学者威利特将风险定义为"客观的不确定性"；还有人认为风险是费用损失与损失相关的不确定性等。风险的产生源于客观世界的不确定性及人们对风险认识的有限性，

预期目标与实际情况之间的负偏差通常被称为风险。●

综上所述，风险一般是指客观存在的，在特定的客观情况下，在特定的期间内，某一事件发生的不确定性及其后果的综合。风险的特定含义是指某一事件导致的最终损失的不确定性与后果。风险的大小是指某种损失的预期结果与实际结果之间的差异程度。风险具有三个特性，即客观性、损失性和偶然性。风险是客观存在的，风险与损失是相关的，但风险是否发生、损失多大是不确定的。

（二）风险管理

认识与研究风险的本质是为了更好地防范和有效地控制风险的发生。风险管理是指某一组织通过风险识别、风险估测、风险评价，对风险实施有效的控制，妥善地处理因风险所带来的损失，期望达到用最小的成本获取最大安全保障的管理活动。

理解风险管理的概念应注意的要点有：风险管理的目标是对风险进行处理，降低风险成本，以最小的成本取得最大的安全保障；风险管理过程中，风险识别和风险估测是基础，选择合理的风险处理手段是关键；风险管理是一种全面的管理职能，这个定义中的风险包含所有风险，不仅针对危害性风险，也针对金融风险。

风险管理过程一般包括风险规划、风险识别、风险评估、风险处理和风险监控这五个主要环节。风险规划主要是制订赛事风险管理的一整套计划，包括确定风险管理的成员与行动方案，选择合适的风险管理方法，确定风险判断依据、跟踪形式和具体的时间计划等。风险识别就是将风险要素进行归类并查找出来，从而确定风险的来源和产生的条件，并描述风险特征，确定哪些风险事件有可能影响比赛。风险识别的方法有德尔菲方法、头脑风暴法、情景分析法和面谈法。风险评估是通过对所有不确定性和风险要素的分析，评估和预测风险发生的概率和损失的幅度，从而找出关键风险，并确定整体风险水平。风险评估的工具和技术有风险危害分析等级矩阵、故障树分析法、层次分析法、蒙托卡罗模拟法、外推法、计划评审技术、概率分析法等。风险处理就是对赛事风险提出处置意见和办法。风险监控就是跟踪已识别的风险，并识别剩余风险，修改及保证风险管理计划的实施。风险管理过程个主要环节的关系如图9-1所示。

● 温阳. 大型体育赛事场馆运行风险识别与评估 [M]. 北京：北京体育大学出版社，2013:51-54.

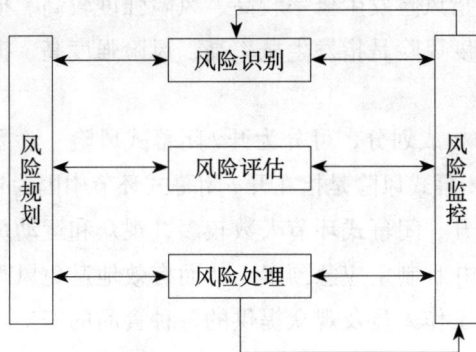

图 9-1　风险管理的过程

二、风险的分类与处理原则

（一）风险的分类

当前对风险的分类主要有以下几种。

（1）按照风险来源划分，可分为自然风险和人为风险。其中自然风险包括自然灾害、流行疾病导致的社会体育赛事中断、延误和取消，以及由比赛项目自身的高风险而导致的赛事中断、延误和取消。人为风险包括行为风险、经济风险、技术风险、政治风险和组织风险。

（2）按照风险的表现形式划分，可分为自然风险（自然灾害或天气引起的风险）、政治风险、市场风险和泛指环保建设中的风险。其中政治风险是由于举办国的社会体制和政治条件变化而影响项目正常运筹方面的风险。市场风险是在市场经济体制下，市场各主体由于信息的不对称性和竞争的残酷性令投资主体面对众多的不确定因素而导致的各种风险。

（3）按照风险的管理要素划分，可分为人员风险、财务风险与资金相关对的风险、设备风险、时间风险和信息风险。其中人员风险是指项目各方人员人身意外风险等。设备风险是指设备自身安全风险和导致他人危险的风险。时间风险指赛事运行过程中，一切受到事件因素的影响而产生的不确定因素的总和，其包括两个方面的内容：一是项目的时间选择；二是项目的时间安排。信息风险是指信息在传递和交流的过程中，由于信息的不准确性而不能及时送达接收方面导致管理人员决策失误的风险。

（4）按照风险的强度和损害程度划分，可分为低度风险、中度风险和高度风险。低度风险是指发生概率较小、风险强度较低、损害程度较低、影响范围较小的风险。中度风险是指风险发生概率较高、风险强度较高、损害程度较高、影响范围较大的风险。高度风险是指发生概率高、风险强度高、损害程度高、影响范围大的风险。

（5）按照风险的构成划分，可分为开 / 闭幕式风险、食品安全风险和信息对称风险等。其中开 / 闭幕式风险是指在开 / 闭幕式环节中因为外界环境和内部条件等因素造成的风险。开、闭幕式环节人数较多，观众和运动员都会到场，因此要全面评估各种因素，并且制定应急预案，从而有效地避免风险带来的损失。食品风险是指向运动员和工作人员及观众提供的各种食品的安全问题，赛事组织者应该对赛场内使用的食品进行安全检查，一旦出现食品安全问题，会使得赛事整体效果大打折扣，并且影响以后赛事的举办。信息对称风险是指因为信息不对称导致赛事各个环节对接不成功所带来的风险。

（二）风险处理的基本原则

1. 树立风险观念，强化风险意识

赛事管理人员都要强化风险意识，克服麻痹大意的思想，要充分对风险进行分析，明确风险的危害，加强风险识别能力的培养。由于项目风险的影响是多方面的，忽视任何一方面都有可能要为此付出高昂的代价，应加强危机意识，最好对人员进行有针对性的培训，提高工作人员的风险识别能力。

2. 建立健全风险管理沟通与预警机制

健全的风险管理沟通渠道应该是双向的信息传输渠道。一方面，危机出现的苗头要能够很快地传递到管理机构内部，并能够被管理机构内部所察觉。管理机构越早意识到风险，就越能保证处理危机的时间充裕。另一方面，管理机构要把处理信息迅速传递到外部，及时化解风险带来的不良影响。建立完善的预警机制，由主管领导人担任总指挥，对突发事件统一领导、统一指挥。

3. 提高决策化水平

为防范风险的发生与降低危害程度，减少决策失误的可能性，必须提高决策化水平。在决策过程中，应充分考虑影响决策的各种因素，尽量采用定量计算及分析的方法并运用科学的决策模型进行分析评价，制定风险预案，对制定的风险预案进行评估，并从中选择最优方案，切忌主观臆断，避免因风险降临时而无所适从的情况出现。

4. 强化审计监管

项目审计监督可以分为内部审计和外部审计，通过外部审计可以减少运作管理机构内部可能发生的误差和舞弊行为，使信息更准确地反映机构的实际状况。内部审计是运作管理机构成立独立的审计部门对财务控制的再控制，督促各环节不断地改进和完善相应的控制，力求减少误差和风险。

5. 加强人员管理与效能监督

加强对项目运作管理机构的管理者、组织者、工作人员的管理，防止工作人员由于工作上的失误和偏差给项目带来损害，增加相关人员风险管理的专业化学习，制订周密完备的风险计划与方案，尽量把风险危害降到最低。

三、社会体育赛事的风险

（一）社会体育赛事风险的概念

体育赛事不仅是体育比赛本身，它还是一项复杂的社会活动，它以体育比赛为核心，包括赛事策划、组织、实施、控制、反馈、包装推广、宣传传播、成本控制和公共关系处理等一系列活动，是以体育比赛为核心的一系列相关活动的总称。

社会体育赛事有官方或者具有官方色彩的体育项目协会举办的；也有社会力量，包括除具有官方色彩的体育项目协会之外的各类企事业单位、非官方组织、社区和公民个人等举办的。

判断一场社会体育赛事的举办是否成功，并不是运动场上参赛人员所表现出来的骄人成绩和技术水平，而是整个赛事开展得是否顺利，安全。无论是大规模赛事还是小规模赛事，风险识别及其管理应该是组织者首要考虑的问题。我们可以将社会体育赛事风险理解为在社会体育赛事举办过程中，因为自然条件、社会条件、经济条件等众多不确定因素的变化，导致赛事组织者对赛事的主观预测与赛事发生的客观事实之间可能存在差异，继而对赛事造成一定程度损失的不确定性与后果的综合。基于此，我们将社会体育赛事风险管理定义为运用风险管理的手段和方法，把一些会对社会体育赛事造成损失的可能性降到最低的管理。

（二）社会体育赛事风险的特点

1. 风险发生概率较高

从社会体育赛事参与的主体来看，由于整个赛事参与人员广泛，既有有组织的，也有群众自发的，并且存在各自不同的立场。不同政治、经济、文化因素的影响，再加上有些社会体育赛事所涉及的场馆、器械、设施等物质因素较为庞大，这些因素中任何一个环节都有可能导致风险的发生。

2. 风险意识相对薄弱

社会力量举办的社会体育赛事中，有一类属于单位内部组织的赛事活动，这类活动主要目的是丰富单位所属人员的业余生活，对单位文化建设有重要作用。此外，还有群众自发进行的、不需要什么特别组织的比赛活动。上述人群往往未经过专业训练，自我保护意识与能力较低，容易增加风险。

3. 风险管理的专业性较低

社会体育赛事的举办，由于工作复杂烦琐，管理人员的数量、专业性及素质参差不齐等原因，整个赛事的过程都可能发生不确定的风险。这种现象是客观存在的，对于风险只能逐渐地识别其存在，对其程度进行评估并在风险产生前后进行不同的控制，但不易消除。

4. 风险控制的条件相对缺乏

任何赛事风险的发生都是多种因素组合而成的，其发生条件不是单一存在的，只有当多种风险因素同时具备风险发生条件时，相对应的风险才会发生。社会体育赛事与大型职业、专业体育赛事相比，资金与设备的投入与质量往往较低，风险潜在性较强。

社会体育赛事的风险是客观存在的，风险发生所造成的损失也可能是巨大的，但我们不可能为了避免风险的发生，而否认整个赛事活动。在一定的条件下，我们可以通过识别风险、评估风险和采取相应措施，预测某些风险的存在或是将风险造成的损失降低。

（三）社会体育赛事风险的类型

1.竞赛组织工作的风险

竞赛组织的要素包括竞赛工作流程、规则和规程的制定，以及人员、场地、器材、现场组织、意外伤害和裁判等。竞赛组织工作的风险是指在赛事竞赛工作过程中由于各种原因导致的社会体育赛事中断、延误或取消。风险的影响因素包括报名、协作活动、规范审核、执行风险和人员风险等。从报名方面来说，作为社会体育赛事，如果公众热情低、参与度不高则会出现报名冷淡，报名工作就难以达到预期的效果；如果公众、社会团体参与热情高，报名积极甚至超出组委会对报名人数的预计，则可能会使报名工作陷入杂乱甚至瘫痪的状态。从人员方面来说，参与人员是最积极、最活跃的因素，对参与人员的控制是竞赛组织管理工作中一项比较复杂和困难的工作。参与人员具有较大的主观能动性，其中参与人员的道德风险是一种隐蔽的行为，很难测量和控制。人员风险又包括人员缺席风险、人身安全风险、形象代言人风险和观众骚乱风险。

不严密的规则和规程也会导致各类风险的发生，每一个工作人员和运动员不知道自己的职责，场地随便进入，将会使整个赛场显得比较混乱。观众在入场和散场时不明白怎么走，现场组织不严密也会导致观众拥挤甚至发生踩踏事件。

2.活动与会议的风险

社会体育赛事中活动与会议的内容主要包括开幕式、闭幕式、颁奖仪式，以及与赛事相关的主题活动等。社会体育赛事中不可缺少的环节是一系列与赛事相关的主题活动和相应的针对赞助商的权益回报，有这些环节就会有现场执行风险的存在。针对此环节，需要制定翔实的执行时间表，人员配置图、分工及工作内容要落实到位，检查活动现场所有搭建、安装、摆放的物料数量、安全程度、使用情况、电路安全及人员的就位情况等，以免发生突发事故。活动中最重要的就是各环节、各位置、人与人之间的沟通，避免发生沟通中的偏差。任何一个环节出错都会导致整个活动面临巨大的风险。在社会体育赛事活动与会议中，对赛事及活动感兴趣的商家、公司通过赞助等形式参与到赛事与活动中来，从而在草根阶层扩大知名度，吸引潜在消费者的注意。赛事组织者作为主办方，为了获得赞助也为赞助者制定了相应的权益回报项目，通过赛事的平台，在比赛进行的同时对企业或是产品进行宣传、营销。但也并非所有赛事都是这样，如知名度不高、参与度不强的赛事，在赛事赞助方面就显得捉襟见肘，很难吸引赞助商的注意力。

那些已经小有名气或是参赛人数众多、影响力较大的赛事，不但会吸引大公司、企业争相赞助，甚至还会使得一些没机会作为赞助商的企业打擦边球，走差异化路线，围绕赛事也开展自己的企业、产品宣传。因此，必须对活动的细节与赞助商的权益实现设计翔实的条款，同时双方积极配合，大力保护双方共同的利益，最大限度地避免这类风险的发生。

在开、闭幕式时要充分调动志愿者的积极性，会场的各个位置都要安排志愿者进行引导，运动员按顺序入场；表演人员的休息区和准备区都要分离开来，在每一个节目结束时，都要及时引导他们离场，使得整个表演环节有序进行。进行颁奖活动的时候也要安排志愿者或者是工作人员引导获奖选手和颁奖嘉宾上场，礼仪人员及时准备每一个颁奖环节的奖杯、奖牌及礼品，使整个颁奖活动快速有序地完成。

3. 保障工作的风险

社会体育赛事的保障工作主要包括现场接待、网络信息通信技术、证件管理、物资发放与回收等。社会体育赛事的后勤保障工作被认为是重中之重，比赛期间的保障工作包括认真检查各类相应证件、比赛场地、设备和器材的布置与使用情况等，确保证件的规范使用，严禁向观众借用证件，并且做好证件的防伪工作。落实运动员、裁判员的住宿、用餐、交通和安全工作，监督竞赛各项预算的落实情况，以及医务方面的伤病防治、临场应急准备和网络信息通信技术的保障等具体工作。比赛现场会有各级领导和赞助商来参加开、闭幕式或观看比赛，因此，接待工作也十分重要，相应的礼节和观赛安排都要精心准备，如果能够周到接待，将有利于获得他们的支持和关注，使得赛事的举办工作持续发展下去。

除此之外，一项竞赛的结束并不代表整个竞赛管理过程的结束，对于后勤保障工作来讲更是如此。竞赛活动结束后，赛事组织者和管理者还要进行一系列的赛后工作，包括各队离赛的手续，有关人员费用的结算，用于比赛的场地、器材、服装、用具等物资设备的及时归还、转让、出售和处理，完成竞赛总结和评比表彰工作，落实赞助商权益回报等。保障工作的风险成为整个赛事能够顺利有序进行的关键因素，后勤保障工作需要考虑到方方面面的因素，涉及众多的领域，持续时间久，突发性强且需要投入人力、物力、财力较多，应给予充分的重视，以预防为主后期处理为辅，保障赛事工作顺利进行。

4. 法律和制度风险

社会体育赛事缺乏有效的法律支持和制度约束，这一点首先体现在赛事组织者的法律地位上。一些普及性的运动项目一般由俱乐部主办或承办，组织者具有法人地位。但也有一些项目的组织机构并没有在工商部门注册，没有合法的法律地位，此外，还出现了无场地、无注册、无挂靠单位的组织。根据国家相关法律、法规的规定，任何一个民间组织的成立都应该先得到行业主管部门的批准，并到相应的民政部门登记注册。如果涉及经营行为，还应该得到工商部门的批准。这些组织是自发形成的非营利性组织，收入渠道窄，无固定资金来源，组织中的工作人员大多数也都是兼职，有自己的本职工作。在民政部门注册，需要有固定的场所、专职人员、合法的资产和经费证明，有独立承担民事责任的能力。在这些组织看来，这样的条件对于他们来说过于苛刻。另外，社会体育赛事组织者的法律法规意识淡薄，使得社会体育赛事从组织建设上来讲，缺乏强有力的法律支持。不仅如此，根据国家治安管理条例，举办任何大型活动都必须向公安机关进行申报并获得批准。目前在社会体育赛事中，暴力事件时有发生，虽然大部分得到了有效控制，但是部分大规模赛事，因缺少公安部门的介入，遭受到不小的影响和打击。社会体育赛事缺乏有效的法律支持还表现在发生相关纠纷时，在界定主体资格、落实权利义务、明确法律责任等方面还有诸多难点和法律空白。

5. 赛事不同组织者之间的关系风险

社会体育赛事的发展离不开政府和相关运动项目协会的支持与保障，但总体来讲，政府和相关运动项目协会与主要由社会力量举办的社会体育赛事之间的关系还需要进一步明确。目前，体育主管部门和相关运动项目协会对社会体育赛事的发展缺乏监管和服务。政府对社会体育赛事的支持，更多地表现在态度上，少有实质性的支持。对于这一点，社会体育赛事的组织者们似乎并不在意，他们认为，一旦将赛事纳入政府的管理体系，赛事将失去活力，失去"草根性"。组织者希望政府能够在资金方面给予支持，但又害怕政府在给予资金支持之后对赛事过多干预。对于社会体育赛事组织者存在的这种顾虑，政府和相关运动项目协会应该认真思考，它们在社会体育赛事发展中到底应该扮演什么角色，是放弃监管，还是探寻出一条既能保障社会体育赛事活力又能有效控制负面影响的监管之路。

6. 赛事营销风险

由媒体主办的社会体育赛事在营销推广方面有着天然的优势，常常有专栏、节目等对赛事进行宣传报道，而那些没有媒体背景的社会体育赛事，渴望有一个展示自己的舞台。虽然近年来媒体对社会体育赛事的关注度有所提高，但是相对而言，媒体对社会体育赛事的关注度还比较低。在这种情况下，大多数社会体育赛事组织者选择把网络作为主要的宣传阵地，开发自己的宣传主页或者是和其他媒体机构进行合作，在一定程度上弥补媒体关注度不高的缺憾。然而，对社会体育赛事信息的了解，特别是年龄较大的人群并不适应从网上获取信息，知道这些赛事主要还是通过传统媒体和口耳相传，人们往往是知道了有这样的赛事后，才去上网了解。社会体育赛事多是公益性质的，除去组织费用，从参赛者那里收到的参赛费和其他一些收入已经所剩无几，并无多余的费用进行赛事宣传和推广。也有赛事组织者并不愿意花太多精力去做赛事推广，他们认为这是公益赛事，应凭爱好运作赛事，能有更多的人来参赛当然好，但参与人数较少也可以接受。所以，社会体育赛事有其自身的特殊性，毕竟不会像高水平竞技运动那样备受关注。

赛事组织者应该积极制订相应的营销方案，将赛事的营销危机降到最低，在赛前以路演的形式提高群众的关注度，扩大赛事的影响力，吸引群众买票前来观看比赛，增加票房收入。

7. 风险控制力和资源获取能力与责任风险

相对于官方组织的群众性体育比赛，由社会力量举办的社会体育赛事实际上存在着先天不足。一是由于非官方性质决定的资源获取能力的不足，二是由于赛事的"草根性"所决定的组织者对赛事的控制力不足。大量的体育资源掌握在政府和相关运动项目协会手中，由于社会力量举办的社会体育赛事的非官方性，想获取官方掌握的各类资源难度比较大。社会体育赛事的草根性奠定了其发展的群众基础，但另一方面，这些参赛者大多来自各阶层人士，和赛事组织者并无隶属关系，也没有真正严格的合约关系，组织管理不易，容易产生问题和矛盾。社会体育赛事虽多有组织机构，但更多是源自民间的自发性组织，虽有规则、规程，但难于实施，管理起来仍是一个难题。随着社会体育赛事的发展，如假球、罢赛、争执、问题哨等职业或者专业比赛中出现的问题也渐渐在此领域中出现，成为制约社会体育赛事健康发展的毒瘤。面对这种现状，社会体育赛事组织者往往无可奈何。针对这种情况，组织者可以选择将赛事承包出去，充分授权给专业化的公司来运作，这样就可以在一定程度上避免因组织结构不清晰所带来的问题和矛盾。

责任风险指因违反责任而对遭受损害的一方进行相应赔偿的风险。责任风险产生的原因有很多，社会体育赛事主办单位应该负全部责任的有：

（1）体育器材不合格或意外损坏，主办方未及时发现，并且继续使用有瑕疵的体育器材进行比赛，造成运动员在比赛过程中受伤。

（2）安全保卫工作不到位，在休息区内如果运动员的器材或物品丢失或者损坏的话，赛事主办单位应该承担相应的责任。

（3）管理不善，因为社会体育赛事主办单位应急计划不周全、设计不合理或是执行不当等原因导致他人人身或财产受损的。如观看比赛看台倒塌造成大量人员伤亡以及观众冲进赛场导致自身或是运动员受伤时，赛事的主办单位都应该负法律责任并且要及时给予赔偿。

8.可持续发展的风险

可持续发展风险是指举办的社会体育赛事与环境、资源、人口等之间的相互影响以及赛事本身的延续性和可持续性所带来的风险。社会体育赛事在取得发展的同时，也在许多方面存在着问题，如裁判员队伍、经费支持、赛场组织及秩序等。另外，随着社会体育赛事的不断发展，其还面临着竞争加剧的挑战；还有一些组织的运作完全是靠个人魅力和一腔热血来支撑的。随着参赛者越来越多，赛事规模越来越大，出于竞争的思维，各赛事组织者还在抢占着资源，但大规模赛事的管理已经逐渐耗尽组织者的时间和精力，如何使其保持健康、良好地运转已经成为首要问题。有一些赛事的组织者萌发出让政府或者运动项目协会来接手赛事的想法，但考虑到赛事的草根性，又犹豫不决。由于社会体育赛事多为公益性质，经费来源是其发展的重中之重。商业性赞助成为解决赛事经费的一个有效途径，但获得赞助的时候，不少赛事组织者都小心翼翼地控制着其中的界限，尽量避免过度的商业化破坏了社会体育赛事的公益性和纯洁性。他们认为，一旦社会体育赛事有商业利益作祟，如此循环往复，很难维持下去。不少社会体育组织都是采用与公司合作，以联合主办的形式坚守着，不能把赛事的资源拱手相让给经营性公司。因此，可持续发展风险成为社会体育赛事面临的紧迫问题。

第二节　社会体育赛事风险的识别、评价与处理

一、社会体育赛事风险的识别

（一）风险识别的技术和工具

1.风险核对表

风险识别实际是关于未来风险事件的设想，是一种预测。如果把人们经历过的风险事件及其来源罗列出来，写成一张核对表，那么管理人员就容易开阔思路，容易认识到本次赛事有哪些潜在风险存在。核对表可以包括多种内容，例如，以

前此类型的赛事成功或失败的原因，赛事其他方面规划的结果（范围、成本、质量、进度、采购与合同、人力资源与沟通等计划成果），赛事产品或服务说明书，赛事工作人员的技能，赛事可利用的资源等。涉及保险的，可以到保险公司去索取相关资料，这样就能够发现有哪些风险还未考虑到。

2. 工作分解结构

风险识别要减少赛事结构的不确定性，就必须明确赛事的组成及各个组成部分的性质、它们之间的关系、赛事同环境之间的关系等，并且将其制作成不同类型的工作分解结构图来辅助风险的识别。工作分解结构是完成任务的有力工具，也是风险识别的有效措施。

3. 常识、经验和判断

以前举办过的赛事所积累起来的资料、经验、教训以及工作团队成员的个人常识、经验和判断在风险识别时是非常有用的。

此外，将赛事各个部门聚集在一起，就风险识别进行讨论，仔细分析和预测可能的风险特征，也会发现在一般工作计划中未曾或不可能发现的风险。

4. 演习或测试结果

利用实验或试验结果进行风险识别是一种十分有效的方法。实验或试验的方法包括数学模型、计算机模拟、市场调查或文献调查等。

（二）风险识别的结果

风险识别后必须将结果整理出来，写成书面文件，为风险分析的其余步骤和风险管理做好准备。风险识别的成果应当包含以下内容：

1. 风险来源列表

尽可能全面地在表中列出所有风险，不管风险事件发生的频率和可能性、收益或损失、损害或伤害有多大，都要一一列出。并且对于每一种风险的来源，都要有文字说明，说明中要包括风险事件可能造成的后果，估计其预期发生的时间和频率。

2. 风险分类、分组

风险识别之后，应当将风险进行分组或分类。分类结果应当便于进行风险分析其余步骤的进行和风险管理。例如对于一项体育赛事的举办，可将风险按建议书、可行性研究、融资、设计和规划、实施和赛后阶段分组。而对于体育场馆建设阶段的风险可作如下分类：承包商风险，征地建设资金不及时到位，现场条件变化，工人和施工设备的生产率，施工质量，材料质量，政府法律、规章的变化，劳资纠纷，财务收支不可抗力，合同延误等。以上只是部分风险的列举，每一组或每一类风险还可以根据需要进一步细分。

3. 风险表现特征

风险表现特征就是风险事件的各种外在表现，例如苗头和前兆等。如果工作团队成员没有及时交换彼此的不同看法，就是项目进度出现拖延的一种症状；场馆建设现场材料、工具随地乱丢，无人及时回收整理就是安全事故、项目质量和成本超支风险的前兆。

4. 对赛事管理其他方面的要求

在风险识别的过程中，可能会发现体育赛事管理过程中出现的其他需要完善和改进的问题。例如当发现某些隐性风险，但又无人制定预防措施时，就必须及时向有关人员提出要求，让他们采取措施防止风险的发生。

二、社会体育赛事风险的评价

赛事风险的评价是体育赛事风险管理的重要步骤，赛事风险评价包括赛事风险估计和赛事风险评价。赛事风险估计的主要任务是确定风险发生的概率与后果，赛事风险评价主要是确定该风险的社会、经济意义以及处理的费用和效用分析。

（一）赛事风险估计

赛事风险估计的主要目的是加深对体育赛事自身和其外界环境的理解，进一步寻求达到赛事既定目标的可行方案，务必对体育赛事所有的不确定性因素和风险都经过充分、系统和有条理的思考，明确不确定性因素对赛事其他各方面的影响，估计和比较赛事各种方案和战略计划的风险大小，从中选择出最佳行动路线。

（二）赛事风险评价

赛事风险评价是在风险估计得出风险量后进行的工作，它与采取何种风险处理方法密切相关。赛事风险评价首先要进行风险费用分析，进而做出风险处理决策。赛事风险费用主要包括直接风险费用和间接风险费用。

（三）赛事风险评价准则

赛事风险评价是评价风险存在的意义、影响及采取何种风险处理对策。因此，应当建立赛事风险评价准则。

1. 赛事风险回避准则

这是最基本的评价准则。根据这一准则，赛事运作主体对风险行为采取禁止或完全回避的处理策略。

2. 赛事风险权衡准则

由于体育赛事中存在一些可接受但不可避免的风险，因此，体育赛事运作主体需要确定可接受风险的限度。

3. 赛事风险处理成本最小准则

风险处理需要经费的投入，处理风险的成本越小越好；从另一个角度看，若风险的处理成本足够小，则此类风险也就可以被接受。

4. 赛事风险成本／效益比准则

通常情况下，风险处理成本与风险收益相匹配，也就是多大的风险就对应于多大的效益，高风险投资成功必然会获得高回报。

5. 赛事社会费用最小准则

在进行赛事风险评价时，应遵循社会费用最小准则。这一准则体现了体育赛事对于社会所负的道义责任，也就是在考虑赛事风险的社会费用时，也应当考虑赛事风险所带来的社会效益。

三、社会体育赛事风险的处理

社会体育赛事风险管理过程中，主要有三种风险处理对策，即风险控制、风险自留和风险转移。风险控制对策包括风险回避、风险分离、风险分散、风险损失控制、风险控制下的转移。风险自留是由赛事管理机构自设风险储备基金，将

风险留在组织机构中的方法。风险转移包括有偿风险转移和无偿风险转移两类。●

（一）风险控制

1. 风险回避

回避风险主要有两种途径：一是了解到举办某项赛事承担的风险较大，而拒绝承办此项赛事；二是由于新的赛事的举办会遇到许多以前未发现的风险，而停止举办以回避风险。回避风险是一种消极的手段，因为现代体育赛事中广泛存在着各种风险，要完全回避是不可能的。

2. 风险分离

这是常用的一种风险控制对策，它主要是将赛事的整体与局部的风险因素分离开，而不是将其集中于都可能遭受损失的统一部位。例如在门票销售中，根据市场需求合理分配各个价位的门票数量，减少损失，而不至于某一价位的门票过多或供不应求而增加损失。

3. 风险分散

它与风险分离类似，但分散主要是通过加大体育赛事的知名度、增大体育赛事的规模，从而来增强体育赛事抵御风险的能力。

4. 风险损失控制

风险损失控制是指通过事先控制或应急方案使风险不发生或一旦发生后使损失额减到最小或尽量挽回损失。损失控制方案分为三种：预控风险、应急方案和挽救方案。

5. 风险控制下的转移

它主要包括两个方面：一是将具有风险的财产或活动转移。例如某项目的总承包商担心其某一子项目会超过投标时的预算，则分包给下一级承包商来转移风险。二是通过合同将风险转嫁他人。风险控制下的转移除了可以转移财产风险和人身风险外，还可以转移责任风险。

● 王晨曲．大型体育赛事风险管理研究［D］．广州：广州体育大学，2011．

（二）风险自留

风险自留是一种风险的财务对策，即由赛事主办者自身承担风险。因为这种承担方式主要是由主办单位的风险自留基金来保障的，所以将它归结为财务对策。风险自留分为主动自留和被动自留。

（三）风险转移

风险转移包括有偿风险转移和无偿风险转移两类。

第三节　社会体育赛事风险管理的相关内容

一、社会体育赛事风险管理涉及的范畴

（一）注册制证

注册制证是安全和信息沟通运作任务结合的一个领域。制证在赛事中地位重要，有提供出入指定区域的许可、提供身份证明、提供准入标记、协助赛事交通的作用，没有制证就无法控制人群和进行有效的沟通。通行证件包括：持证人姓名，相片，签名，代码字母（例如新闻、VIP、志愿者、运动员、教练员、技术工作人员、医疗工作人员、行政人员等），代码数字和赛事通行范围记号（VIP 礼遇区、运动员村、媒体中心、竞赛区、存物房、票房、仓库、所有赛事或特殊事件），使用期或专门使用的期限，国家来源。

（二）交通运输

交通运输是运动员及时到达赛场，工作人员准时到达工作地点，观众准确、方便地到达赛场观看比赛的重要保证，运输系统应当包括专用运输系统和公共运输系统。

（三）安全保卫

安全保卫分为针对赛事参与体的保卫，VIP 贵宾保卫，场地设备保卫，防火、交通和人群控制。现在赛事安全保卫工作出现的趋势是资金投入增大，防止恐怖袭击等恶性事件的发生。

（四）医疗卫生

医疗卫生是对赛事的所有参与者个人的风险管理。比赛场地的医务是运动员比赛的保证，一些简单的受伤情况可以得到护理，从而保证比赛的顺利进行和赛事的进程流畅。医务往往与竞赛兴奋剂检测联系在一起。此外，对所有工作人员及各个代表团全体成员的饮食卫生的管理也是体育赛事正常举办的重要保证。

（五）合同、保险

保险不但能够承受安全问题，而且是赛事财务不受损失的保障。即使是最为完善的风险管理计划也无法保证没有事故和伤害的发生，对此，设立保险是一个将事故财务风险转移给第三方的有效办法，国外在这个领域已经非常细化。例如，一些在赛前收取了赞助商资金和参与者注册费的室外赛事可能由于天气原因而被取消，此时赛事要退还整个收入的这一部分，但赛事组织者明显已经在赛事准备阶段花费了金钱，会造成损失，而购买保险就能够帮助抵消一些这样的损失。因此，大多数赛事会要求推广者、赞助商或组织者保持一个最低限度水平的保险。

（六）应急程序与措施

在体育赛事的举办过程中，有可能会遇到一系列的突发事件，例如蓄意破坏、人员变动、恐怖活动、疾病传播和自然灾害等，体育赛事的主办组织必须对一切可能发生的突发事件做出预测并针对每一项突发事件安排相应的人员进行监控，在发生后能在最短的时间内做出反应，并对其进行处理，使其所造成的损失减到最小。对突发事件做出应对的最好措施就是事先建立完善的应急组织机构和完备的计划。美国联邦应急计划就值得体育赛事组织者借鉴。

二、社会体育赛事风险管理的法律意识

在风险管理理论中，通过相关法律进行风险转移是风险控制的一个重要手段，因此，在社会体育赛事管理过程中，法律意识的强弱在相当大的程度上决定了体育赛事的成功与否。

国外学者普遍认为，社会体育赛事在本质上都是以追求利润最大化为根本目的，是围绕体育竞赛这一核心产品展开的经营活动。在运作过程中，由于体育竞赛产品受到自身所具有的"无形性，一次性，不可预测性，生产和消费的同时性，延伸性，增值性，同一竞赛产品质量批判的差异性"等特性的制约以及运作外部环境、内部环境变化的影响，赛事管理过程中必然存在风险。为保证赛事自身利

益不会遭受损害，体育竞赛能够顺利进行，现代体育赛事管理者必须具备对潜在风险进行辨识，并且通过相关法律对其进行有效控制的能力。

在社会体育赛事的战略发展计划制订后，进入实际操作阶段时，风险必然会广泛存在于赞助资金的获得、运动竞赛设施的修建或租赁、交通基础设施的修建或改造、安全设施的修建和设备的购买以及人力资源的招聘和雇用等多种因素的运作过程之中。由于不同赛事的实际情况和外部环境的变化，风险也会随之发生变化，这就要求管理者具备发现和应对风险变化的能力。

此外，由于国际恐怖主义因素的存在和体育竞赛所独有的对抗性特征，体育赛事管理者还必须能对体育赛事运作过程中的一些突发事件，例如，对运动员的人身安全、参与者的人身安全及赞助商的利益遭受损害等做出预见，并且根据相关法律法规及早制定好应急程序和措施，以确保体育竞赛的顺利进行。近几年，由于对知识产权的重视和加大了对体育赛事的无形产品的开发和利用，对赛事标志的使用权、运动员的肖像权以及特许商品的销售权等的保护也应当纳入考虑之列。

（一）运动员人身安全的法律意识

自从网球运动员塞莱斯和奥运会滑冰选手克里根遭袭击后，运动员的人身安全成为体育比赛管理工作中的重大问题。运动员是保证体育赛事正常进行的必要因素。同时由于体育竞赛具有激烈的对抗性，体育竞赛现场观众的复杂性，运动员随时都有可能遇到受伤等人身安全上的风险，因此体育赛事的主办者要想成功地举办体育赛事，必须具有保护运动员人身安全的法律意识。例如，从运动员更衣室到比赛场地，再到新闻中心，运动员有可能经过的所有路线和地点都应该仔细检查，防止安全问题的发生。

（二）参与者人身安全的法律意识

这里的参与者主要是指观众。观看比赛的观众由于来自不同的地区或者国家，他们有不同的文化背景，有自己喜爱的球队，当自己喜爱的球队失利时就有可能情绪失控，这就有可能给其他观众带来伤害。此外，类似于足球世界杯、奥运会等大型赛事，来自世界各地的观众数量巨大，由于各种不稳定因素的存在，例如种族歧视、恐怖主义等，观众随时都有人身安全方面的风险。因此，体育赛事的举办者要想保持体育赛事的正面影响，就必须具有保证参与者人身安全的法律意识。

（三）组织者人身安全的法律意识

体育赛事从申办到结束的过程中，赛事的组织者是赛事的运作主体，他们与运动员、观众同样重要，没有他们，体育赛事就不可能正常运作。因此，赛事组织者人身安全方面的风险应当被重点考虑。通过加强对其住宿地点、工作场所及其外出途中的安全保卫工作来降低赛事组织者在人身安全方面的风险，是一种非常必要和有效的手段。

（四）赞助商自身利益的法律意识

赞助商对体育赛事的赞助是体育赛事获得资金或者物质资助的一个主要渠道，赞助商对体育赛事给予赞助的主要目的就是通过体育赛事来对其品牌进行宣传和推广，最终获得一定的经济效益。体育赛事的主办组织对赞助商利益的法律意识是达到"双赢"的重要保证。

三、社会体育赛事风险管理的对策与方法

（一）理论对策

1. 风险识别

风险识别是风险管理的第一步，也是风险管理的基础。只有在准确识别出自身所面临的风险的基础上，人们才能够主动选择有效的方法进行处理。风险识别是指在风险事故发生之前，人们运用各种方法系统地、连续地认识所面临的各种风险并分析风险事故发生的潜在原因。风险识别过程包含感知风险和分析风险两个环节。感知风险，即了解客观存在的各种风险，是风险识别的基础，只有通过感知风险，才能进一步在此基础上进行分析，寻找导致风险事故发生的因素，为拟订风险处理方案，进行风险管理决策服务。分析风险，即分析引起风险事故的各种因素，它是风险识别的关键。社会体育赛事管理人员应牢固树立风险意识，加强风险识别能力培养，识别潜在风险，在感知赛事风险的基础上运用系统的、科学的方法做出分析，为赛事风险管理做充足的准备。

2. 风险应对

风险应对是指在确定了决策的主体经营活动中存在的风险，并分析出风险概率及其风险影响程度的基础上，根据风险性质和决策主体对风险的承受能力而制

定的回避、承受、降低或者分担风险等相应防范计划。制定风险应对策略主要考虑四个方面的因素：可规避性、可接受性、可缓解性、可转移性。社会体育赛事的管理人员进行风险识别后，在分析赛事风险概率和其影响程度的基础上，根据风险的强度以及损害程度制订相应的风险防范计划，以具体措施应对风险的发生。

3. 风险避免

从技术上讲，当社会体育赛事主办方决定杜绝风险发生时，就是采用了风险避免的相对措施。当采用风险避免的措施时，赛事主办方不愿意面临一丝一毫的风险。风险避免的措施是通过避免任何损失发生的可能来避免风险的。虽然在某些情况下，风险避免是社会体育赛事风险管理的唯一选择，但它却是一个较为消极的解决方法。

4. 风险转移

风险转移是指社会体育赛事的管理者通过购买保险、签订合同等方式将自己所面临的风险转移给他人承担的方法。一旦发生事故，可以通过保险公司的赔偿减少主办单位承担的经济损失。主办赛事的管理人员还可以通过和相关责任人如领队、教练、医护人员等签订相关的责任合同，双方按照合同来区分彼此的责任，使他们对自己的过失行为所造成的人身或财物的损害承担责任。

5. 风险减缓

风险减缓是指一系列风险最小化的努力，特别是使损失最小化的大量措施。风险减缓包括损失时的预防、控制。前者是尽量防止损失的出现；后者是损失确实发生时，通过损失控制的方法，努力降低损失的严重程度。也就是说，一部分损失控制的努力是为了降低频率；另一部分则是尝试减轻那些已经或是正在发生损失的严重程度。对于那些无法消除且无法转移的社会体育赛事风险，风险减缓是最实际的解决办法。如通过维护社会体育赛事的赛场秩序，做好安全保卫工作，并对赛事工作人员进行风险意识以及风险管理技能的培训，制订紧急情况发生时的应对方案等措施来减少因意外事故发生所带来的损失。

（二）具体措施与方法

1. 建立健全完善的风险管理体制

社会体育赛事应该合理选择主办方、承办方和协办方，成立赛事组委会，并将赛事的具体运作过程交给专业化的体育赛事公司，充分发挥他们的优势。同时，成立赛事风险管理的资讯机构，该机构由专门的风险管理专家组成，及时地识别和评估赛事举办过程中可能面临的各种风险，并就风险的管理问题提出可行的方案。

风险管理机构应当以社会体育赛事风险管理委员会为最高管理者，然后按垂直分层依次设置风险管理各职能部门、风险管理运营与支持部门、风险管理执法与审计部门。其中风险管理委员会具有总体调度和全面指挥的权利，负责制定风险管理的战略决策，确定风险优先次序，评估风险度量方法，发展具体的风险政策，协调各部门的决策等。风险管理各职能部门则是通过分析风险产生的来源以采取有效的措施避免、减少、转移或利用风险，并及时公布风险产生的原因和处理结果。风险管理运营与支持部门的主要工作就是负责收集、分析风险基本数据，进行有效的合成并汇报评估结果。风险管理执法与审计部门则主要是检验各关键性度量结果和报告的可信度与准确度，确保整个风险管理政策的准确执行。通过建立责任、权利、利益边界明晰的组织架构和运行规范，管理科学、内控严密，不断提高风险的防范能力。

2. 识别不同的风险因素

社会体育赛事的组织者事先要将赛事筹办过程中可能会出现的风险和损失罗列出来，采用多种形式，如群众调查法、现场勘测法、与场馆工作人员交谈、邀请专家评估等，对社会体育赛事运作过程中可能遇到的各种风险进行综合分析，确定风险级别。风险级别越高，表明这类风险带来的损失就越大，赛事组织者更应该将其放在首位。同时，根据风险对赛事目标的影响程度把风险由高到低进行排序，在分配资源时优先考虑高级别风险，把资源用于最亟须解决的风险上，合理选择风险管理的具体方案。

正确认识各种风险因素，是整个社会体育赛事风险管理过程的前提和基础。社会体育赛事组织者必须认真分析体育赛事活动过程中所面临的各种环境因素，对各类潜在的致险因素加以判断、识别和归类，并把握其发展趋势。一方面，要考虑体育赛事的外部环境。如组织者选择举办的赛事项目是否属于冷门，会不会影响观众的注意力和赞助商参与；赛事举办的时间是否与大型会议、活动有冲突，从而造成赛事延期等。另一方面，要考虑在体育赛事筹办、举办和后续过程中可能出现的各种不确定因素，避免选择危险系数高的比赛项目。如体育赛事现场拥挤的观众和狂欢的气氛是否会引发人身意外伤害等。

信息的沟通和交流，是风险管理计划执行过程中的关键环节。一方面，赛事组织者可以制订赛事工作手册发放给赛事组织中的每一位工作人员，与他们进行有效的沟通，让他们明白每个人都是风险管理团队中的一员，都有责任来确保整个赛事的成功举办。另一方面，赛会组织者应加强各类信息的传输与交换，沟通与交流，确保及时、准确地收集信息并制定相应对策，这也是赛事组织者对赛事活动进行统筹布局、周密规划以及协调各部门之间的配合与沟通的效率保障。

3. 选择合理有效的风险应对方式

社会体育赛事组织者可以从改变风险因素的性质、风险发生的概率和风险后果等方面入手，合理地选择回避、转移、保留、应急等多种风险处理方式。赛事组织者应当加强对员工的安全教育与培训，全面检修和维护场地器材，加强安全监督和管理，特别要针对赛事举办过程中可能出现的火灾事故、意外伤害和人员疏散等，制订出应急计划，以求减少事故发生的概率和降低损失程度。如规范管理招标、赞助等活动中的风险，加强合同中赛事风险处理的条款审核，适当的利用风险转移来降低风险。

当今很多城市举办社会体育赛事越来越频繁，规模越来越大。涉及面广，影响因素更多，风险管理已经成为一个复杂的系统工程。因此，赛事的举办者更应积极运用多种风险管理模式，在不断总结经验的基础上，制定出适合本地实际情况的管理模式，赋予体育赛事风险管理者以充分的职权来管理并执行管理操作程序，持续提升体育赛事经营风险管理能力。

4. 加强对工作人员风险意识的培训

要事先确定好安全手册和突发事件应对方案，切实做好每一环节，从粗略的风险评估到制定具体的安全手册。必要时，通过召开领队会议，将事故隐患及时地通知给赛场的每个人，条件允许的情况下，可把指定安全手册发放给领队和观众。

不仅要加强对后勤管理人员的培训，还要注重对裁判员、工作人员、志愿者等人的培训。在培训时将整个赛事过程中可能会发生的风险进行预测以及对风险发生后所要采取的措施进行模拟。同时，对参赛的运动员进行必要的讲解，告诉他们哪些是可行的，哪些是禁止的。同时，联合相关部门一起管理。较大型的社会体育赛事，特别是有公众人物参加或观看的赛事，仅靠赛事管理的工作人员是不可能将治安、消防等安全问题做到完美无缺的，必须要和当地的政府部门，如公安、交通、医疗等部门取得一定的练习，并获得这些部门的支持，共同保障社会体育赛事安全、顺利地举行。

第四节 社会体育赛事现场突发风险的管理

一、社会体育赛事风险管理的组织与人员

在社会体育赛事活动中，人群既有有序性，也存在着无序性，还兼具群动性和盲动性的特点，每个人的心理素质、安全意识、自我保护能力参差不齐，现场气氛又极易引起人群情绪的波动，造成现场秩序失控。这些因素使得人的因素成为安全管理客体中最不稳定的因素。

社会体育赛事风险管理的组织是指在社会体育赛事筹备和进行的过程中，赛事组织者为积极应对可能产生的赛事风险而组建的专门负责和处理赛事风险的管理部门。该管理部门全权负责制定风险管理的整体战略决策，确定风险优化次序、评估风险度量方法，以及协调各部门之间的决策等。

工作人员主要指与安全工作直接或者间接相关的一线工作人员，包括安保人员、志愿者、后勤保障人员、医护人员、媒体及其他人员等。安保人员是直接处理事故的"最后一道屏障"，安保人员处置群体性突发事件的能力决定着赛事活动举办得成功与否。安保人员的综合能力主要包括处置群体事件的能力，随机应变的能力，维护现场秩序的能力，疏散观众的能力和识别假证、假票的能力等。志愿者是体育赛事不可或缺的成员，志愿者的协助能力主要指志愿者在分配的岗位上协助工作人员解决检票、座位引导、现场咨询、急救等实际问题的能力。后勤人员包括场馆的专业设备操作人员、维修人员、搬运人员、保洁人员等非直接面向观众的工作人员。后勤人员的业务技能对活动的现场安全也具有至关重要的影响，后勤人员的专业技能主要指对设施的操作技能、检查技能、维修技能等。

在社会体育赛事活动中发生事故，通常由医疗部、急救中心和医院负责医疗救治，处理措施包括设立现场医疗急救站、伤员现场分类和紧急处理及快速转送医院救治等。医护人员的业务水平是能否实施抢救的关键，掌握先进的专业医疗救护技术应是每个医护人员必备的技能。其他人员主要指记者、摄影师和赞助商等工作人员，他们的安全意识、应急能力、自我保护能力等对赛事活动的现场安全也会产生影响。活动进入高潮后，记者、摄像师为了取得良好的报道或拍摄视角，可能在通行区域架设机位；某些工作人员也可能将一些器具临时放在通道内，部分赞助商为了宣传产品，也可能会产生有碍安全的行为。

二、社会体育赛事风险管理的基本流程

从系统的角度来看，体育赛事的风险管理一般包括4个环节：分析致险因素、评估风险强度、选择风险对策、实施风险方案。如图9-2所示。

图9-2 社会体育赛事的风险管理过程

（一）分析致险因素

分析致险因素，就是对社会体育赛事致险因素加以判断、识别、归类并对其性质进行定性的过程。致险因素识别方法主要有以下几种。

1. 对照判断法

根据已知体育赛事所发生的风险场景进行分析比照识别。

2. 顾虑问题法

赛事筹备过程中赛事组织者将害怕发生的事和尚未解决的问题列为风险源。因为顾虑会引起不安或担忧，这些因素经常会与风险发生关系，而当尚未解决的事出现多种方案难以决策时，往往就有可能演变成风险。

3. 列表归类法

根据赛事的组织者、管理者、专家学者及市民代表的知识经验，预测可能存在的风险源，并将其列表归类，从中判定其风险类型与等级。此方法具有德尔菲法和头脑风暴法的特性。

4. 预演观测法

在赛前组织赛事运作团队学习讨论赛事的风险应急预案，了解和判断赛事的风险状况，将预演中已经发生或即将发生的问题列为风险，从而熟悉各种应对方案，并对应急预案进一步完善。该方法亦称情景分析法或面谈法。

5. 逻辑分类法

风险种类是指那些可能对赛事产生正面或负面影响的风险源，为了便于进行风险分析、量化、评价和管理，应该对识别到的风险进行分组或分类，以便深入、全面地认识赛事风险，并有针对性地进行管理。

（二）评估风险强度

风险评估是通过对所有赛事筹办或举办过程中可能存在的风险要素的分析，评估和预测风险发生的概率以及可能带来的损失，从而找出主要风险，并确定整体的风险水平。通常情况下可以将风险分为可事先预防或消除的风险和不能事先预防或消除的风险。对社会体育赛事风险的评估是在分析其致险因素的基础上，对所收集的各种风险资料、专家判断结果和风险识别成果进行分析和评估的过程。评估内容应包括以下几方面。

（1）风险存在和发生的时间分析，即社会体育赛事风险可能在赛事举办过程中的哪个阶段或哪个环节发生。

（2）风险的影响和损失分析，即充分分析和评估社会体育赛事风险后果的严重程度以及可能带来的损失，比如某个风险发生的概率较小（如人员风险和灾害风险），但一旦发生，将会带来非常严重的后果，那么对它的控制就更应该引起注意，时刻保持高度的警惕性。

（3）风险发生的可能性分析，即用概率表示社会体育赛事某种风险发生的可能性。

（4）风险级别的判定，社会体育赛事的致险因素复杂多样，因此必须对所有可能出现的风险进行统一分析，制定一个标准将风险划分出等级，区别对待，对于发生概率大、危害大的风险应重点关注。

（5）风险起因的分析，风险起因研究是为能够有效地预防和监测风险做准备，从而更好地去控制风险。

（三）选择风险对策

1. 应对赛事形象风险策略

赛事形象是指体育赛事在市场上、在社会公众心中所表现出的个性特征，它体现出了公众特别是参与者的评价与认知。赛事的形象需要赛事的所有参与者（包括组织者、管理者、运动员、教练员、工作人员、观众等）自觉维护，因此必须让所有的赛事参与者都意识到，且自觉付诸行动，从而有效防范风险的发生。具体的做法如下。

（1）宣传教育。赛前通过新闻媒体和赛事书面材料，如参赛指南、秩序册等，加强市容卫生和环保知识、法规、公约的宣传教育，使所有赛事参与者自觉维护赛事形象。

（2）温馨提示。在赛道两侧，特别是人员聚集场所设置标识牌、文明公约等，提示赛事参与者注意自身的言行举止，按照提示要求行事。

（3）监督管理。赛事的组织者、工作人员除了要做好本职工作，还要尽量维护赛事形象，劝阻其他赛事参与者的不良行为。

赛事的形象对比赛的成功举办起着很重要的作用，运动员和观众对赛事的整体看法影响着赛事未来的发展，良好的赛事形象可以给赛事加分，增加人们对体育比赛的好感，有利于赛事的持续发展，并在宣传营销方面节省资金。

2. 应对人为灾害风险策略

在社会体育赛事中，应对人为灾害风险尤为重要，应对人为灾害风险的主要内容包括以下内容。

（1）赛场管理。严禁非工作人员和车辆进入赛场等。

（2）安全教育。将防范人为灾害风险列为赛事系列主题文化活动内容，制作公益广告，赛前进行张贴宣传。

（3）警示标志。赛事组委会在赛前考察赛场时，在所有可能发生危险的地方贴上警示标语。

（4）加强警戒。赛事安全保卫部门要加强巡逻，每隔一段距离增加一个巡逻点，不断提示运动员和观众加强警戒，保管好自身的财物。

（5）强制体检。对报名参赛的选手，应严格要求其进行必要的体检，同时宣传比赛中应注意的事项和可能出现的伤害事故，防止参赛者因身体原因导致赛中伤亡。

（6）医务保障。比赛期间需有救护人员在场，并保证赛事参与者可得到医疗救助。

3. 应对比赛组织管理风险策略

（1）应急预案。赛前组织赛事的运作团队讨论赛事的风险应急预案，了解赛事的风险状况，熟悉各种应对方案，并进一步完善应急预案。

（2）风险演练。赛前赛事组织者应针对可能发生风险的环节进行有针对性的演练，在风险演练中查漏补缺，完善风险管理计划，制订更加合理的风险处理方案，以便在风险真正来临时有备无患。

（3）加强现场控制。加强安检门附近风险管理人员的数量，在赛事结束后实行分散、分时退场，安保人员组建人墙有效分割拥挤人群，严格控制人群密集通过通道。

（4）财物管理。加强赛事组委会的财物管理，防止赛事资产丢失。

（5）证件管理。比赛期间，出入赛场的车辆和各类人员必须严格实施证件管理，不同证件赋予不同的权限，防止赛场中车辆和人员混入。

4. 应对赛事商业风险策略

（1）打击非法。加强对侵犯赛事专有权的不法商业行为的防范和打击，保护赛事无形资产和赛事参与各方的合法权益。

（2）保护利益。保护赛事组织者和赞助商的权益，防止隐性营销和借助赛事打"擦边球"的不法行为，最大限度地实现赛事的商业价值。

（3）购买保险。为赛事参与者和赛事财产选择合适的险种和保险公司，办理各种必要的商业保险等。一旦发生风险事故，组委会可减少损失。

（4）选择赞助商。在市场开发中不仅要注重赞助商的数量，更要注重赞助商的信誉、形象和企业实力。在确保赛事资金到位的前提下，热情接待赞助商代表，安排其参加系列活动，同时提高赞助商的知名度，以维持更加长久、稳定的合作关系。

（四）实施风险方案

风险方案的实施是风险管理的最后阶段，是前面对风险的各种分析、预测、划分等级之后的实践阶段。通过制订具体的风险管理计划，降低赛事过程中所出现的风险。风险方案主要通过风险转移的形式来实施。

1. 合同转移风险

社会体育赛事风险的合同转移主要有两种形式：一是契约转移，即组委会与参赛选手签订免责契约，参赛选手必须自行到县级以上医院进行赛前体检，组委会不承担参赛选手由于身体原因导致的赛中意外伤害事故；二是在服务外包时，将风险以合同形式转移给承包者。

（1）赛事资金风险转移。组委会与市场开发部签订合同，将赛事所有的资源提供给市场开发部，市场开发部为组委会提供赛事所需资金和物资，风险责任由市场开发部承担。

（2）器材设备的安全风险转移。组委会采购赛事所需的器材设备时，与供应商签订合同，将器材设备的安全性责任风险转移给供应商。

（3）服务外包合同转移。赛事所需的车辆服务、礼仪服务、场地服务等，由组委会分别于车辆服务提供者签订合同，由其承担车辆安全的风险责任；与礼仪公司签订合同，由其承担服务质量的责任风险；与场地提供者（会展中心）签订合同，由其承担场地保障和服务质量的责任风险。

（4）授权转移。组委会授权市场开发部与赞助商签订合同，由赞助商承担合同约定的权利和义务内的风险责任。

2. 投保转移风险

在经过风险控制和合同转移赛事风险之后，一部分风险还是有可能发生，且一旦发生将给赛事带来巨大的损失，如人员意外伤害风险等。因此，组委会应为赛事所有工作人员和参赛选手购买意外伤害保险，一旦发生意外，当事人可以从保险公司获得赔偿。

（五）实施赛事风险监控

赛事风险监控是体育赛事的组织者在赛事的筹办及举行过程中，以风险管理计划为依据，监督、检查赛事风险的发生情况以及风险措施的落实情况。由社会体育赛事主办者组成的赛事风险监控部门，作为赛事风险监控的责任主体，可通过下列途径对赛事风险实施监控。

（1）监视赛事风险状况，如每年都有群众通过赛事来发泄自己的不满情绪，赛前组委会应检查该风险是否存在。

（2）通过预演检查赛事风险的应对策略是否有效，监控机制是否能顺畅运行。

（3）通过召开组委会办事机构例会，检查筹备工作是否按计划执行，各项工作是否落实到位，是否存在未排除的风险。

（4）制定应急预案，预案的制定在突发事件的管理过程中占有举足轻重的位置。组委会下设各工作机构，根据各自的工作性质和特点，制定周密的突发事件应急预案，从各部门人员的行动时间，到各自的行动内容，都应逐一列出。

（5）不断识别新的赛事风险，并制定相应的应对措施。在整个赛事的筹办过程中，由于难以预料的情况很多，在制订赛事风险管理计划过程中，风险识别、风险评估即使再仔细、再全面，也难以把所有的风险都认识清楚。因此，进行赛事风险监控除了要充分利用前一阶段制订的赛事风险管理计划，密切注视各种潜在的或已发生的赛事风险事件动态以外，还要根据赛事筹备的现实情况随时识别、估测新情况下可能出现的风险，根据实际情况对赛事风险管理计划进行修改或补充。

三、社会体育赛事突发事件的现场处置

突发事件是指在社会体育赛事进行过程中已经发生的，对赛事造成或者可能造成危害，并需要立即采取应急处置措施来进行补救，以挽回损失的一类事件。突发事件可能发生在赛事的各个阶段，赛事组织者应该对突发事件做好风险管理的准备。制定行之有效的措施，对突发事件进行有效的防范、监督和处理。

（一）针对赛前、赛中、赛后可能出现的突发事件进行事前防范

1. 开展安全教育

在比赛前对观众进行安全教育，提高观众的安全意识和自救能力，并将赛场的安全通道位置告知观众，一旦发生安全隐患，安保人员和观众就能够共同应对。

2. 进行安全检查

在举办社会体育赛事前，安全检查是重要的工作环节。安全检查应在政府的组织协调下，由赛事主办方和相关职能部门共同进行。检查的内容应包括举办场地的建筑设施是否符合要求、通道及进出口是否畅通、电器设备是否符合标准、器材是否配置齐全有效、场内危险物品是否符合管理规范、场地内外的障碍物是否及时清理，以及临时搭建的主席台等设施是否牢固等。

3. 制定相关预案

在大型社会体育赛事活动中，制定人群疏散、引导预案是有效预防突发事件的重点环节之一。预案的制定可以有效地缓解人群拥挤，避免观众踩踏事件的发生。人群疏散、引导预案主要包括：人群出行时间的安排、出行路线的安排、停车场所的安排、赛场出入口的安排和疏散的路径等。此外，在赛场中还应该事先设计好人群的进出场路线和行进路线，控制人群的行进方向，务必保证单向行进。单向行进不但可以使人群的行进速度不受其他方向人群的影响，而且一旦发生紧急情况更容易疏散救援。

（二）针对可能出现的突发事件进行监督

1. 做好人群分布实时监控

大型群众性活动的组织管理人员必须及时掌握现场人群分布的第一手资料，

根据预案实施合理的人群疏散引导。要建立人群分布实时监控系统，实时监控赛场、出入口等人流易集中的区域，及时采集活动区域人群信息。信息指挥中心根据人群信息和已经制定的人群分流引导预案，对拥挤区域的人群进行合理的分流引导，降低拥挤程度和突发事件的发生率。在建立现场人群信息监控系统的基础上，除了对人群分布实时监控外，还要建立突发事件预警系统，其目的是及早发现人群聚集数量超出负荷及产生拥挤的不良状态的表征信息，以便组织管理者采取相应的对策措施，防患于未然。建立突发事件及时预警系统，现场一旦有不良苗头出现，工作人员便可以立即获知，并及时派人前往可能出事的区域，了解现场情况，消除可能转化为突发事件的不安全因素。

2. 完善信息传播制度，保障信息畅通

信息畅通是开展各项工作的重要条件。社会体育赛事活动中，管理者只有在第一时间掌握各种信息，才能够及时地做出决策，迅速地利用各种力量来应对突发事件。比赛现场一旦发生危险或感知到危险，人们就会选择逃离，使得赛场的秩序陷入混乱的状态，甚至有可能导致事件变得更加棘手。因此，管理人员应该充分利用现场的各种条件，向公众及时传达信息，稳定现场的秩序，有效地疏散人群，最大限度降低突发事件带来的损失。

社会体育赛事中突发性事件往往具有群体性，引起突发事件的因素往往都带有很大的偶然性和随机性，很难预测，这也正是体育赛事举办过程中很难进行提前预防的原因。在社会体育赛事活动中，比赛的过程和结果很容易影响参赛人员和观众的情绪，观众可能因为赛场上局势的转变变得十分紧张，甚至可能引起狂热的冲动行为。因此，社会体育赛事中的现场工作人员与安保人员要时刻关注赛场上的变化，及时发现苗头，在事件发生之前就采取恰当的方法予以处理，这样可以有效地防止观众因比赛而引发的情绪失控，甚至激化，避免事态进一步恶化。进行现场处置时应随机应变，注意处置方法的艺术性，务求实效。

（三）对已经发生的突发事件的现场处置

在社会体育赛事中，赛事组织者面对正在发生或是已经发生的突发事件，应积极采取有效的措施进行控制，其流程主要分为以下几个方面。

1. 立即报告

当突发事件发生时，应及时向相关部门进行报告，例如，场地设备出现问题，应该及时向后勤部门报告；运动员出现相关问题，应向负责运动员的部门进

行报告。同时让管理人员能够及时了解事情的前因后果，以便及时采取相应的应对措施。

2. 迅速控制现场

当突发事件发生时，很容易造成现场秩序的混乱，这时候管理人员应该迅速控制现场，将突发事件的发生区域隔离出来，避免观众和无关人员接近。给现场处置留下足够的空间，以防事态进一步恶化。

3. 缩短处置时间

对于突发事件的处理拖得时间越长，造成的危害可能就越大，管理人员必须以最短的时间来处置突发事件，采取有效的措施进行补救，尽快恢复比赛，减少损失。

4. 应对媒体和公众

突发事件很容易被媒体曝光，有些媒体为了博取新闻关注度可能会在报道时加以渲染，这会对赛事造成不良的影响。因此，管理人员应该立即采取措施来应对媒体和公众，消除人们的恐慌心理。负面影响较小的突发事件可以在现场对媒体和公众进行安抚，对于负面影响较大的突发事件应该立即召开新闻发布会，向大家说明事件的原因和结果，避免媒体不实的猜测和报道。

5. 恢复比赛

采取高效的措施解决突发事件，对于不能在现场解决的，应该优先保证比赛顺利进行，在赛场外进行解决，使赛事重新回归正常的轨道。

在社会体育赛事的各个环节，都应提前准备有效的预案与处理方法，当遇到突发事件时，能够游刃有余地处理各类突发事件，保证比赛顺利进行。

（四）2012首届中国中式台球锦标赛风险控制案例

中式台球是中国自主创新的体育项目，有着牢固的群众基础和深厚的文化内涵。2012中国中式台球锦标赛是第一届由国家体育总局小球运动管理中心主办的中式台球锦标赛。赛事组委会设立了风险控制专项小组，制定了相关风险预案并时时监控比赛，以便在比赛出现突发情况时紧急处理。风险控制专项小组认为，中国中式台球锦标赛的主要风险包括人员风险、场地器材损毁或故障风险和自然风险等。

1. 人员风险预案

（1）相关人员出现伤病

①根据赛事规则或人员替换规则对运动员、裁判、工作人员或志愿者进行及时替换，保证赛事正常进行。②调度医疗人员对运动员、裁判、工作人员或志愿者进行急救，如有需要立即拨打120急救电话或送往医院。③风险控制专项小组将相关情况上报赛事组委会。

（2）志愿者未能按时到场

①相关主管立即将情况上报志愿者部。②紧急调度备用志愿者替班。③志愿者部将处理情况上报赛事组委会。

（3）重要嘉宾未能按时到场

①相关主管立即将情况上报赛事组委会。②现场主持把握活动进程，等待重要嘉宾。③与重要嘉宾取得联系，如20分钟内无法到场，现场调度歌手等进行表演，如1小时内无法到场，按原定计划开展后续相关活动。④风险控制专项小组将相关情况上报赛事组委会。

（4）运动员与工作人员发生冲突

①风险控制专项小组立即控制局面。②查明原因，如事态严重紧急调度安保人员。③如有人受伤参照运动员或工作人员伤病处理方法妥善处理。④风险控制专项小组将相关情况上报赛事组委会。

（5）运动员或裁判迟到

①风险控制专项小组立即将相关情况上报赛事组委会。②根据赛事规则或人员替换规则对运动员或裁判进行及时替换，保证赛事正常进行。③如无法有效替换，紧急调度歌手等进行表演，安抚观众。

2. 场地器材损毁或故障风险预案

（1）球桌损毁或故障

①风险控制专项小组立即上报后勤部门，准备使用备用球桌。②调度后勤部门进行备用球桌的安装，并调度歌手等进行表演，安抚观众。③风险控制专项小组立即将相关情况上报赛事组委会。

（2）球杆损毁或故障

①现场工作人员立即替换球杆，保证赛事正常进行。②风险控制小组立即将相关情况上报赛事组委会。

3. 自然风险预案

（1）雨、雪、大风等恶劣天气风险预案

①赛事组委会决定比赛是否推迟或延期，并告知各参赛队及观众。②风险控制专项小组告知组委会其他部门比赛是否推迟或延期，并做好应对措施。

（2）地震、火灾等自然灾害风险预案

①风险控制专项小组立即拨打 119 救助电话紧急求救。②风险控制专项小组立即组织现场人员进行有序撤离。③风险控制专项小组配合武警等救援人员进行紧急救助。④风险控制专项小组立即将相关情况上报赛事组委会。

（3）断电事故风险预案

①风险控制专项小组立即将相关情况上报赛事组委会。②风险控制专项小组和安保人员立即控制现场局面，并安抚现场运动员、裁判、志愿者和观众。③紧急启用备用电源。④调度后勤部进行紧急维修，故障排除后由组委会决定比赛如何进行。

参考文献

[1] 刘清早 . 体育赛事运作管理流程 [M]. 北京：人民体育出版社，2010.

[2] 刘清早 . 体育赛事运作管理实务 [M]. 北京：人民体育出版社，2011.

[3] 刘清早 . 体育赛事主题活动运作管理 [M]. 北京：人民体育出版社，2013.

[4] 陈林祥 . 体育市场营销 [M].2 版 . 北京：人民体育出版社，2010.

[5] 马斯特曼·G（Guy Masterman）. 体育赛事的组织管理与营销 [M]. 孙小珂，吴立新，金鑫，译 . 沈阳：辽宁科学技术出版社，2006.

[6] 李颖川 . 体育赛事经营管理 [M]. 北京：人民体育出版社，2008.

[7] 王守恒 . 体育赛事运作之研究 [M]. 北京：北京体育大学出版社，2016.

[8] 顾小霞，杜秀芳，马俊文 . 体育赛事的经营与管理 [M]. 太原：山西人民出版社，2009.

[9] 温阳 . 大型体育赛事场馆运行风险识别与评估 [M]. 北京：北京体育大学出版社，2013.

[10] 樊智军 . 体育赛事的组织与管理 [M]. 北京：人民体育出版社，2007.

[11] 王守恒，刘海元，叶庆晖 . 体育赛事运作的基础理论研究 [J]. 首都体育学院学报，2006,18(6):18-21.

[12] 阮伟 . 体育赛事与城市发展关系研究 [D]. 北京：北京体育大学 ,2012.

[13] 朱洪军 , 张林 . 大型体育赛事与城市公众参与的实证研究 [J]. 体育科学 ,2014,34(6):11-17.

[14] 朱洪军 , 张林 . 大型体育赛事与举办地政府责任、政府形象研究 [J]. 沈阳体育学院学报 ,2013,32(5):32-37.

[15] 肖锋 . 体育赛事安全防范研究 [J]. 体育科研 ,2008(5):13-24.

[16] 王勤芳 , 许翠霞 . 我国大型社会体育赛事中伤害事故的法律探究 [J]. 体育科学研究 ,2018,22(2):27-31.